신일본어학총서 31

〈사태파악〉의 한일대조연구

-'ていく/くる'와 '어 가다/오다'의 보조동사 용법을 중심으로-

서민정

제이앤씨
Publishing Company

머리말

　이 책은 '일본어는 〈주관적〉인 언어'라는 언설(言說)의 타당성을 검토하는 이론적인 틀 안에서 그것과 깊게 관련된 언어 사실이라고 볼 수 있는 일본어의 'いく/くる'와 한국어의 '가다/오다'의 보조동사로서의 용법을 상세히 분석·검토한 것으로서, 박사학위논문을 수정 보완하여 한국어로 번역한 것이다.

　인지언어학에서는 모든 언어의 화자는 같은 사태라고 하더라도 몇 가지의 다른 방식으로 파악하고, 다르게 표현하는 능력을 가지고 있으며 시간과 경우에 따라 이것들을 구분하여 사용한다고 상정(想定)하고 있다. 이 연구에서는 이러한 보편적인 측면에 더하여 또 하나의 이론적인 배경으로 다음과 같은 상대성과 관련된 가정을 추가하여 고찰했다. 즉, 어떤 사태는 몇 가지 다른 방식으로 파악될 수 있다고 하더라도 중립적인 상황에서 특정 언어의 화자가 선호하는 〈사태파악〉 방식과 다른 언어의 화자가 선호하는 〈사태파악〉 방식은 반드시 일치하지 않는다. 따라서, 어떤 사태를 인지적으로 어떻게 파악하고 언어화할 것인가, 그리고 그때 〈선호하는 표현〉에 대해서는 각 언어 화자에 의해 그 차이가 인정된다.

　이러한 점에 입각하여 필자는 이 연구에서 일본어 화자와 한국어 화자의 〈사태파악〉의 유사점과 차이점에 대해 고찰을 시도했다. 먼저 일본어 화자가 언어화를 할 때의 자세로서 〈주관적〉인 사태파악에 기울어져 있음에 주

목하여 그와 같은 사례의 하나로서 일본어의 'いく/くる'와 한국어의 '가다/오다'의 보조동사적인 용법을 들어 분석·검토했다. 여기에서 말하는 〈주관적〉인 사태파악이란 화자가 언어화하려고 하는 사태를 자신과 대립하는 것으로서 객관적 또는 중립적인 자세로 파악하고 언어화하는 것이 아니라, 그 사태를 어떠한 형태로든 자신과 관련하여 〈자기 중심적〉인 자세로 파악하고 언어화하는 방식을 말한다. 한국어는 일본어와 같이 〈주관적〉인 성격이 강한 언어로 알려져 왔는데 영어나 중국어와 비교하면 어느 쪽의 언어도 주관성이 강한 언어라고 하는 점에서는 공통성을 보이지만, 일본어 화자가 한국어 화자보다 주관적인 파악으로 좀 더 기울어져 있다는 것이 확인되었다.

또한 이 결과를 토대로 다른 언어지표에도 동일한 결과가 나오는가를 검토하기 위하여 언어의 〈주관성〉에 관한 그 이외의 지표로서, 특히 일본어의 'てもらう'의 보조동사적 용법과 '주어생략'이라고 불리는 현상을 들어 대응하는 한국어와 비교·대조하였다. 그 결과, 이들 언어 지표에서도 일본어 쪽이 높은 주관성에 의해 특징지어져 있다는 것을 확인했다. 그러나 이 연구에 의해 일본어 화자와 한국어 화자의 〈사태파악〉에 관한 모든 측면의 특징이 밝혀진 것은 아니다. 이 문제는 앞으로 계속해서 연구해 나가며 풀어야 할 과제로 남는다.

종래의 한일 대조연구가 통사론이나 형태론 등 형식적인 면에만 시종일관하는 경향이 많은 것에 비해, 이 논문에서는 그와 같은 형식적인 차이의 배경에 있는 각 언어 화자의 인지적인 자세의 상이까지 고찰했다는 점에 의의가 있다. 또한 이를 통한 결과를 토대로 앞으로의 일본어 교육 또는 한국어 교육을 위한 연구에서는 단지 언어현상의 기술로 끝나는 것이 아니라 진정한 의미에서의 설명을 지향해야 할 것이다. 또한 이러한 연구 결과를 토대로 학습자가 납득할 수 있게 설명할 수 있는 교사상이 바람직할 것이다. 아무쪼록 이 논문에서 밝힌 것이 일본어

교육 또는 한국어 교육에 조금이라도 도움이 된다면 하는 마음이다.

이 책이 완성되기까지는 많은 교수님들의 지도와 격려를 받았다. 먼저 박사과정의 지도교수님이신 일본 쇼와여자대학(昭和女子大学) 대학원의 이케가미 요시히코(池上嘉彦) 교수님께는 말로 표현하지 못 할 정도로 너무나 큰 학은(學恩)을 입었다. 이케가미 교수님은 학문적으로 풍부한 지식과 깊은 지견(知見)뿐만이 아니라 학자나 스승으로서의 참모습을 변함없이 보여주셨는데, 그러한 교수님의 모습에 조금이라도 닮아가고자 노력하고 싶다. 교수님께 지도를 받게 된 것은 필자에게 있어서 아주 큰 행운이었다. 마음으로부터 감사의 말씀을 다시 한 번 올린다.

필자가 언어학에 재미를 느끼게 된 것은 석사과정 때 도쿠나가 미사토(德永美曉) 교수님과의 만남에서 시작되었다. 당시 필자는 실천적인 일본어 교육에 관한 연구를 하고 있었는데 〈의미론〉과 〈화용론〉의 기초가 되는 지식과 방법 등 언어의 깊은 묘미를 일깨워 주셨다. 그 후 박사과정에서 도쿠나가 교수님의 밑에서 지도를 받게 되어 학문적인 지식뿐 아니라 연구자로서의 자세, 마음가짐에 이르기까지 많은 것을 배웠다. 다시 한 번 감사의 말씀을 올리고 싶다.

그리고 외부심사위원을 흔쾌히 허락해 주시고 유익하고 날카로운 조언을 해 주신 오차노미즈여자대학(お茶の水女子大学)의 모리야마 신(森山新) 교수님, 때로는 엄격하게 때로는 자상하게 지도해 주신 나카타 세이치(中田清一) 교수님과, 한일대조연구의 관점에서 중요한 지적을 해 주시고 항상 따뜻하게 격려해 주신 이 수(李守) 교수님, 필자가 일본에 유학하여 처음으로 가르침을 받은 다카미자와 하지메(高見澤孟) 교수님, 아낌없는 조언과 격려를 해 주신 엔도 란코(遠藤藍子) 교수님과 마츠나미 미치요(松浪未知世)교수님께 진심으로 감사의 뜻을 전하고 싶다.

또한 대학 시절의 은사이신 신선향(愼仙香) 교수님께 입은 은혜는 이루

말할 수 없다. 필자가 일본유학의 꿈을 가지고 신선향 교수님께 상담을 드린 것은 벌써 10여년 전의 일이다. 지금까지 쭉 믿어 주시고 격려해 주신 교수님께 이러한 형태로 조금이라도 그 은혜에 보답할 수 있게 되어 기쁘기 그지 없다.

일본어로 쓴 박사학위논문을 한국어로 번역하여 책으로 내놓는 작업은 당초 예상했던 어려움보다 훨씬 더 컸다. 가장 어려운 문제는 아직 정착되어 있지 않은 학술용어를 한국어로 어떻게 번역할 것인가라는 것이었다. 이 과정에서 도카이대학(東海大学)의 요시모토 하지메(吉本一) 교수님께 너무나 큰 도움을 받았다. 요시모토 교수님께서는 바쁘신 와중에도 시간을 내 주시어 꼼꼼히 읽어 주시고 한국어에 관한 지적 뿐만 아니라 필요한 자료까지도 제공해 주셨다. 다시 한번 감사의 마음을 전하고 싶다.

고등학교 졸업 후 객지생활을 계속 하고 있는 큰 딸을 항상 걱정하시지만, 앞에서 전혀 내색하지 않고 언제나 큰 딸이 하고자 하는 일을 응원해 주신 부모님, 언제나 아낌없는 성원을 보내 준 동생 내외와, 기쁠 때나 슬플 때나 함께 하며 용기를 북돋아 준 남편에게 감사와 사랑을 전한다. 그밖에 지면관계로 일일이 이름을 열거할 수는 없으나 이 연구와 출판을 위해 도와주신 모든 분들께 고마운 마음을 전하고자 한다.

마지막으로 원고가 처음 계획보다 많이 늦어졌음에도 불구하고 끈기 있게 기다려 주신 윤석현 부장님과 이 책의 출판에 노고를 아끼지 않으신 제이앤씨 출판사 관계자 여러분께도 감사의 인사를 드린다.

2010년 8월

서민정(徐珉廷)

目 次

3. 선행 연구

4. 분석과 고찰
: '行く/来る', 'ていく/くる'와
'가다/오다', '어 가다/오다'의 비교・대조

5. 〈사태파악〉 차이의 한 측면으로서 본
— 'ていく/くる', 'てもらう', 주어 생략 —

6. 결론

〈사태파악〉의 한일대조연구

-'ていく/くる'와 '어 가다/오다'의 보조동사 용법을 중심으로-

제1장
서 론

1.1. 문제제기

같은 사태를 언어로 표현할 때 화자의 모어(母語)가 다르면 표현 방식이 다를 수 있다. 이것은 누구나 잘 알고 있는 사실이다. 예를 들어 전사(戰死)한 사람에 대해 말할 때 일본어 화자[1]는 보통 "彼は戦争で死んだ(그는 전쟁에서 죽었다)"라고 말하는데 영어 화자는 "He was killed in the war"라고 말한다. 그리고 다른 언어의 화자가 구사하는 표현 방식을 들었을 때 자신의 모어로 표현하는 방식이 더 자연스럽고 다른 언어의 표현 방식은 어딘가 부자연스럽다고 느낀다. 이와 같은 경우에 특히 주목할 만한 점은 이러한 차이가 단발적이 아니라 많든 적든 체계적으로 나오는 경우이다. 앞서 든 예는 일본어 화자는 '死ぬ'(죽다)라는 자동사로 표현하는 것에 비해, 영어 화자는 'be killed'라는 타동사의 수동태로 표현하는 차이가 보이는 예인데, 이 같은 대립은 마음의 움직임에 대해 표현하는 경우에도 나타난다. 예를 들면 'びっくりする / 驚く

---

[1] 이 논문에서 말하는 '일본어 화자'는 '일본어 모어 화자'를 가리키고 '한국어 화자'는 '한국어 모어 화자'를 가리킨다. 이 논문에서는 편의상 '일본어 화자/한국어 화자'라고 한다. '영어 화자', '중국어 화자'의 경우도 마찬가지이다.

(놀라다)'—'be surprised', 'わくわくする / 興奮する(설레다 / 흥분하
다)'—'be excited', 'がっかりする / 落胆する(실망하다 / 낙담하다)'—
'be disappointed' 등 상당히 일관된 대립을 나타내고 있다. 이와 같은
경우에 일본어와 영어의 표현 방식이 다른 배후에는 각 언어 화자마다
동일한 사태에 대해 다른 의미를 부여하고 파악하는 인지적 활동이 있
다고 추정된다. 전통적으로 〈발상〉의 차이로 인식되어 온 것은 이 같은
종류의 인지적 활동에 의한 차이라고 생각된다.

　〈인지언어학〉(cognitive linguistics)에서는 화자가 발화에 앞서서 행
하는 이런 종류의 인지적 활동, 즉 언어화에 앞서서 화자가 언어화의
대상이 되는 사태에 대해 무엇을 표현하고 무엇을 표현하지 않는가, 그
리고 표현하는 것에 대해서는 어느 것을 어떻게 표현할 것인가, 다시
말하면 언어화하려고 하는 사태를 자신과 관련하여 어떻게 의미부여할
것인가라는 활동을 〈사태파악〉(construal)이라고 부른다. 그리고 이 점
에 대해,

(ⅰ) 어떤 언어의 화자라도 같은 사태를 몇 가지의 다른 방식으로 파악
하고 다른 방식으로 표현하는 능력을 가지고 있으며 때와 장소, 그리고
경우에 따라 여러 가지 다른 표현 방식을 취한다는 보편적인 측면이
있다고 상정하고 있다.

　이 논문에서는 한걸음 더 나아가 다음과 같은 상대성에 관한 상정을
추가하기로 한다.

(ⅱ) 한 사태가 몇 가지의 다른 방식으로 파악된다고 해도, 중립적인
상황에서 A라는 언어의 화자가 선호하는 〈사태파악〉의 방식과 B라는

언어의 화자가 선호하는 〈사태파악〉의 방식이 꼭 일치한다고는 할 수 없다. 즉, 어떤 사태를 인지적으로 어떻게 파악하고 언어화하는가, 그때 〈선호하는 표현(好まれる言い回し)[2]〉(fashions of speaking : cf. Whorf 1956)에 관해서는 각 언어 화자에 따라 달라진다는 것이다.

이 논문에서는 이와 같은 관점에서 일본어 화자와 한국어 화자가 〈사태파악〉을 할 때 〈선호하는 표현〉의 유사점과 차이점에 대해 고찰을 시도해 보고자 한다. 일본어와 한국어가 유형론적으로 가까운 언어라는 것은 몇 가지의 언어적 특징에 대해서 지적된 바와 같은데, 그것은 일본어 화자와 한국어 화자가 언어화할 때 〈사태파악〉의 자세에 대해 두드러진 유사성을 가지고 있기 때문이라고 상정할 수 있다. 특히 일본어와 한국어는 영어와 같은 서양 언어나 지리적으로 가까운 중국어와 비교를 해 봐도 〈주관성〉에 관해 몇 가지의 공통된 언어적 지표를 나타내는 〈주관성〉이 높은 언어라는 것이 알려져 왔다.[3]

하지만 일본어와 한국어가 영어나 중국어에 비해 상대적으로 〈주관성〉이 높은 언어라고 해도, 두 언어가 같은 정도로 〈주관성〉이 높은 언어라고 말할 수 있을까? 이 논문은 이 문제를 일본어의 'ていく/くる'와 한국어의 '어 가다/오다'의 용법을 자세히 비교·대조하면서 검토해 보고자 하는 것이다. '行く/来る'와 '가다/오다'는 각각 영어의 'go/come'에 대응하는 〈직시동사(直示動詞)〉이고 〈직시동사〉로서의 '行く/来る'와 '가다/오다'에 관한 한일 대조연구는 이미 수많은 연구가 있다. 이들

---

2) 〈好まれる言い回し〉는 Whorf(1956)의 'fashions of speaking'를 이케가미(池上 1993)가 일본어로 번역한 것이다. 이를 한국어로 나타내면 〈선호하는 표현/말/말투〉 정도로 볼 수 있는데, 이 논문에서는 〈선호하는 표현〉이라고 하기로 한다.
3) 여기에서 말하는〈주관성〉이란 '말하는 주체로서의 인간이 사태와 자신과의 관련을 얼마나 상대적으로 많이 접목시켜 언어화하는가'라는 것을 가리킨다.

동사는 다른 동사에 붙어서 보조동사로도 사용되는데, 이 논문에서 집중적으로 다루려고 하는 것은 보조동사 용법의 '行く/来る'와 '가다/오다'이다. 이 용법에 관해서는 한국어와 일본어 사이에 차이가 보인다. 예를 들면 '아기의 탄생'에 대해 말할 때, 일본어에서는 '生まれてくる子ども'와 같이 화자 자신과의 관계를 전면적으로 드러내어 표현하는 것이 보통이다. 이에 반해 한국어에서는 화자와의 관계는 상관없이 객관적으로 사실을 진술하는 표현인 '태어나는 아이'가 일반적이다. 이 논문에서는 이와 같이 표현상으로는 대응관계인 일본어의 '行く/来る'와 한국어의 '가다/오다'가 보조동사로 쓰이는 경우에 대응하지 않는 경우가 많다는 점에 주목하여, 왜 그러한 차이가 보이는지, 인지언어학의 〈사태파악〉의 관점에서 고찰해 보고자 한다.

또한 이 점은 한국어 화자가 일본어를 학습할 때 종종 일본어 화자와는 다른 표현 방식을 취하는 원인이 되기도 한다. 다음의 (1)은 한 일본어 중급 학습자(한국어 화자)[4]와 필자의 대화이다. 이 경우, 보통 한국어에서는 "눈 온다(내린다)"로 표현되는데 이를 그대로 일본어로 표현하면 "雪、降る"가 된다. 하지만 여기에서 학습자는 진행을 나타내는 일본어의 'ている'를 사용하여 "雪が降っている"라고 표현하고 있다.

(1) 서울/1월
    차를 운전하고 있을 때 갑자기 눈이 내리기 시작한 것을 보고
    필자1   일본어로 뭐라고 말할 거 같아?

---

4) 학습자의 배경 : 한국어 화자인 일본어 학습자(남성, 32세). 일본어능력시험 1급에는 합격했지만, 주로 한국에서 일본어를 학습했기 때문에 읽기/쓰기에 비해 말하기 실력이 낮다. 일본 체류 기간은 3개월로, 업무(IT관계)상 일본어를 사용하는 경우는 거의 없고 취미로 일본어를 배우고 있다.

학습자1　雪が降っている。(눈이 내리고 있어)
필자2　왜? '雪が降ってきた'라고는 말 안 해?
학습자2　(놀란 반응) 응? (창문을 손가락으로 가리키며) 그니까 イ
　　　マ、雪が、降っている!降っている!(지금, 눈이, 내리
　　　고 있어! 내리고 있어!)

학습자1의 발화 "雪が降っている"는 어휘와 문법면에서 볼 때는 틀
린 점이 없다고 볼 수 있다. 그러나 이 장면에서 일본어 화자가 과연
이와 같은 표현을 많이 쓰는가 하는 것이 문제가 된다. 즉, (1)과 같은
장면에서 일본어는 "雪が降ってきた"라고 표현하는 것이 좀 더 자연스
럽고 많이 사용된다. 가령 한국어에서 위의 일본어 표현을 직역한 "??눈
내려 왔다"5) 또는 "??눈 와 왔다"라고 표현한다면 부자연스럽고, 일반적
으로 많이 사용되지 않는다. 이 경우 자연스러운 한국어로서는 "눈 내린
다" 또는 "눈 온다"라고 말하는 것이 바람직할 것이다.6) 이와 같이 한국
어 화자가 일본어를 배울 때 'てくる'의 용법을 지식으로서 학습했다고
해도 (1)과 같은 장면에서 실제로 운용할 수 있게 되기까지는 용이하지
않다.
　지금까지의 일본어 교육은 언어 표현이라는 표면적인 차이에 주목한
나머지, 보다 밑바탕에 있는 문제, 즉 이 같은 표현이 발생되는 원인인
화자가 취하는 〈사태파악〉의 차이를 간과해 온 것은 아닐까? (1)에서
학습자의 표현은 일본어와 한국어의 문법과 어휘 등의 언어 구조적인

---

5) 문장 앞의 *는 비문법적인 경우를 표시하며, ?는 부자연스움을 의미하는데 ?의
　수에 따라 그 정도가 강함을 나타낸다.
6) 자주 사용되는가 아닌가를 떠나서 (1)과 같은 장면에서 일본어나 한국어에서
　"雪が降り始めた", "눈이 오기 시작했다"라고 표현하는 것도 가능하다.

문제가 아니라 한일 양언어의 화자 간에 사태를 인식하는 자세(stance)
가 다르기 때문에 생겨난 문제라고 볼 수 있다. 다시 말하면, 일본어
화자가 사태 안에 자신의 몸을 두고, 그 사태의 당사자로서 〈자기 중심
적〉(ego-centered)으로 말하는 것에 비해, 한국어 화자는 "눈이 내리고
있다"라는 '진행(움직임)'에 주목하여 사태를 관찰자의 눈으로 진술하고
있다는 차이가 있기 때문이라고 생각한다. 즉, 한일 양언어 화자 사이의
인지적인 자세가 다르기 때문에 각 언어 화자에 의해 표현되는 양상이
다르다고 생각할 수 있다.

앞으로의 일본어 교육에서는 이 같은 관점에 입각하여 언뜻 보기에
는 별개로 보이는 문법 형식 사항이라고 하더라도, 실은 그 언어를 사용
하는 화자의 인지적 활동에서 보면 동일한 곳에서 파생한다는 공통점을
찾아낼 수 있어야 하고, 표현의 같고 다름은 표면적인 형식의 차이로
다루는 것에 그치는 것이 아니라 좀 더 깊게 화자의 인지적 활동의 차이
로서 인식하는 노력이 필요하다. 이 같은 자세를 반영한 교수법과 교재
개발 등이 필요하다고 하겠다.

1.2. 연구 목적과 의의

이 연구의 목적 및 의의는 크게 세 가지의 관점에서 생각할 수 있다.
첫 번째는 인지언어학 연구에 관한 공헌, 두 번째는 한일 대조연구 분야
의 방법론적 제시에 관한 공헌, 마지막으로 일본어 교육(한국어 교육)에
관한 공헌이다.

지금까지 〈사태파악〉 및 〈선호하는 표현〉에 관한 연구는 일본어와

영어, 일본어와 중국어가 많았는데, 일본어와 영어, 일본어와 중국어를 비교한 선행 연구에 의하면 일본어 화자는 〈주관적 파악〉의 경향이 강하고 영어 화자와 중국어 화자는 〈객관적 파악〉의 경향이 강하다는 것이 주장되어 왔다.[7] 영어 화자나 중국어 화자와 비교했을 때 일본어 화자는 〈자기 중심적〉인 자세로 〈주관적 파악〉에 밀착하여 언어화하는 경향이 강하다는 것인데, 한국어와 비교했을 때는 어떤 결과가 나올까? 또 한국어 화자는 어떤 인지적 자세에 입각하여 어떻게 언어화하는 것일까?

공간적 이동 또는 상태 변화를 어떻게 인식하는가에 대해서는 같은 인간으로서 우리들이 유사한 신체성에 의해 특정지어져 있는 한, 언어가 다르다고 해서 그다지 많은 차이점이 나오지 않을 것이라고 예상된다. 하지만 이 한정된 제약 안에서 어떤 특정 언어의 화자가 어떻게 표현하는가에 대해서는 각 언어에 따라 달라질 수 있다. 상태 변화를 나타내는 일본어와 영어의 경우, 일본어에서는 '~に(く)なる'라는 형식이 대표적인데 영어에서는 'become, get, come, go, fall, fly, grow, run, turn, make, spring, wear, wax' 등과 같이 상태 변화를 나타내는 동사의 존재는 다양하다.[8] 이와 같은 현상이 일본어와 한국어의 비교에서도 보이는데, 이 연구와 관련해서 예를 들면 〈상태 변화〉를 나타내는 'ていく/くる'가 한국어에서는 '어 오르다', '어 들다', '어 나다', '어지다', '어 가다/오다', '어 있다' 등 여러 가지 형태로 나타난다. 이들의 의미에 각각 차이가 나는 것은 자명한데, 일본어의 'ていく/くる'에 대응하는 표

---

7) 이케가미(池上 2003, 2004, 2006a~c), 徐一平 외(2006), 니무라(新村 2006), 盛 (2006), 곤도·히메노·아다치(近藤·姬野·足立 2009) 등.
8) 야마조에(山添 2004).

현이 한국어에서는 왜 이렇게 다양한가라는 점은 이 논문의 중요한 주제임과 동시에 하나의 실마리가 된다.

이 논문에서는 이러한 차이의 밑바탕에는 한일 양언어 화자가 가지는 〈사태파악〉의 차이가 있기 때문이라고 생각한다. 즉 언어화하려고 하는 사태 안에 자신의 몸을 두고 자신이 지각하는 사태를 자신의 체험으로서 〈자기 중심적〉인 자세로 묘사하는 〈주관적 파악〉이 일본어 화자가 한국어 화자보다 강하기 때문이라고 생각한다. 그리고 여기에서 얻어진 관점을 바탕으로 다른 언어현상에서도 비슷한 〈사태파악〉의 차이가 보이는가를 검토하기 위하여 다른 몇 가지 언어 지표의 경우를 살펴본다. 구체적인 언어 지표로서는 일본어의 'てもらう'와 그에 대응하는 한국어 표현, 그리고 주어 생략을 중심으로 한 자기 〈제로화〉에 대해 논한다.

이 언어 지표들을 통해서도 동일한 결과를 확인한 후, 언어의 유형론적 매개변인(pa-rameter)의 하나로서 〈주관성〉의 정도에 대해 논한다. 일본어와 한국어는 문법구조나 언어 운용상의 발상 등에서 서로 비슷한 언어인데, 이 두 언어의 비교를 통해서도 일본어 쪽이 〈주관성〉이 더 높다고 할 수 있을까? 일본어와 영어, 일본어와 중국어 등 유형이 다른 언어 사이의 비교는 그 차이가 비교적 명확하여, 상이점을 뽑아내는 것이 그다지 힘들지 않다. 하지만 일본어와 한국어는 유형론적으로 비슷한 언어이므로 차이점보다 유사점이 많다는 것을 쉽게 예상할 수 있다. Uehara(2000, 2006)와 우에하라(上原 2001)가 주장하고 있듯이, 일본어를 〈주관성〉의 정도가 높은 언어라고 한다면 영어는 객관성이 높은 언어이고, 한국어는 중간 정도에서 일본어에 가까운 곳에 위치한다고 생각할 수 있을까? 이 논문에서는 일본어와 유형론적으로 비슷한 언어인 한국어와의 비교·대조를 통해서도 일본어 쪽이 좀 더 〈주관성〉의 정도가 높다는 것을 재확인하고자 한다.

필자는 이 연구 결과를 통해 한일 대조연구의 새로운 방법론을 제시할 수 있는 가능성이 있다고 생각한다. 종래의 한일 대조연구는 언어현상의 기술에만 시종일관하는 자세의 연구가 많고, 왜 그러한 차이가 있는가라는 측면까지는 설명할 수 없는 것이 많았다.[9] 이 논문에서는 의미는 〈사태〉 자체에 내재하고 있는 것이 아니라 〈인지 주체〉로서의 인간(화자)이 〈주체적〉으로 창출하는 것이라는 인지언어학의 관점에서 고찰해 나가기로 하겠다. 구체적으로는 일본어의 'ていく/くる'와 한국어의 '어 가다/오다'의 용법을 중심으로, 일본어의 'てもらう'와 그에 대응하는 한국어 표현, 그리고 주어 생략을 중심으로 한 자기 〈제로화〉를 비교·대조하여, 언어 형식의 차원에서의 비교·대조가 아니라 그 배경에 있는 화자의 〈마음〉의 움직임, 즉 인지 활동까지 시야에 넣어 고찰하고자 한다.

이렇게 함으로써 언뜻 보기에는 별개로 보이는 일본어와 한국어의 상이점들 및 학습자의 오용까지도, 실은 일본어 화자와 한국어 화자 사이에서 일어난 〈사태파악〉의 차이에 기인한다는 것을 밝히고자 한다. 이 연구 결과는 일본어를 배우는 한국어 화자, 그리고 한국어를 배우는 일본어 화자에게 서로의 언어를 학습할 때 이해를 돕는 것은 물론, 일본어와 한국어를 가르치는 교사들에게도 유용한 정보가 될 것이라고 생각한다. 따라서 앞으로의 일본어 교육 또는 한국어 교육에서는 이와 같이

---

9) 다만 〈발상〉이라는 면까지 고찰하고 있는 선행 연구로서 林八龍(1993)을 시작으로 金恩愛(2003)와 趙銀淑(2004)으로 이어지는 일련의 연구가 있다. 이들 연구와 이 연구의 관계, 그리고 상이점에 대해서는 2.3에서 논한다.

화자의 인지활동까지 고찰하여 설명하는 것이 바람직할 것이다.

1.3. 연구 대상 및 언어자료

구체적인 분석 대상의 중심이 되는 것은 일본어의 'ていく/くる'와 한국어의 '어 가다/오다'이다. 일본어의 'ていく/くる'는 같은 'て形'이라고 해도 모든 'ていく/くる'를 보조동사라고 볼 수 없다. 그러나 'ていく/くる'에 관한 선행 연구에서는 이들 대부분을 분석 대상으로 하고 있는 것이 많다. 이에 비해 한국어의 '어 가다/오다'에 관한 선행 연구는 여러 가지 보조동사 중의 하나로 '어 가다/오다'를 다루고 있는 것이 많다. 이렇듯 일본어와 한국어의 선행 연구에서 분석 대상이 동일하지 않은데, 이 연구는 한일 양언어의 'ていく/くる'와 '어 가다/오다'를 비교·대조하여 그 용법의 유사점과 차이점을 밝히고 그러한 차이가 생기는 이유를 고찰하는 것이 목적이기 때문에 동일한 분석 대상을 정할 필요가 있다. 왜냐하면, 양언어에 있어서 구문적인 분석 대상을 균등히 한 후에 의미 분석을 하는 것이 타당하다고 생각하기 때문이다. 따라서 이 논문에서는 일본어의 'て' 뒤에 나오는 동사 'いく/くる', 즉 'V1－te V2'의 부동사 구문(converb construction)에서 V2의 위치에 나타나는 'ていく/くる'와 이에 대응하는 한국어의 '어 가다/오다'를 분석 대상으로 한다. 그 중 〈문법화〉의 과정을 거쳐 본동사의 의미를 보충하는 역할을 하는 'ていく/くる'와 '어 가다 /오다'를 '보조동사'로 부르기로 한다

일본어의 'ていく/くる'와 한국어의 '어 가다/오다'를 분석 고찰한 후, 그 결과를 토대로 그 외에 다른 언어적 지표에도 동일한 결과가 나오는

가에 대해 고찰한다. 구체적으로는 일본어의 'てもらう'와 그에 대응하는 한국어 표현, 그리고 주어 생략을 중심으로 한 자기 〈제로화〉에 대해 살펴 보고자 한다. 이 연구에서는 기준언어인 일본어의 'ていく/くる'가 대조언어인 한국어에서 어떻게 표현되어 있는지를 보기 위해 일본어 소설과 그 한국어 번역서를 이용한다. 이러한 방법은 일본어 원문을 한국어로 옮기는 과정에서 원문의 영향을 피할 수 없다는 점과 번역자마다 가지는 개인적인 언어적 특징이 반영된다는 한계점을 가지고 있으나, 金恩愛(2006)가 지적한 것과 같이 동일한 내용을 다른 언어로 표현하는 장(場)을 얻을 수 있다는 이점이 있다. 이 연구에서 이러한 방법을 택한 이유는 이 때문이다. 金恩愛(2006)는 번역서를 한일 대조연구의 언어 자료로서 이용하는 이유를 다음과 같이 말하고 있다.

> 「翻訳テクストは、『何を』『いかに』表現するかを見る一つの手がかりを与えてくれるだけでなく、ほぼ同じ内容を異なった言語で表現するという場を得ることができるがゆえに、『何を』『いかに』表現しないのかという問いに対する重要な手がかりとなるのである。(번역 텍스트는 '무엇을', '어떻게' 표현하는가를 보는 하나의 실마리를 줄 뿐만 아니라, 거의 동일한 내용을 다른 언어로 표현하는 자료를 얻을 수 있기 때문에 '무엇을', '어떻게' 표현하지 않는가라는 물음에 대한 중요한 실마리가 되기도 한다.)」
>
> (p.32, 밑줄은 필자)

이 연구의 목적은 한일 양언어에서 동일한 사태를 표현함에도 불구하고 왜 다른 표현으로 나타내는가라는 점을 살펴보고자 한다는 점이다. 이러한 점에서 볼 때 같은 내용을 다른 언어로 표현하는 자료를 얻을 수 있는 번역서는 유용하다고 할 수 있다.

이 논문의 분석대상이 되는 언어자료는 일본어 소설 5권과 그 한국어 번역서 5권, 그리고 영어 번역서 3권으로 총 13권의 서적이다. 일본어 소설 5권[10]에 나타난 'ていく/くる'의 모든 예를 추출하여 한국어 번역 서와 영어 번역서에 어떻게 표현되어 있는가를 분석했다. 언어자료의 선택에 있어서는 金恩愛(2006)를 참고로 1990년 이후의 작품, 현대를 배경으로 한 작품, 원문에 동경 이외의 방언이 두드러지게 혼재되어 있지 않은 작품이라는 원칙에 근거하여 선택했다. 모든 자료는 이 논문 끝에 제시한다.

이 논문의 기술에 필요한 용례는 일본어와 한국어, 영어 모두 약어에 의해 출전과 페이지수를 약칭으로 명시한다. 그리고 소설의 지문에서 뽑은 예는 아무것도 표기하지 않지만 회화문에서 뽑은 예는 일본어와 한국어는「 」로, 영어는 " "로 나타낸다. 또한 분석과 고찰을 하면서 필요에 따라 채취한 언어자료 이외의 자료에서 임의로 용례를 제시할 경우에는 그 취지를 명기한다.

1.4 연구 개요

이 연구는 제1장 서론에서 제 6장 결론까지 모두 6장으로 구성되어 있다.

---

10) 에쿠니(江國 1991), 무라카미(村上 2000), 요시모토(吉本 1993,1998a), 요시다 (吉田 2003)

제1장에서는 문제제기 및 연구 목적과 의의, 연구 대상과 언어자료, 그리고 이 논문의 구성에 대해 언급한다.

제2장에서는 이론적 틀로서 이용하는 〈인지언어학〉의 〈사태파악〉과 그와 관련하여 제시되어 있는 〈선호하는 표현〉이라는 개념에 대해 논한다. 이 논문의 중심 개념이 되는 〈사태파악〉의 개념, 특히 〈주관적 파악〉과 〈객관적 파악〉이라는 대립에 대해 Langacker(1985, 1990, 1991)를 중심으로 논한다. 그리고 일본어 화자가 〈선호하는 표현〉으로서의 〈주관적 파악〉에 대해 이케가미(池上 2003, 2004, 2006a~c)를 언급하면서 논한다. 그리고 〈표현구조〉(구니히로(国広) 1967, 林八龍 1993, 趙銀淑 2004), 또는 〈표현양상〉(金恩愛 2003)이라는 관점에서 한일 양언어를 비교・대조한 연구를 개관한다. 또한 일본어 화자가 〈주관적 파악〉을 선호하는 경향에 대해 영어 화자, 중국어 화자와의 비교・대조를 통해 고찰하고 있는 선행 연구를 개관한다.

제3장에서는 이 연구의 중심적인 분석 대상인 일본어의 'ていく/くる'와 한국어의 '어 가다/오다'를 둘러싼 선행 연구를 개관한다. 일본어의 'ていく/くる'에 대해 고찰하고 있는 선행 연구로는 '공간적 이동'과 '상(aspect)'을 나타내는 의미로 나누고, 각각의 의미를 세분화한 모리타(森田 1968)와 요시카와(吉川武時 1976)가 있다. 이마니(今仁 1990)는 'ていく/くる'의 의미를 '공간적 이동'과 '상'으로 나눈 점에서는 앞선 두 연구와 같지만, '공간적 이동'을 나타내는 'ていく/てくる'의 대칭/비대칭이 '상'을 나타내는 'ていく/くる'에도 보인다고 지적하고 있다.

영어에서 술어(述語)는 'walk' 한 단어만으로도 충분히 성립되는 것에 비해, 일본어에서는 '歩く' 단독으로는 사용하기 어렵다. 일본어에서는 '歩いていく' 또는 '歩いてくる'와 같이 보조동사 'ていく/くる'가 붙어야 자연스러운 표현이 된다. 요시카와(吉川千鶴子 1995)는 영어와 비교하여 'ていく/くる'는 공간적 영역만이 아니라 시간적·심리적인 영역도 가까워지면 'てくる'를 사용하고 멀어지면 'ていく'를 사용한다고 주장하였다. 요시카와(吉川千鶴子 1995)의 지적은 일본어와 영어의 비교뿐 아니라 이 논문에서 고찰하는 한국어와의 대비에 있어서도 유용할 것이다.

선행 연구는 일본어의 'ていく'와 'てくる'를 대조한 연구와 'てくる'를 특화한 연구로 나눌 수 있다. 이 논문에서는 이들 두 항목의 분류에 따라 각각을 개관하기로 한다. 일본어의 'てくる'를 특화한 연구 중에서 특히 주목하고 싶은 것은 'てくる'에 화자의 심적 태도가 나타난다고 지적한 선행 연구들이다.[11] 이 용법은 일본어의 'てくる'의 특징이라고 말할 수 있는데, 'てくる' 용법에 또 하나 주목하고 싶은 점은 〈기동상〉(inchoative aspect)이 'てくる'에는 보이지만 'ていく'에는 보이지 않는다는 점이다.

3.2에서는 한국어의 '어 가다/오다'에 관한 선행 연구로서 한국 국내의 국어 연구에 대해 개관한다. 많은 선행 연구(손세모돌1996, 박선옥 2002, 권순구2005, 배수자 2007 등)가 그 분석 대상을 보조동사로서의 '어 가다/오다'로 한정하여 분석하고 있는 것이 특징이다. 그중 '가다/오다'가 '공간적 이동'에서 '동작 계속', 그리고 '상태 변화'로 그 의미가 확장했다고 분석하고 있는 이기동(1977)을 먼저 개관한다. 또한 보조동사 '어 가다/오다'의 '상'에 관한 의미와 '법성'(modality)에 관한 의미에 대해서 살펴본다.

---

11) Tokunaga(1986), 도쿠나가(德永2004), 기쿠치(菊池2004).

제4장~제5장이 이 연구의 분석 및 고찰의 중심이 되는 장이다. 제4 장에서는 먼저 4.1에서 본동사 '行く/来る'와 '가다/오다'의 〈원형〉 (prototype)[12]적 용법인 공간 이동을 중심으로 본동사로서의 '行く/来 る'와 '가다/오다'의 기본적 성질을 중심으로 논한 후, 그 외의 용법에 대해서도 고찰해 나가겠다. 또 본동사의 '行く/来る'와 '가다/오다'의 특 징은 'ていく/くる'와 '어 가다/오다'와 깊은 관련성이 있고, 유기적으로 연결되어 있다는 것을 의미망(meaning network)으로 제시한다. 4.2에 서는 일본어 'ていく/くる'와 한국어 '어 가다/오다'의 의미 용법은 그 대응관계의 성질에 따라 'ていく/어 가다'와 'てくる/어 오다'로 나누어 고찰한다. '공간적 용법'의 'てくる'와 '어 오다'는 대응하는 경우가 많은 데, '확장 용법'의 경우에는 '상태 지속'을 제외하고 다른 용법에서는 그 다지 대응하지 않는다. 이 논문에서는 이와 같이 'ていく/くる'와 '어 가다/오다'의 용법에 차이가 나타나는 배경에는 일본어 화자가 사태의 현장에 몸을 두고 사태를 체험적으로 파악하는, 즉 〈자기 중심적〉인 자세를 선호하는 〈주관적 파악〉에 밀착하여 언어화하는 경향이 강하다 는 것과 관련되어 있음을 밝히고자 한다.

또한 이 논문에서는 '来る/오다'는 직시적인 용법밖에 없는 것에 비해 '行く/가다'는 직시적/비직시적인 두 가지 용법이 있다고 보는데, 이 특 징은 보조동사 'ていく/어 가다'의 경우에도 보인다. 이 두 가지 용법은 〈주관적 파악〉과도 관계가 있다는 점이 흥미롭다.

제5장에서는 먼저 제4장에서 고찰한 'ていく/くる'와 '어 가다/오다'

---

12) 임지룡 외(2004:146)에서는 〈원형〉이란 '범주의 대표적인 예'로 정의하고 있다. 가령 새가 범주라면 '참새, 까마귀, 비둘기' 등의 대표적인 예가 떠오르는데, 이같이 〈원형〉은 범주의 가장 좋은 사례로 간주된다.

의 의미망의 일부분을 차지하는 '상태 변화' 및 '상태 지속' 용법에 고찰
의 초점을 좁히어 〈사태파악〉에 있어서 일본어 화자와 한국어 화자가
선호하는 차이의 한 측면으로서 'ていく/くる'와 '어 가다/오다'를 고찰
한다(5.1). 동일한 사태를 언어화할 때, 일본어 화자는 〈주관적 파악〉의
지표인 'てくる'를 즐겨 사용하는 것에 비해 한국어 화자는 표현상으로
는 대응하는 '어 오다'가 있음에도 불구하고 이를 이용하지 않고 '어 오
르다', '어 나다', "어지다' 등 여러 가지 다른 표현을 이용하여 나타내는
점에 주목하여, 이러한 차이는 한일 양언어 화자 사이의 〈사태파악〉의
차이, 즉 일본어 화자가 한국어 화자보다 〈주관적 파악〉의 경향이 강하
다는 것이 반영되었기 때문이라는 관점에서 논한다.

5.2에서는 'ていく/くる'와 '어 가다/오다'에서 보이는 〈사태파악〉의
차이가 다른 언어현상에서도 비슷한 결과가 나타나는지 보기 위해 'て
もらう'와 이에 대응하는 한국어 표현을 들어 비교·대조한다. 일본어
의 대표적인 수수동사는 'あげる/くれる/もらう'이고, 이에 대응하는
한국어의 수수동사는 '주다/달다[13]/받다'이다. 이 중에서 'てもらう'에
초점을 맞춘 이유는 다음과 같다. 일본어의 수수동사가 전부 보조동사
로 쓰이는 것에 비하여 한국어의 수수동사 중 '받다'는 보조동사로서
거의 사용되지 않는다. 이 때문에 일본어의 'てもらう'라는 하나의 표현
이 한국어에서는 여러 가지 다른 표현으로 나타나는데, 이러한 점에도
일본어 화자와 한국어 화자가 취하는 〈사태파악〉의 차이와 관련되어
있다고 생각한다.

---

13) 다만 '달다'는 불구동사로 활용이 자유롭지 않아 '달라, 다오'의 두 가지 형태밖
    에 존재하지 않는다(홍윤표 1977, 이희승 1986, 요시모토(吉本) 1996b, 서울대
    학교 어학연구소 2002, 白峰子 2004).

그리고 5.3에서는 또 다른 언어 지표인 주어 생략 현상을 예로 들어 검토해 본다. 일본어의 주어 생략에 대해서는 지금까지 많은 연구가 있는데, 이는 일본어에만 보이는 특징이 아니다. 즉, 주어 생략은 한국어에서도 자주 일어나는 현상인데, 일본어와 비교했을 때 그 빈도에는 정도의 차이가 보인다(鄭惠先 2002a~b). 이 점을 통해서도 양언어 간에 〈주관성〉의 정도의 차이가 체계적으로 일관성있게 나타난다는 것을 확인할 수 있다. 언어유형론의 관점에서 일본어가 한국어보다 〈주관성〉이 높은 언어로서의 특징을 나타내는 것에 대해 5.4에서 정리하여 논한다.

마지막 제6장에서는 이 연구를 총괄한 후, 남겨진 과제와 이 연구가 앞으로 어떤 연구로 이어질 수 있는지, 장래적인 전망에 대해 언급한다.

〈사태파악〉의 한일대조연구
-'ていく/くる'와 '어 가다/오다'의 보조동사 용법을 중심으로 -

제2장
이론적 틀

제2장에서는 이 연구의 이론적 틀로서 이용하는 〈인지언어학〉의 〈사태파악〉과 그것과 관련된 〈선호하는 표현〉이라는 개념에 대해 논한다. 2.1에서는 이 논문의 중심개념인 〈사태파악〉, 특히 〈주관적 파악〉과 〈객관적 파악〉의 대립에 대해 살펴보고, 2.2에서는 일본어 화자의 〈선호하는 표현〉으로서의 〈주관적 파악〉에 대해 이케가미(池上 2003, 2004, 2006a~c)를 언급하면서 논한다. 2.3에서는 〈표현구조〉(구니히로 (国広) 1967, 林八龍 1993, 趙銀淑 2004) 또는 〈표현양상〉(金恩愛 2003) 의 관점에서 한일 양언어를 대조한 연구를 살펴본다. 그리고 일본어와 영어, 또는 일본어와 중국어를 비교·대조하여 일본어 화자가 영어 화자나 중국어 화자에 비해 〈주관적 파악〉을 더 선호하는 경향이 있다고 고찰한 선행 연구를 개관한다.

2.1 사태파악(事態把握)

전통적인 언어학에서 화자는 말하는 주체(speaking subject) 또는 발

화 주체(locutionary subject)라고 일컬어지는 경우에도 고작 문법의 규
칙에 따라 문장을 생성하고 그것을 발화한다는 정도의 역할로 받아들여
지고 있었다. 하지만 〈인지언어학〉에서는 화자를 인지 주체(cognizing
subject)로서 보는 관점을 취하고 있다.[14] 즉, 화자는 발화에 앞서 먼저
언어화하려고 하는 〈사태〉의 어느 부분을 언어화하고 어느 부분을 언
어화하지 않는가, 언어화하는 부분에 대해서는 어떤 시점에서 언어화하
는가라는 인지적인 활동을 행한다는 것이다. 이러한 과정을 인지언어학
에서는 〈사태파악〉(construal)이라고 부른다.[15] 예를 들면, 'A가 B에게
가방을 수여한다' 라는 동일한 사태를 표현한다고 가정해 보자. 화자는
먼저 A에 인지적인 중점을 두고 파악하여 "A가 B에게 가방을 준다" 라
고 언어화할 수 있다. 반면 B쪽에 중점을 두었을 경우에는 "B가 A에게
가방을 받는다"라고 언어화할 수 있다. 또 다른 예를 들면 부주의로 컵
을 떨어뜨려 깼을 경우에도 화자가 〈사태파악〉을 어떻게 하는가에 따
라 표현이 달라질 수 있다. 즉, "컵을 깨 버렸다" 또는 "컵이 깨져 버렸
다"라고도 말할 수 있을 것이다. 이같이 화자가 〈인지 주체〉로서 문제
가 되는 사태와 자신과의 관계에 따라 몇 가지의 다른 인지적인 파악을

---

14) 이 점이 종래의 언어학과 인지언어학이 크게 다른 점이다. (미국)구조언어학
((American) structural linguistics)에서는 발화 주체(locutionary subject)로서의
인간을 고려하지 않은 채 오로지 언어의 구조에 대한 객관적 기술에 대해 몰두
하는 자세였고, 변형생성문법(transformational generative grammar)에서는 실
제의 인간과는 동떨어진 이상적인 화자 겸 청자(ideal-speaker-hearer)를 상정
하여, 사실상 〈화자〉를 지워 버렸다. (쓰지(辻)[編](2003)의 서두 「認知言語学:
"紹介"のことば」 이케가미(池上)를 참조.)

15) 〈사태파악〉(construal)은 인지언어학에서 사용되는 중요한 개념의 하나이다.
영어 'construal'은 일본어로 '事態把握' 이외에 '把握', '解釈', '捉え方' 등으로도
번역되고, 한국어에서는 '해석', '파악방법'으로 번역되는 말인데, 이 논문에서
는 'costrual'를 이케가미(池上 2003, 2004, 2006a~c)에 따라 〈事態把握(사태파
악)〉으로 부르기로 한다.

하고, 다른 의미를 부여하고, 거기에 맞춰 언어화하는 능력을 가지고 있는 것은 비단 한국어 화자만의 특징이 아니라 어느 언어의 화자도 가지고 있는 공통된 특징이라고 할 수 있다.[16)]

그런데 〈사태파악〉에는 〈주관적 파악〉과 〈객관적 파악〉이라는 두 가지 형태의 대립이 있다(Langacker 1985, 1990, 1991). 다음의 세 문장으로 확인해 보자. 먼저 (2a)와 (2b)는 둘 다 동일한 테이블을 사이에 두고 Vanessa와 화자가 앉아 있는 상황을 묘사한 문장이다. 이 두 문장의 차이는 언어화할 때 〈참조점〉(reference point)이 화자(2b)인가, Veronica(2a)인가라는 점이다.

(2) a. Vanessa is sitting across the table <u>from Veronica</u>.

   b. Vanessa is sitting across the table <u>from me</u>.

   c. Vanessa is sitting across the table.

(Langacker 1990:17, 20, 밑줄은 필자)

(2b)와 (2c)는 둘 다 화자 자신이 〈참조점〉인 점은 같지만 (2b)에서는 〈참조점〉으로서의 화자가 명시화되어 있는 것에 반해, (2c)에서는 명시화되어 있지 않다. 이처럼 언어상에 명시화되어 있는가, 그렇지 않은가는 화자의 파악 방법이 어느 정도 주관적인가 또는 객관적인가에 따라 〈도상적〉(iconic)으로 반영된다(Langacker 1985). 구체적으로 말하면,

---

16) 이 점에 대해서는 Langacker(1991)가 "Even expressions describing an objective situation may differ in meaning depending on how the situation is construed."(p.61)라고 설명한 대로인데, 한 사태에 대한 의미는 사태 자체에 있는 것이 아니라 화자가 그 사태를 어떻게보고 있는가에 달려 있다고 말할 수 있다.

표현상으로 볼 때 (2a)의 문장과 평행하는 형태인 점에서도 알 수 있듯이, (2b)는 마치 3인칭 Veronica를 바라보듯이 화자가 자기 자신을 객관적으로 인식하는 입장이다. (2c)는 화자가 언어화되어 있지 않는데, 이처럼 화자가 〈제로화〉 되는 것은 화자가 사태 안에 몸을 두고 〈사태파악〉을 하고 있기 때문이라고 Langacker는 말한다. (2a)와 같이 (2b)가 〈객관적 파악〉이고, (2c)와 같은 경우가 〈주관적 파악〉이다.

또한 Langacker는 이러한 이유로 (3a)는 (3b)보다 자연스러운 문장으로 느껴진다고 주장한다. (3)은 자신의 사진을 보고 있는 경우인데, 외적인 관점으로 자신을 보고 있다는 것을 함의하므로 강한 객관적 파악이 행해진다고 Langacker는 말한다.

(3) a. Look! My picture's in the paper! And Vanessa is sitting across the table <u>from me!</u>

b. ?Look! My picture's in the paper! And Vanessa is sitting across the table!

(Langacker 1990:20, 밑줄은 필자)

(3a)의 마지막 절인 'from me'에서 알 수 있듯이 화자가 자신을 명시하고 있는데, 이로 인해 객관적인 표현으로 볼 수 있고 자연스럽게 느껴진다는 것이다. 한편, (3b)가 부자연스럽게 느껴지는 것은 앞서 예를 든 (2c)와 같이 화자가 언어화되는 문제 현장에 있으므로 화자 자신이 〈참조점〉이 되고, 그로 인해 화자 자신은 관찰 대상이 되지 않는다(즉, 〈제로화〉)라는 〈주관성〉이 이 경우에는 맞지 않기 때문이라고 설명한다.

2.2 일본어 화자가 〈선호하는 표현〉으로서의
〈주관적 파악〉

어떤 언어의 화자가 〈사태파악〉에 대해 몇 가지의 다른 선택을 할 수 있고, 그 중 어느 것을 주체적으로 고른다는 것은 보편적이라고 할 수 있다. 그런데 특정한 〈사태파악〉을 하고 그 사태를 표현할 때 그 언어의 화자가 어떤 선택을 일반적으로 할 것인가는 화자의 언어에 따라 차이가 나타난다. 예를 들면, 결혼 예정을 다른 사람들에게 알릴 경우, 일본어에서는 "私たちは結婚することになりました"라고 나타내는 것이 보통인데, 영어에서는 "We are getting married."라고 표현한다. 이와 같은 경우에 한국어에서는 "저희 (두 사람) 결혼합니다."라고 표현한다. 가령 한국어에서 일본어를 그대로 직역한 "저희들은 결혼하게 되었습니다."라고 말한다면 마치 결혼당사자들의 의지로 결혼하는 것이 아니라 그들의 부모 등 다른 사람에 의해 결혼이 성립되었다는 듯한 인상을 준다. 경우에 따라서 청자는 '정략 결혼인가?!'라고 생각할 가능성마저 있는 것이다. 반대로 일본어에서 영어나 한국어와 같이 "私たちは結婚します"라고 말한다면 왠지 두 사람의 결의를 너무 강하게 내세운 듯이 느껴져, 특히 웃어른께 보내는 문서에 이와 같은 표현을 쓰면 실례라고도 생각할 수 있다.

또 다른 예를 들어 보자. 급한 용무로 갑자기 가게를 쉬어야 할 때 가게 주인은 이를 알리는 종이를 가게 문에 붙이고는 한다. 흥미롭게도 이때의 문장이 일본어와 한국어에서 다르게 나타난다. 일본어에서는 "本日は休ませて頂きます", 한국어에서는 '오늘 휴업' 또는 "오늘 쉽니다"라고 쓰는 것이 일반적이다. 앞서 말한 일본어 문장을 그대로 한국어로 직역하면 "오늘은 쉬게 하여 받겠습니다"와 같은 문장이 되는데, 이러한 문장은 결코 한국어로서 자연스럽다고 할 수 없을 것이다. 이미 많은 연구에서 지적한 바와 같이 일본어에서 정중한(polite) 표현으로서 자주 사용되는 '사역＋て頂く(てもらう)'의 형태가 한국어에서는 쓰이지 않는다. 한편 일본어에서는 한국어와 같이 '本日休業'이라는 표현을 쓸 수도 있지만, 정중한 표현인 '사역＋て頂く'가 더 많이 사용된다. 이처럼 일본어와 한국어에서 동일한 사태를 다른 표현을 써서 나타내는 예[17]는 찾으려고 하면 그다지 어렵지 않게 찾을 수 있다.

앞에서 살펴본 바와 같이 Langacker는 영어라는 한 언어에서 〈주관적 파악〉과 〈객관적파악〉의 대비를 제시하고 있는데, 이케가미(池上 2003, 2004, 2006a~c)는 「ある言語の話者によって特に〈好まれる言い回し〉が高度に体系的な形で認められることのできる場合がある(어떤 언어의 화자가 특히 〈선호하는 표현〉이 고도로 체계적인 형태로 인정되는 경우가 있다)」라고 지적하며, 일본어와 영어를 비교하고 있다. 여기서 말하는 〈好まれる言い回し〉란 Whorf(1956)의 'fashions of speaking'에 대해 이케가미(池上 1993)가 일본어로 번역한 것[18]인데, 이 논문에서는 그 한국어역으로 〈선호하는 표현〉이라고 하기로 한다.

Whorf(1956)는 "Are there traceable affinities between (a) cultural and

---

17) 결혼 예정을 알리는 예(일본어와 영어)는 이케가미(池上 2006a:162,175)를 인용한 것이고 한국어는 필자가 붙인 것이다. 가게 휴일을 알리는 예는 필자가 일본에 와서 얼마 되지 않았을 때 재미있고 이상한 표현이라고 생각한 일본어 표현 중 하나인데, 그 기억은 아직까지도 생생하게 남아 있다.

18) 참조한 것은 1956년에 간행된 LANGUAGE THOUGHT & REALITY와 1993년에 간행된 이케가미(池上嘉彦)(역) 『言語・思考・現実』이다. 다른 번역으로서 1978년에 간행된 아리마(有馬道子)(역) 『[完訳] 言語・思考・実在』가 있다. 有馬道子氏는 'fashions of speaking'를 '話し方'(말투)라고 번역하고 있다.

behavioral norms and (b) large-scale linguistic patterns? ((a)문화와 행동의 규범과, (b) 대규모의 언어적 패턴 사이에서 어떤 관계를 확인할 수 있는가?)"(p.138)라는 물음에 다음과 같이 답하고 있다.

> 「…(생략)… there is a relation between a language and the rest of the culture of the society which uses it. There are cases where the "fashions of speaking" are closely integrated with the whole general culture, whether or not this be univer-sally true, and there are connections within this integration, between the kind of linguistic analyses employed and various behavioral reactions and also the shapes taken by various cultural developments. (…(생략)… 어떤 언어와 그 언어를 쓰고 있는 사회의 또 다른 문화 사이에는 어떤 관계가 존재한다. 예를 들면, 보편적으로 타당한가 그렇지 않은가는 문제시 하지 않더라도, 경우에 따라서는 〈선호하는 표현〉(fashions of speaking)이라는 것이 있어서 그것이 문화 전반과 밀접하게 통합되고 있고, 그 통합체 안에는 어떠한 언어학적 분석이 행해지고 있는가라는 것과 반응하여 나타나는 여러 가지 행동, 그리고 여러 가지 문화적 발달 사이에는 관계가 있는 것이다.)」
>
> (p.159)

여기에서 말하는 〈선호하는 표현〉이라는 것은 구체적인 구(句)나 숙어를 말하는 것이 아니라 사태가 언어로 표현될 때 그 언어 화자가 선호하여 취하는 표현 방식(池上 1999:84))을 말하고, 어떤 언어에도 〈선호하는 표현〉이라고 불릴만한 것이 있다. 이케가미(池上 2003, 2004, 2006a~c)는 Langacker의 〈주관적 파악〉과 〈객관적 파악〉이라는 구별에

대해 화자가 언어화하려고 하는 사태를 얼마나 〈자기 중심적〉
(ego-centric, ego-centered)으로 행하는가하는 관점에서 재고찰하였다.
구체적으로 말하면, 화자가 문제의 장면에 자기 자신의 몸을 두고 체험
의 장(場)인 '지금/여기'에 〈시좌(視座)〉를 두고 사태파악을 하는가, 아
니면 문제의 장면에서 빠져 나와 밖에서 보고 있는가라는 대립으로 재
인식하여 일본어와 영어를 비교·대조하였다. 그 결과, 일본어 화자는
〈주관적 파악〉을 하는 경향이 있고, 영어 화자는 〈객관적 파악〉을 하는
경향이 있다고 주장하고 있다. 이케가미(池上)의 〈주관적 파악〉과 〈객
관적 파악〉의 정의는 다음과 같다.

〈주관적 파악(主観的把握)〉(subjective construal)
話者が言語化しようとする事象の中に自分の身を置き、自分の知覚
する事象を自分の体験として〈自己-中心的〉なスタンスで描くとい
う捉え方。(화자가 언어화하려고 하는 사태 안에 자신의 몸을 두고 자
신이 지각하는 사태를 자신의 체험으로 〈자기 중심적〉인 자세로 묘
사하려는 파악.)

〈객관적 파악(客観的把握)〉(objective construal)
話者が言語化しようとする事象の外に身を置き,自分の知覚する事象
を〈客体化〉し、〈客観的〉なスタンスで描くという捉え方。(화자가
언어화하려고 하는 사태 밖에 자신의 몸을 두고 자신이 지각하는 사태
를 〈객체화〉하고 〈객관적〉인 자세로 묘사하려는 파악.)

또 이케가미(池上)는 〈주관적 파악〉과 〈객관적 파악〉 중 어느 쪽이
채용되는가에 대해서 궁극적으로는 사태에 대해 화자 자신이 어떤 자세

를 취하는가에 의해 정해진다고 말하며, 각 언어 사이에 다른 〈사태파악〉의 방식이 표현의 차이로 나타난다고 지적한다. 그리고 이러한 관점에서 영어와 일본어를 비교하여 영어 화자는 〈객관적 파악〉을 하는 경향이 강한 것에 비해, 일본어 화자는 〈주관적 파악〉을 선호하는 경향이 있다고 주장하고 있다.

여기에서는 전형적인 예를 몇 가지 들어 보도록 한다. (4)는 길을 잃었을 때 지나가는 다른 사람에게 물어보는 장면에서 영어와 일본어에서는 각 표현이 다르다고 한다.

(4) 길을 잃어서 다른 사람에게 물을 때
　a. "Where am I?"
　b. 「ここはどこですか。」

(池上 2006a:163, 183)

(4)에 대해 이케가미(池上 2006a)는 다음과 같이 설명한다. (4a)의 영어 화자는 말하고 있는 자신으로부터 빠져나와 길을 헤메고 있는 자신을 마치 다른 사람을 보고 있는 듯이 객체화하여 인식한다는 것이다. 즉, 영어 화자가 "Where am I?"라고 할 때의 발상은 "Where is she?"라고 할 때와 같고, 양쪽 다 화자는 주체로서 자기 자신이 언어화하려고 하는 사태를 객체화하며 대립하는 자세를 취한다는 것이다. 한편, (4b)의 일본어 화자는 〈자기〉는 〈자기〉이며, 자기 자신이 지각의 원점이므로 지각의 대상이 되지 않고, 따라서 발화 안에서 언어화되지 않는다. 즉, 〈제로〉로 표시된다는 것이다.

(5) 다른 사람 집에 전화했을 때
  a. "May I speak with Mr. Jones?" "Speaking. / This is <u>he</u>."
  b. 「ジョウンズさんとお話しできますか。」「<u>私</u>です。」

(池上 2006a:163, 밑줄은 필자)

  (5a)의 영어 표현은 전화를 받는 사람이 자신을 "he"로 표현하고, '지금' 응답하고 있는 당사자가 전화를 건 사람이 찾는 바로 그 사람(여기에서는 'Mr. Jones'), 즉 동일인물이라는 취지의 응답이다. 영어에서는 대답하는 사람이 자기 자신을 타자로 인식하고 있음을 알 수 있다. 이 경우 일본어 화자에게 있어서 영어와 같은 〈타자화〉는 강한 위화감이 느껴진다고 한다.
  이 경우 한국어에서는 (4)와 (5)에서 일본어와 비슷한 표현이 사용된다. (4)에서는 "여기(가) 어디예요?"라는 표현이 일반적이고, (5)에서는 "존즈 씨 계십니까?" "전데요."라고 말하는 것이 보통일 것이다. (4)와 (5)에 한정해서 말한다면, 영어 화자는 〈자기 객체화(自己客体化)〉가 이루어지고, 일본어 화자와 한국어 화자는 〈자기 동일성(自己同一性)〉이 보유된다는 대비가 보인다(다만, 후술하듯이 일본어와 한국어가 언제나 같지만은 않다. 제4장과 제5장에서 고찰한다).
  또 다른 예를 들어 보자. 다음의 (6)과 같이 독백하는 장면에서도 일본어 화자는 자기 자신을 1인칭으로 말하거나 생략하여 말하는데, 영어 화자는 2인칭 대명사로 자기 자신을 가리키는 경우가 있다.

(6) 독백의 상황에서 화자가 지금까지의 자신의 자세를 반성하고 다짐하는 장면
  a. "You must work much harder!"

b. 「(私は) もっと頑張ってやらなくちゃ!」

(池上 2006a:189)

이케가미는 (6a)와 같이 영어 화자는 2인칭 대명사로 자기 자신을 가리키고 자기 자신에게 말을 걸고 있는 듯한 구도인데, 일본어 화자는 (6b)와 같이 〈타자화〉하지 않고 1인칭으로 언어화하는 것이 자연스럽다고 한다.

(6)과 같은 장면에서 한국어 화자는 일본어 화자처럼 1인칭으로 나타낼 수도 있고, 영어 화자처럼 2인칭으로 〈자기〉를 나타낼 수도 있다. 전자의 경우에는 1인칭이 〈제로화〉된 "(나는) 좀 더 열심히 하지 않으면 안 돼"로 나타낼 수 있을 것이다. 그러나 이 경우 한국어 화자가 더 많이 쓰는 표현은 "좀 더 열심히 하자!" 또는 "더 열심히 해!"와 같은 표현이다. 어느 쪽도 주어가 생략되어 있지만 문말에서 금방 알아차릴 수 있듯이 전자는 청유형으로 1인칭(복수형)이고, 후자는 명령형으로 2인칭이다. 특히 이 경우에 종종 나타나는 화자 자신이 마치 남을 부르는 듯이 자신을 부르는 표현에 주목하고 싶다. 예를 들면, '김철수' 라는 이름의 화자라면 '김철수, 좀 더 열심히 해!'라는 식으로 말을 할 수 있는데, 이는 마치 화자 자신이 남을 부르는 듯한 착각을 일으킨다. 일본어에서는 이 경우에 화자 자신을 향해 "もっと頑張りなさい!"라고는 별로 말하지 않는데, 이는 한국어 화자가 일본어 화자에 비해 〈자기 분열〉이 더 많이 일어나고 있다는 것을 시사한다.

예 (4)~(6)에서 한국어 화자는 일본어 화자와 비슷한 〈주관적 파악〉의 경향이 있지만, 영어 화자와 같이 〈객관적 파악〉의 측면도 나타난다는 흥미로운 점이 보인다. 이것에 관한 상세한 고찰은 제4장과 제5장에서 논하기로 한다(특히 〈주관성〉의 정도에 대해서는 5.4를 참조).

예 (4)~(6)과 관련하여 다음의 그림 1을 보도록 하자. 그림 1은 예 (4)를 설명할 때 이케가미(池上 2006a)가 제시한 그림을 참고로 그린 그림이다. 이 그림은 영어 화자의 〈자기 분열〉(self split)과 일본어 화자의 〈자기 투입〉(self projection)이 알기 쉽게 그려져 있다.

그림1　영어의 〈자기 분열〉과 일본어의 〈자기 투입〉

(池上 2006a:184에 의거하여 작성)

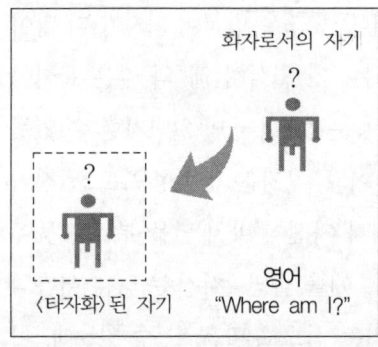 

그림 1의 왼쪽과 같이 영어 화자는 〈자기 분열〉의 경향이 강하고, 일본어 화자는 〈자기투입〉의 경향이 강하다고 이케가미(池上 2006a)는 주장하고 있다. 여기에서 말하는 〈자기 분열〉이란 "자기 자신을 타자화하여 자신의 몸이 있는 장면에서 자신의 분신을 그 장면에 남겨 둔 채 스스로는 한발 뒤로 물러나 자신의 분신을 포함한 원래의 장면을 밖에서 객체화하여 바라보는 것"(池上 2006a:189)을 말한다. 또한 〈자기 투

입〉이란 "화자가 시공(時空)의 차이를 넘어 문제가 되는 사태 안에 자신의 몸을 둔다는 인지적인 조작"(池上 2006a:191)을 말한다. 즉, 〈자기중심적〉으로 사태를 파악하는 경향이 강한 일본어 화자에게 있어서는 〈자기 분열〉보다는 〈자기 투입〉이 일어나기 쉽다는 것이다.

또 이와 관련하여 일본어의 특징으로 자주 논의되는 주어 생략에 대해 이케가미(池上 2006b:24)는 일본어 화자의 〈주관적 파악〉과 깊은 관계가 있다고 지적한다. 즉, 일본어 화자는 자신이 현재 있는 사태 안에 몸을 둔 채로 그 〈시좌〉에서 사태파악을 하기 때문에 화자 자신은 객체화되지 않고, 따라서 언어화되지 않는다는 것이다. 필자는 이케가미(池上)의 지적이 타당하다고 생각하는데, 주어 생략이 일어나는 것은 비단 일본어뿐만이 아니다. 즉, 영어에서는 주어 생략이 거의 이루어지지 않는 것에 비해 일본어나 한국어에서는 주어가 생략되어도 자연스러운 경우가 많다. 여기에서 주목할 만한 점은 일본어와 한국어의 주어 생략에 있어서 그 빈도에 차이가 난다는 점이다. 이 점에 대해서는 이 논문의 제5장(5.3 및 5.4)에서 다시 논하기로 한다.

다음 절에서는 〈표현구조〉 또는 〈표현양상〉이라는 개념으로 일본어와 한국어를 대조한 연구들(林八龍 1993, 金恩愛 2003, 趙銀淑 2004)에 대해 논한 후, 언어유형론의 관점에서 일본어와 영어를 중심으로 한국어, 중국어, 러시아어, 태국어 등의 언어에서 〈주관성〉의 정도를 논하고 있는 Uehara(2000, 2006)와 우에하라(上原 2001)를 살펴본다. 그리고 盛(2006), 니무라(新村 2006)를 중심으로 중국어와의 비교를 통해서도 일본어 화자가 〈주관적 파악〉의 경향이 강하다는 것을 확인한다. 마지막으로 일본어 화자와 영어 화자의 인식자세의 상이점을 화용론의 관점에서 고찰한 이데(井出 2006)에 대해 살펴본다.

2.3 〈주관적 파악〉과
일본어 · 한국어 · 영어 · 중국어와의 비교

2.3.1 한일 양언어의 〈표현구조〉

한일 양언어의 '능동표현'과 '수동표현', 일본어의 '명사표현'과 한국어의 '동사표현'이라는 차이에 착목하여 일본어와 한국어의 〈표현구조(表現構造)〉가 다르다고 지적한 林八龍(1995)의 견해는 전자는 趙銀淑(2004)으로, 후자는 金恩愛(2003)로 연결된다. 이 연구들에서 말하는 〈표현구조〉란 구니히로(国広 1967)에서 인용한 것인데, 구니히로(国広)는 〈표현구조〉의 정의에 대해 「二言語の表現から統語構造の相違を差し引いた後になお残るものを表現構造の相違という(두 언어의 표현에서 통사구조의 차이를 뺀 후에 남은 것을 표현구조의 차이라고 한다.)」라고 규정하고 있다.[19] 먼저 林八龍(1995)부터 살펴보도록 하자.

2.3.1.1 〈표현구조〉

林八龍(1995)은 일본어와 한국어는 기본적인 문법구조가 매우 유사한 성격을 지닌 언어이지만, 실제 한일 양언어의 표현상의 특성을 표현구조의 측면에서 고찰하면 미묘한 차이가 보인다고 지적하고 있다. 그 구체적인 예로 일본어의 간접수동문과 한국어 표현, 일본어의 명사표현과

---

19) 林八龍(1995:268), 金恩愛(2003:78)의 注4, 趙銀淑(2004:182)를 참조. 이 중, 金恩愛(2003)는 〈표현양상(表現樣相)〉이라는 용어를 쓰고 있는데, 金恩愛(2003)에 의하면 〈표현양상〉이란 「〈表現構造〉などを含んだ、表現のあり方やその総体」(〈표현구조〉 등을 포함한 표현의 양상과 그 총체)를 지칭한다. 이후 〈표현구조〉나 〈표현양상〉이라는 용어에 대해서는 각 원문에 따르기로 한다.

한국어의 동사표현을 들어 고찰하고 있다. 그전까지의 일본어와 한국어의 대조연구는 통사론과 형태론 등 언어 형식적인 면에만 치중해 있었다고 해도 과언이 아니다. 그런 의미에서 林八龍(1995)의 연구는 선행적이며 〈발상〉이라는 면까지 고찰되어 있다는 점에서 주목할 만하다.

또한 林八龍(1995)은 언어의 표현과 발상에 대해서 다음과 같이 기술하고 있는데, 이 논문의 논지와 유사한 견해를 보인다.

「言語における表現と発想との問題は、互いに表裏関係を成すもので、いわば『表現は発想により決まり、発想の違いが表現の形を左右する』ものである。また、発想というものが一言語の中で問題となる場合もあれば、二言語の間で比較・ 対照されることもある。二言語における発想を問題とする際、どうしても出てくる点として表現構造の問題を指摘しなければならない。即ち、ある意味内容の表現において、別の二言語間で、いつも同じ構造によって表現がなされるとは限らず、むしろ言語により別の表現形式をとることによって、独特な様相を呈することがかなり多く見られる。(언어에 있어서 표현과 발상의 문제는 서로 표리관계를 이루는 것으로, 이른바 '표현은 발상에 의해 정해지고 발상의 차이가 표현의 형식을 좌우한다'는 것이다. 또 발상이라는 것이 한 언어 안에서 문제가 되는 경우도 있지만, 두 언어 사이에서 비교·대조되는 경우도 있다. 두 언어에 있어서 발상을 문제로 할 때 꼭 나오는 점으로서 표현구조의 문제를 지적하지 않으면 안 된다. 즉, 어떤 의미내용의 표현에서 다른 두 언어 사이에서 언제나 같은 구조에 의해 표현된다고는 할 수 없고 오히려 언어에 따라 다른 표현형식을 가짐으로써 독특한 양상을 보이는 경우가 많다.)」　　　　　　　　　　(p.265, 밑줄은 필자)

林八龍이 말하는 발상을 〈사태파악〉으로 바꾸어 생각해 보면 밑줄 친 「発想というものが一言語の中で問題となる場合(발상이라는 것이 한 언어 안에서 문제가 되는 경우)」라는 것은 2.1의 〈사태파악〉의 개념을 논할 때 든 예[20]로 인식하여도 무방할 것이다. 또 「二言語の間で比較・対照されることもある(두 언어 사이에서 비교・대조되는 경우도 있다)」라는 점은 2.2에서 논한 다른 언어의 화자 간에 존재하는 〈선호하는 표현〉과 일맥상통한다고 볼 수 있다.

2.3.1.2 일본어의 '명사지향 구조'와 한국어의 '동사지향 구조'

林八龍(1995)이 지적한 '일본어의 명사표현과 한국어의 동사표현'은 金恩愛(2003)의 일본어의 '명사지향 구조'(nominal-oriented structure)와 한국어의 '동사지향 구조'(verbal-oriented structure)의 〈표현양상〉 대비로 연결된다. 金恩愛(2003)는 일본어의 '명사지향 구조'와 한국어의 '동사지향 구조'의 〈표현양상〉을 비교・대조하여 일본어의 '명사지향 구조'라는 것은 어떤 것인가, 그리고 거기에 대응하는 한국어의 '동사지향 구조'라는 것은 어떤 메커니즘으로 나타나는가에 대해 분석하고 있다. 분석은 ① 문장성분, ② 명사적인 명사, 동사적인 명사, 형용사적인 명사, 부사적인 명사라는 4개의 하위 분류[21]와 ③ 어휘적인 의미의 비중

---

20) 같은 언어의 화자라고 하더라도 같은 사태를 자동사로 나타내는 경우도 있고, 타동사로 나타내는 경우도 있는 예(p.32를 참조).
21) 金恩愛(2003:5-7)에서 말하는 각 하위 분류에 대한 명사 설명과 그 예는 다음과 같다.
　명사적인 명사 : 형용동사 중에서 명사적인 성질인 것.
　형용사적인 명사 : 형용동사 중에서 형용동사적인 성질의 것과 '美しさ'(아름다움), '良さ'(좋음) 등 형용사로부터의 파생명사.
　동명사적인 명사 : '散歩(산책), 研究(연구), 活動(활동) 등 'する'(하다)를 동반하여 동사화하는 한자어, '立ち読み(서서 읽기), 山登り(산오

에서 본 〈경명사(軽名詞)〉와 〈중명사(重名詞)〉[22]라는 3개의 축을 기본으로 하고 있다. 그 결과, 일본어의 명사구조가 한국어에서 동사구조로 변용하는 것은 일본어의 '青空'가 한국어에서는 '푸른 하늘'로 나타나는 경우와 같이 (i)일본어의 명시적인 요소를 한국어에서도 다른 형태의 명시적인 요소로써 표현할 때 일어나는 변용과, 'めがねの子'가 '안경 낀 애'로 표현되는 경우와 같이 (ii)일본어의 비명시적인 요소가 한국어에서는 명시적인 요소로 표현될 때 일어나는 변용(p.69)이 있다고 기술하고 있다. 그리고 이 두 가지의 변용은 어휘 차원, 단어결합 차원, 문장 차원, 텍스트/담화 차원에서 일어난다고 설명한다. 이 논문에서 주목하고 싶은 점은 후자의 경우, 즉 (ii) 일본어의 비명시적인 요소가 한국어에서는 명시적인 요소로 표현될 때 일어나는 변용의 경우이다. 여기에서는 텍스트/담화 레벨에서 일어나는 경우를 예로 보도록 한다.

金恩愛(2003)에 의하면 이 유형은 텍스트/담화 차원에서 발화가 이루어지는 장면에 관계가 있는 일본어의 비명시적인 요소를 한국어가 언어화하려고 할 때 초래하는 동사구조이며 수식어나 서술어에 현저하게 나타난다고 한다. 그 예로 들고 있는 것 중의 하나가 다음의 (7)이다.

르기), 買い物(물건사기)' 등의 순수한 일본어, 'テスト(테스트), プリント(프린트)' 등의 외래어.

부사적인 명사 : 부사가 주어, 목적어, 연체수식어, 술어로서 명사와 같이 기능하고 있는 것. "またのお越しをお待ちしております"(또 오시는 것을 기다리고 있겠습니다), 'せっかくの日曜日'(모처럼의 일요일)의 'また'(또), 'せっかく'(모처럼) 등.

22) 金恩愛(2003:9)에 의하면 〈경명사(軽名詞)〉(light noun)란 '雨(비), めがね(안경), ノート(공책)' 등 '단순어로 상대적으로 어휘적인 의미의 비중이 가벼운 명사를 말하고, 〈중명사(重名詞)〉(heavy noun)란 '言い方(말투), 忘れ物(잊은 물건), 綺麗な目(예쁜 눈)' 등 '어휘적인 의미가 겹쳐져 어휘적인 의미의 비중이 상대적으로 무거운 명사를 말한다.

(7) a. 昨日の<u>めがね</u>の子, 覚えてる?

　　 b. 어제 <u>안경 낀</u> 애 기억나?　　　　　　　　　　(金恩愛 2003:38)

(7)에서는 일본어의 비명시적인 요소 '<u>の</u>'가 한국어에서는 명시적 요소인 '<u>낀</u>'으로 나타나 있다. 金恩愛가 지적하고 있는 것과 같이 수식어의 명사가 신체의 부착물이고 피수식어의 명사가 〈인간명사〉(human noun)일 경우 일본어의 명사구조가 한국어에서는 거의 동사구조화한다. 몇 가지 더 예를 들면 다음과 같다.

(7)′　　ガーディガンの子　　→　가디건 <u>입은</u> 애

　　　　ピアスの男　　　　　→　귀걸이 <u>한</u> 남자

　　　　長靴の青年　　　　　→　장화를 <u>신고 있는</u> 청년

　　　　ひげのお爺さん　　　→　수염을 <u>기른</u> 할아버지

　　　　　　　　　　　　　　　　　　　　　　　　　(金恩愛 2003:39)

金恩愛(2003)에서는 (7)과 같은 예에 대해 '비명시적인 요소를 언어화하려고 하는 것에서 오는 동사구조화'로 설명하고 그 이상은 고찰되어 있지 않다.

林八龍(1993)의 연구가 일본어의 명사구조가 한국어에서 동사구조화되는 것에 대해 일본어와 한국어의 〈표현양상〉의 차이점 중 하나의 사례로서 머물러 있는 것에 비해 金恩愛(2003)의 분석은 문장 성분에 따른 검토 등 더 면밀하고 체계화한 분석이라고 할 수 있다. 이들 연구의 지적과 같이 일본어에서는 비명시적인 요소로 해결되는 것이 한국어에서는

왜 명확히 말하지 않으면 안 되는 것일까? 〈주관적 파악〉을 하는 경향이 강한 일본어 화자는 화자와 청자가 서로 잘 알고 있는 것에 대해서는 명시화하지 않아도 문제시되지 않는다는 점과 어떤 관계가 있을지도 모르겠다. 이것에 관한 좀 더 심층적인 고찰은 앞으로의 과제로 남는다.

2.3.1.3 일본어의 수동표현과 한국어의 능동표현

〈표현구조〉라는 개념을 통하여 일본어의 수동표현과 한국어의 능동표현에 대해 대조하고 있는 연구로서 趙銀淑(2004)이 있다. 趙銀淑은 일본어의 수동표현이 한국어에서 능동표현이 되는 현상이 생기는 이유에 대해 통사적·형태적으로 일본어와 한국어가 일치하지 않기 때문이라는 '문법적 차이'와 한일 양언어에 있어서 수동표현으로 나타낼 때의 발상의 차이에 의한 '시점 차이'라는 두 가지 관점에서 분석하고 있다.

예를 들면 다음의 (8)과 같이 동일한 사태를 나타내는 경우, 일본어에서는 수동표현으로 나타내는 부분을 한국어에서는 능동표현으로 나타내는 경우가 있는데, 이 같은 현상의 원인은 형태적·통사적으로 일치하지 않는 '문법적 차이'에서 온다는 것이다.

> (8) a. 私は母に起こされた。
>   b. 母が私を起こした。
>   a′. *나는 어머니에게 깨워졌다.
>   b′. 어머니가 나를 깨웠다.   (趙銀淑 2004:185)

(8)의 '문법적 차이'에 대해 趙銀淑은 다음과 같이 설명하고 있다. 한국어의 '깨우다'는 수동태의 파생을 할 수 없고, 또 적당한 수동의 의미

를 가지는 어휘적인 수동표현도 없기 때문에 수동성을 살릴 수 없다는
것이다.

일본어에는 주어가 간접적인 피해를 입었음을 나타내는 이른바 피해
수동(迷惑受身)23)이 한국어에서는 수동표현이 되지 않는다는 것은 잘
알려진 바와 같은데, 趙銀淑(2004)은 이를 '시점 차이'로 설명하고 있다.
(9a)의 피해수동은 한국어에서 (9b)와 같이 수동표현으로는 나타낼 수
없고, (9c)와 같이 능동표현으로 나타낼 수 밖에 없다.

   (9) a. 妹に日記を読まれた。

       b. *동생에게 일기를 읽어졌다.

       c. 동생이 일기를 읽었다.   (趙銀淑 2004:185)

(9)에 대해 趙銀淑은 '사물을 받아들이는 방식'에서 보면, (9a)와 같은
일본어의 수동표현에 대한 발상에는 '비의지'와 '비본의(非本意)'가 포함
되어 있는데, 한국어에서는 (9b)와 같이 수동표현으로 나타내지 못하고,
(9c)와 같이 동작주에 시점이 놓여 있는 능동표현으로밖에 나타낼 수

---

23) 일본어의 수동문은 '직접수동'과 '간접수동'으로 크게 나눌 수 있는데, 후자의
   '간접수동'이 '피해수동'으로 불린다. '직접수동'은 능동문의 「ヲ」(을/를)격과
   「ニ」(에게)격의 명사구를 수동문의 주어로 하는 타입으로, 영어 등과 같다.
   또한 '직접수동'은 의미적으로 '중립수동'으로 불리는 경우도 있다.
   ·능동문 : 兄が弟をしかる (형이 동생을 혼내다)
   ·수동문 : 弟が兄に叱られる (동생이 형에게 혼나다)
   이에 비해 '간접수동'은 능동문에 없는 명사구가 수동문의 주어가 되는 유형으
   로, 주어는 그 행위에 의해 어떤 영향(피해나 폐)을 받는 존재로서 나타난다.
   이러한 성질 때문에 '피해수동'이라고 부른다(이오리·다카하시·나카니시·
   야마다(庵·高橋·中西·山田) 2000:294-295).
   ·능동문 : 隣の人が騒ぐ (옆 사람이 떠들다)
   ·수동문 : 私は隣の人に騒がれる (*나는 옆사람에게 떠들어지다)

없다고 한다. 또 의미면에서 일본어는 행위를 받는 사람(수동자)이 놓인 상황이나 기분, 곤혹스러움을 '수동(れる/られる)'이라는 하나의 표현으로 나타낼 수 있는 면에서 편리한 표현이라고 할 수 있지만, 한국어는 동작주에 시점이 놓인 단지 사태만을 말하는 표현이라고 주장하고 있다. 이는 이 논문에서 말하는 논지와 비슷한데, 필자는 '시점 차이'를 포함한 일본어 화자와 한국어 화자의 〈사태파악〉의 차이가 그 밑바탕에 있다고 생각한다.

앞서 말한 것과 같이 일본어의 간접수동은 화자의 피해나 곤혹스러움을 나타내는데, 그와 비슷한 표현으로 한국어의 '비를 맞다'가 종종 대두된다. '비를 맞다'가 일본어의 수동문과는 다르다는 점을 다음 (10)(11)의 예를 통해 검토해 보자. 일본어에서는 (10a)와 대응하는 (11a)와 같은 수동문으로 화자의 간접적인 피해를 나타낸다. 한편, (11a)의 일본어를 그대로 한국어로 직역한 (11b)는 약간 부자연스러운 문장이다. 이 경우 (11c)와 같은 표현이 자연스러운 문장이 되는데 (11b)와 (11c)의 차이는 조사밖에 없다. 즉, (11b)는 '에'로, (11c)는 '를'로 표현했다는 미묘한 차이일 뿐이다.

(10) a. 昨日雨が降った。

    b. 어제 비가 왔다.

(11) a. (私は)昨日雨に降られた。

    b. ?(나는) 어제 비에 맞았다.

    c. (나는) 어제 비를 맞았다.

일본어에서는 'に＋れる/られる'라는 수동형으로 표현되어 있는데 한국어에서는 '맞다'라는 동사가 쓰여 있다. 동사 '맞다'는 '① (자동사/타동사) 때림을 당하다, ② (타동사) 도둑, 야단, 퇴짜 따위를 당하다, ③ (자동사) 틀리거나 어긋남이 없다' 등의 여러 가지 의미가 있지만,[24] 여기에서는 '맞다'가 가지는 수동의 의미에 주목하고 싶다. 『朝鮮語辞典』에서도 '맞다'의 의미를 '를[을]＋맞다の形で(受身的に) 受ける, 遭う(를[을]＋맞다의 형태로 (수동적으로) 받다, 당하다)'로 설명하고 있고, 그 예로서 '비를 맞다'와 같이 '야단을 맞다', '도둑을 맞다' 등을 들고 있다. 다시 말해서 한국어의 이 표현은 수동성을 가지는 동사 '맞다'로 표현되어 있기 때문에 일본어의 수동표현과는 다른 성격을 가지고 있는 것으로 봐야 하지 않을까? 즉, 일본어에서는 화자인 '私'가 피해를 받거나 곤혹스러움에 초점이 맞춰져 있지만, 한국어에서는 해당하는 인물(여기서는 '나')이 받은 대상(여기서는 '비')에 초점이 맞춰진 듯한 인상을 받는다.[25]

2.3.2 〈주관적 파악〉을 둘러싼 선행 연구

이 절에서는 〈인지언어학〉의 관점에서 〈사태파악〉에 대해 논하고 있는 선행 연구에 대해 살펴보기로 한다. 먼저 2.3.2.1에서 언어유형론의

---

24) 『한+국어대사전』을 참조했다.
25) 영어와의 비교는 이케가미(池上 2006a:172-173)를 참조. 이케가미는 일본어의 "(私は) 雨に降られた"(??(나는) 비에 맞았다)를 영어로 표현한다고 하면 "It rained upon me"라고 표현되지만(다만, 문장 안의 'upon me'는 별로 쓰이지 않는 용법), 이 경우 일본어에서는 주어는 '私', 즉 나에게 있어서의 사정이나 상황이 나쁜 것이 의미의 핵심이 된다고 한다. 이에 비해 영어에서는 문장의 핵심은 '비가 왔다'라는 사태를 표현한 부분으로 '나'에 대한 영향은 전치사구의 형태로 그 핵심이 되는 사태에 종속적인 사태로서 언급되어 있는 데에 지나지 않는다고 지적하고 있다.

관점에서 〈주관성〉의 정도(subjectivity scale)를 측정하려고 시도한 Uehara(2000, 2006)와 우에하라(上原 2001)를 개관하고, 2.3.2.2에서 동사 사용 빈도와 주어 명시 빈도의 차이를 통하여 일본어 화자와 중국어 화자의 〈사태파악〉에 관한 차이를 비교·대조하고 있는 盛(2006)을 개관한다. 그리고 2.3.2.3에서 일본어·중국어·영어의 지시사 용법에 대해 비교·대조하고 있는 니무라(新村 2006)에 대해 개관하고, 마지막 2.3.2.4에서는 화용론의 관점에서 일본어 화자와 영어 화자의 인식 자세 차이에 대해 고찰하고 있는 이데(井出 2006)를 보도록 한다. Uehara (2000, 2006)와 우에하라(上原 2001)를 제외한 다른 연구에서는 한국어와의 비교·대조가 별로 없기 때문에 필요에 따라 한국어와 비교해 가며 살펴보도록 하겠다.

2.3.2.1 〈주관성〉의 정도 :
Uehara(2000, 2006)와 우에하라(上原 2001)

언어유형론의 관점에서 〈주관성〉의 정도를 측정하려고 시도한 Uehara (2000, 2006)와 우에하라(上原 2001)는 이 논문의 논의와 관련하여 중요한 선행 연구이다. 우에하라(上原)는 일본어와 영어를 중심으로 한국어·중국어·러시아어·태국어·야오어 등의 언어에서 '行く/来る'와 'あげる/くれる'의 이동표현과 인간의 내적 상태를 나타내는 표현, 그리고 청자에 대한 심적 거리를 나타내는 표현의 세 가지 표현에 대한 〈주관성〉의 정도를 측정하려고 시도했다. 그 결과, 이 세 가지의 어느 표현에서도 일본어가 가장 〈주관성〉이 강하고, 영어가 가장 객관성이 강한 언어이며, 한국어는 그 중간보다 일본어에 가깝다고 주장하고 있다. Uehara(2000, 2006)와 우에하라(上原 2001)가 제안한 언어의 〈주관

성)의 정도를 측정하는 기준은 다음과 같다.

    ⅰ. 어떤 언어표현이 얼마나 주관적인 것인가?

      (>는 왼쪽이 〈주관성〉의 정도가 높음을 나타낸다)

      ① 화자가 관계하는 경우 > 화자가 관계하지 않는 경우

      ② (만약 어느 쪽의 표현도 화자가 관계하여 주관적인 경우)

         화자가 명시되어 있지 않은 표현 > 화자가 명시되어 있는 표현

    ⅱ. 주관적인 언어표현의 사용이 얼마나 전형적·빈번·의무적인가?

    언어의 〈주관성〉을 측정하는 기준을 제시하고, 〈주관성〉의 정도를 측정하려고 시도한 Uehara(2000, 2006)와 우에하라(上原 2001)의 업적은 크다고 할 수 있다. 하지만, 일본어와 한국어처럼 언어유형론으로 가까운 언어끼리는 좀 더 면밀한 검토가 필요하다고 생각한다. 이 논문의 제5장 (5.4)에서 〈주관성〉의 정도에 관해 논한다.

2.3.2.2 일본어와 중국어의 동사 사용과 주어 명시 : 盛(2006)

    중국어와의 비교·대조를 통해서도 일본어 화자가 〈주관적 파악〉을 하는 경향이 강하다는 고찰이 있다.[26] 이 절에서는 일본어와 중국어의 '동사 사용'의 빈도와 '주어 명시'의 빈도를 통하여 〈사태파악〉의 차이를 분석하고 있는 盛(2006)에 대해 개관하고, 필자가 盛과 같은 방법으로 조사한 한국어에 대해서 언급한다. 盛은 가와바타 야스나리(川端康成)『雪国(설국)』의 일본어 원문과 세 종류의 중국어역을 비교하여

---

26) 徐一平 외(2006), 盛(2006), 니무라(新村 2006), 곤도·히메노·아다치(近藤·姫野·足立 2009) 등.

일본어 원문에서 사용된 동사가 중국어역에서 어떻게 번역되었는가를
조사하였다. 그 결과, 표 1과 같이 일본어 원문, 중국어역과 영어역에서
사용된 동사 수가 다르다고 보고하고 있다. 표 1은 盛이 가역(假訳)을
100%로 하여 일본어 원문과 세 가지의 중국어역, 그리고 영어역에 나타
난 동사 수를 조사한 결과를 표로 정리한 것이다.

표 1 『雪国』 서두부분의 원문과 중국어역/영어역에서 사용된 동사 수

(盛 2006:115)

『雪国』	원문	중국어역1	중국어역2	중국어역3	가역	영어역
사용된 동사 수	52 (59.1%)	78 (88.6%)	75 (85.2%)	76 (86.4%)	88 (100%)	70 (79.5%)

표 1을 보면 일본어에서 동사가 사용된 수는 중국어의 2/3 정도에
그치고 있는 것을 알 수 있다. 이 점에 대해 盛은 중국어에서는 동사나
동사구로 항상 동작 주체에 초점을 맞추지만, 일본어에서는 '지금·여
기'라는 담화의 장(場)이 있기 때문에 동사가 사용되지 않아도 그 의미
를 읽을 수 있기 때문이라고 말한다. 그렇다면 언어유형론적으로 유사
한 한국어와 비교하면 어떤 결과가 나올까? 이를 검토해 보기 위해『雪
国』의 한국어역을 시대별로 가장 오래된 번역부터 비교적 최근의 번역
까지 세 종류의 번역을 이용하여 조사했다. 그 결과는 다음의 표 2와
같다.[27] (표 2의 백분율(%)은 盛(2006)이 표 1의 가역을 100%로 한 것을

---

27) 사용한 가와바타 야스나리(川端康成)『雪国(설국)』의 번역은 다음과 같다.
   한국어역1 : 金宇烈 역(1968), 한국어역2 : 하근찬 역(1994), 한국어역3 : 유숙자
   역(2002), 영어역 : *Snow Country*, E. G. Seidensticker, tr (1957).

기준으로 표시한 것이다.)

표2   『雪国』서두 부분의 원문과 한국어역에서 사용된 동사 수

『雪国』	원문	한국어역1	한국어역1	한국어역1	영어역
사용된 동사 수	51(58.0%)	65(73.8%)	67(76.1%)	65(73.8%)	70(79.5%)

표 1과 표 2를 비교해 보면 일본어 원문에서 사용된 동사 수가 가장 적고, 한국어역, 영어역, 중국어역 순으로 많은 것을 알 수 있다.

다음으로 '주어 명시'에 대하여 살펴보기로 하자. 盛은 주어를 명시하는가, 명시하지 않는가에 대해서도 같은 방법으로 조사하여, 일본어와 중국어에서는 차이가 보인다고 보고하고 있다. 다음의 표 3은 그 결과를 정리한 표이다.

표3   『雪国』 서두 부분의 원문과 중국어역/영어역에서의 주어 명시

(盛 2006:118)

『雪国』	원문	중국어역1	중국어역2	중국어역3	가역	영어역
주어가 명시된 문장	24 (55.8%)	36 (85.7%)	36 (92.3%)	40 (85.1%)	43 (84.3%)	48 (98.0%)
주어가 명시되지 않은 문장	19 (44.2%)	6 (14.3%)	3 (7.7%)	7 (14.9%)	8 (15.7%)	1 (2.0%)
전체 문장수	43	42	39	47	51	49

2. 이론적 틀 57

盛은 '주어 명시'에 대해서 일본어와 중국어에서 인식하는 방식이 각각 다르기 때문에 표 3과 같은 결과가 나왔다고 주장하고 있다. 즉, 일본어에서는 화자가 자기 자신을 사태 안에 두는 파악 방식인 〈주관적 파악〉을 취하기 때문에 주어를 일일이 명시화하지 않는 경우가 많은데, 중국어에서는 화자가 자기 자신을 사태 밖에 두는 파악방식인 〈탈주관적 파악〉을 취하는 경우가 많기 때문에 주어를 명시하는 경우가 많다는 것이다.

이상의 盛의 조사결과로 중국어나 영어에 비해 일본어는 '주어 명시'가 적다는 것을 알 수 있는데, 언어유형론적으로 비슷한 한국어와의 비교를 통해서도 같은 결과가 나올까? 표 2의 '동사 사용'과 같은 방법으로 세 종류의 한국어 역을 이용하여 주어가 명시되어 있는지, 생략되어 있는지를 조사했다. 그 결과를 정리한 것이 다음의 표 4이다.

표 4 **『雪国』 서두 부분의 원문과 한국어역 · 영어역에서의 주어 명시**

『雪国』	원문	한국어역1	한국어역2	한국어역3	영어역
주어가 명시된 문장	22(52. 4 %)	28(59.6%)	26(57.8%)	30(65.2%)	48(98.0%)
주어가 명시되지 않은 문장	20(47.6%)	19(40 4 %)	19(42.2%)	16(34.8%)	1(2.0%)
전체 문장 수	42(100%)	47(100%)	45(100%)	46(100%)	49(100%)

표 3과 표 4에서 알 수 있듯이 일본어와 한국어는 중국어나 영어보다 주어가 명시되지 않은 문장이 많다. 주어가 명시되어 있는가 아닌가에 대해 일본어 · 중국어 · 한국어 · 영어를 비교해 보면 일본어가 가장 많

고 그 다음이 한국어, 중국어의 순이고 영어는 거의 생략되지 않는다는 것을 확인할 수 있다.

일본어의 '주어 생략'은 지금까지 활발히 논쟁되어 온 주제인데, 노다(野田 2004)[28]가 주장하는 것과 같이 기능적, 화용론적인 원칙만으로는 설명하기 어려운 부분이 있다고 생각한다. 이 논문에서는 이케가미(池上 1999, 2006b 등)가 지적한 것과 같이 〈주관적 파악〉이라는 인지적인 원칙이 그 밑바탕에 강하게 작용하고 있다고 보는 입장이다. '주어 생략'에 대해서는 제5장 (5.3)에서 구체적인 예문을 들어 가면서 논하기로 한다.

2.3.2.3 일본어 · 영어 · 중국어의 지시사 : 니무라(新村 2006)

일본어 · 영어 · 중국어의 지시사 용법에 대해 비교 · 대조한 연구에 니무라(新村 2006)가 있다. 니무라(新村)는 공간 인식의 차이가 지시 대상이나 상대방 인식 차이로 이어진다는 것을 지시사를 중심으로 논하고 있다. 그림 2는 니무라(新村)의 예[29]인데, 일본어 · 영어 · 중국어에 있어서 화자가 눈앞이나 손바닥 안에 있는 대상을 인식하고, 이를 언어화할 때 차이가 보인다는 것이다.

---

28) 문장의 법성, 화자와 동작 참여자의 관계, 가까이에 있는 주어와의 관계 등 일본어에는 보이지 않는 주어를 알 수 있는 실마리가 많이 있다는 주장(野田 2004).
29) 만화 속의 영어 예가 잘 안 보이므로 따로 영어 예문을 붙였다.

그림 2　　눈앞/손바닥 안의 대상 지시　　　　　　(新村 2006:57)

Betty © 2001 Archie Comics Publications, Inc.

（日）

これはすばらしい本だった。読み始めたら
やめられなかったもの。
（これは）もう一度是非読みたいわ。

（中）

这本书太棒了！我一开始读（这本书）就放
不下来了！
我一定要（把这本书）再读一遍！

(英) That was a wonderful book! Once I started it, I couldn't put it down!
I definitely will want to read this one again!

　　그림 2와 그 예에 대해 니무라(新村)는 일본어 화자와 중국어 화자가
대상(여기에서는 '다 읽은 책')을 눈앞이라는 현장과 손바닥 안이라는
신체성에 의거하여 인식하므로 '그(이) 지시' 또는 '这(이)지시'라는 '근
칭(近称)'으로 나타내고 있지만, 영어 화자는 대상을 탈현장화로 인식하
여 자신의 생각에 맞는 인식에 따라 'This, That, it'을 선택하여 표현한다
고 고찰하고 있다.30)

_____

30) 이 경우 한국어에서는 일본어나 중국어와 같이 '근칭'인 '이'로 나타내는데, 흥
　미로운 점은 한국어는 일본어와 같이 '이, 그, 저'의 3항 대립이고, 중국어 '这
　(이), 那(그)'와 영어의 'This, That'은 2항 대립인데, 영어만 '근칭'을 사용하지
　않는다는 점이다. 이를 통하여 지시사의 2항 대립과 3항 대립이라는 구분은
　그다지 관계가 없다는 것이 시사되는데 이 부분에 대해서는 좀 더 심층적인

그런데 니무라(新村)는 일본어에서는 보통 (12)와 같이 'コ'로 화자를 나타내고, 'ソ'로 청자를 직시적으로 표현하는데, 그림 3(b)와 3(c)와 같이 평상심을 잃고 감정적으로 되면 상대를 자신의 영역으로 끌어들여 'コ'로 지시하는 경우도 있다고 지적한다.

(12) 「なるほど…しかし<u>こちら</u>は一向に平気だね…<u>そっち</u>がその つもりなら<u>こっち</u>も持久戦だ」（安部公房『砂の女』）

(新村 2006:59)

그림 3의 (b)는 바닥에 떨어진 솔을 밟고 가는 상대방에게 "なにすん だヨ、このジジイ！"(뭐하는 거야, 이 할아범!)이라고 욕을 퍼붓는 장면 이고, 그림 3의 (c)는 모기에 물린 산타로(三太郎)가 모기를 때려잡으면 서 "このヤロウ！"(이놈!)이라고 말하는 장면이다.

고찰이 필요하다.

<u>그림 3</u>　　일본어·중국어·영어의 청자 인식　　　　(新村 2006:60)

(a) フジ三太郎　　　(b) いじわるばあさん　　(c) フジ三太郎

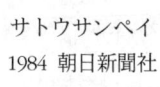

サトウサンペイ　　　　　　長谷川町子　　　　　　　サトウサンペイ
1984 朝日新聞社　　　　　1995朝日新聞社　　　　　1984朝日新聞社

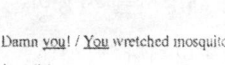

And <u>you</u>?　　　　　　　Damn <u>you</u>! / <u>You</u> stupid old man!　　Damn <u>you</u>! / <u>You</u> wretched mosquito!
<u>你</u>呢?　　　　　　　　　臭<u>老头子</u>!　　　　　　　　打死<u>你</u>!

니무라(新村 2006)는 영어나 중국어에서는 '지시사에서 직시적으로 화자나 청자를 표현하는 것은 없다'(p.60)라고 지적하며, 그림 3의 예에서 화자와 청자를 영어나 중국어에서는 탈현장화 표현인 인칭대명사 'I-YOU', '我-你'를 이용하여 직시적으로 나타낸다고 주장하고 있다.

그렇다면 이 경우 한국어에서는 어떻게 표현될까? 그림 3의 (a)는 '너는', (b)는 '이 할아범', (c)는 '이놈'이라고 말할 수 있을 것이다. 이를 통하여 생각할 수 있는 것은 다음과 같다. 한국어는 일본어와 같이 지시사를 이용하여 직시적으로 청자를 표현하는 것도 가능하나(b와 c), 중국어나 영어와 같이 인칭대명사를 이용하여 직시적으로 나타낼 수도 있다(a). 즉, 〈현장화〉와 〈탈현장화〉가 혼재되어 있는 듯한 인상을 받는다.

여기에서 하나 주의해야 할 점은 그림 3의 (a)는 친구와의 대화이기

때문에 한국어로 표현할 때 인칭대명사 '너'가 사용되었으나, 이것이 만약 윗어른과의 대화라고 가정한다면 결코 인칭대명사 '당신'은 쓸 수 없다는 점이다. 이 '당신'이라는 2인칭 대명사는 ① 그 자리에 없는 어른을 높여 일컫는 말, ② 부부 간에 서로 상대를 부르거나 일컫는 말, ③ 상대방을 조금 낮추어 이르는 말, ④ 광고문이나 외국어 번역 등이라고 하는 특수한 경우가 아니고는 잘 쓰이지 않기 때문이다.[31] 그렇다고 해서 일본어의 'そちら'에 해당하는 '그 쪽'으로 청자를 표현하는 것도 한국어에서는 일반적이 아니다. 한국어에서는 윗사람과 대화할 때 2인칭 대명사를 사용하는 대신에 존경어를 써서 상대방의 동작임을 돌려 표현하거나 '선생님', '사장님' 등과 같이 지위나 직업을 나타내는 말을 대용하여 상대방을 지시한다.

니무라(新村 2006)는 영어 화자는 지시 대상을 현장에서 전위(轉位)한 개념으로 파악하므로 탈현장화와 추상개념화 지향이 강하지만, 일본어 화자는 화자가 있는 '지금·여기'에 지시 대상과 상대방 모두를 두고 파악하므로 발화시의 현장이 화자의 사태인식에 절대적인 기반이 된다고 한다. 즉, 지시 대상뿐 아니라 청자도 화자의 장(場) 안에서 파악하는 일본어에서는 화자는 청자를 항상 의식하고, 청자와의 관계를 사태인식에 가져와 표현한다는 특징이 있다는 것이다. 또 니무라(新村)는 중국어에 대해서 화자를 중심으로 현장이나 신체성에 기반을 두고 파악하는 점은 일본어에 가깝지만, 청자의 영역을 인정하지 않고, 화자와 청자를 추상적인 역할 개념으로서 인식하는 점에서는 영어에 가깝다고 지적하며, 중국어는 일본어와 영어의 중간적 위치에 있다고 고찰하고 있다.

---

31) 『한+국어대사전』, 『朝鮮語辞典』을 참조했다.

여기에 한국어에 대해 간단히 덧붙인다면 한국어에서는 화자가 직접 체험하는 대상은 모두 화자가 있는 자리인 '지금·여기'로 파악하고 〈근칭〉 지시인 '이'로 나타낸다는 점은 일본어와 유사하지만, 청자 인식에서는 상대방과의 관계(즉, 동등한 관계인가, 손윗사람/손아랫사람인가 등)에 따라 달라지는 듯하다.[32]

지금까지 이 연구의 이념적 틀로서 사용하는 인지언어학의 〈사태파악〉과 그에 관한 〈선호하는 표현〉, 그리고 〈주관적 파악〉에 관한 선행연구를 개관했다. 다음은 화용론의 관점에서 일본어 화자와 영어 화자의 인식 태도가 다르다는 것을 지적한 이데(井出2006)에 대해 살펴보기로 한다.

2.3.2.4 화용론의 관점에서
－일본어 화자와 영어 화자의 인식 태도 : 이데(井出 2006)

지금까지 인지언어학의 관점에서 일본어 화자와 영어 화자/중국어 화자 사이에 인식 태도가 다르다고 논한 연구를 개관했는데, 화용론의 관점에서도 비슷한 지적을 한 연구가 있다. 이데(井出 2006:204-228)는 발화자를 행위자로 보는 서양과는 달리 일본어 화자는 자기 자신을 장면이나 문맥(context)의 한 요소로서 파악한다고 지적하고 있다.

이데(井出)가 제시한 예를 살펴보도록 하자. 이데(井出)는 가와바타 야스나리(川端康成) 『伊豆の踊り子(이즈의 무희)』의 한 장면에 일본어 대사와 영어 대사를 붙여서 묘사한다면 그림 4와 같이 서로 다른 그림이 된다고 지적한다. 이 그림의 장면 배경은 이즈의 어떤 곳에 가와바타

---

32) 한국어와 일본어의 지시사에 관한 논의는 이 연구의 분석 대상이 아니므로 더 이상 고찰하지 않는다.

자신이 모델인 주인공이 학생 모습으로 서 있을 때 떠돌이 춤꾼이 지나
가는데, 그가 고등학생인 것을 알고 있는 언니가 여동생 귓가에 속삭이
는 장면이다. 그림 4(a)가 일본어의 "高等学校の学生さんよ"(고등학교
학생이야)라는 표현에서 상상되는 장면을 그림으로 그린 것이고, 그림
4(b)가 영어의 "He's a high school boy."라고 객관적으로 서술되는 문장
으로 상상되는 그림이다.

<u>그림4</u>　『伊豆の踊子』의 한 장면을 나타내는 일본어와 영어의 차이
(井出 2006:207)

(a) 일본어의 대사와 장면

(b)영어의 대사와 장면

이데(井出)는 그림 4(a)의 일본어에서는 화자가 말하는 장면 안에 들어간 상태에서 말하고 있으므로 화제의 인물이 누구인지는 시선으로 확실히 나타내고 있고, 따라서 지시하고자 하는 인물을 굳이 '彼'(그)라고 말할 필요가 없다고 설명한다. 이에 비해 그림 4(b)의 영어에서는 통사상의 엄격한 규칙으로 인하여 주어 없이는 표현할 수 없으며, 화자는 장면을 멀리서 바라보는 객관적인 시점에서 말한다는 것이다. 즉, 일본어와 영어의 발화의 차이에 대해 이데(井出 2006)는 일본어의 구어적 특징은 주관성을 띠며, 장면 안에 회화 참여자가 들어간 상황에서의 발화이지만, 영어의 발화는 발화 상황을 객관적으로 보고 명제만을 과부족이 없이 말하고 있다고 주장하고 있다.

또 하나 일본어 화자와 영어 화자의 인식 태도가 다르다는 점을 나타내는 예로서 이데(井出)는 다음의 그림 5를 들고 있다. 그림 5는 "メアリーが私にこの本をくれたよ"(메어리가 나에게 이 책을 주었어)라는 발화가 일본어와 영어에서 다르게 나타나는 것을 인식 태도의 차이 때문이라고 보고, 이를 그림으로 나타낸 것이다.

이데(井出)는 그림 5에 대해 다음과 같이 설명하고 있다. 일본어의 경우에는 화자, 무대, 관객이 동일한 차원에서 동일한 라이트로 비추어져 있으므로, 말하는 장면의 문맥에서 알고 있는 것은 말하지 않는다. 따라서 일본어에서는 "メアリーがくれたのよ"(메어리가 주었어)라는 표현이 통한다는 것이다. 하지만 영어에서는 담화 사건(speech event)인 무대에서 떨어진 곳에서 보고 그 무대를 멀리서 바라보는, 전체를 파악하는 듯한 자세로 말한다. 그 때문에 "Mary gave me this book."이라고 누가, 누구에게, 무엇을 등을 말해야만 한다는 것이다.

그림5   일본어 화자와 영어 화자의 태도 차이   (井出 2006:222-223)

(a) メアリーが(私に)(この本)(を)くれたのよ。   (b)Mary gave me this book.

이데(井出 2006)의 지적은 이케가미(池上 2003, 2004, 2006a~c)에서 일본어 화자가 〈주관적 파악〉을 선호하는 경향이 있고, 영어 화자는 〈객관적 파악〉을 하는 경향이 강하다고 고찰한 것과 기본적으로 같은 해석이라고 볼 수 있다.

이상의 선행 연구를 통해 영어 화자나 중국어 화자에 비하여 일본어 화자는 〈주관적 파악〉에 밀착하여 언어화하는 경향이 강하다는 것을 알 수 있다. 언어유형론적으로 서로 다른 유형인 일본어와 영어를 비교하여 다른 점이 많다는 것은 어렵지 않게 상정할 수 있고, 실제로 언어적인 측면뿐만이 아니라 〈사태파악〉의 측면으로 고찰해도 상이한 점이 많다는 것은 이 장에서 개관한 선행 연구에서 지적한 대로이다.

일본어와 한국어가 유형론적으로 가까운 언어라는 것은 몇 가지의 언어적 특징에 대해 지적되어 있는 것과 같은데, 그 배후에는 일본어 화자와 한국어 화자가 언어화할 때 〈사태파악〉의 자세에 두드러진 유의성이 있다는 것을 상정할 수 있다. 영어 등 구미계의 언어와 중국어 등과 비교하여, 일본어와 한국어는 상대적으로 〈주관성〉이 높은 언어라고 해도 과연 그 정도가 같다고 할 수 있을까? 이 논문에서는 이 문제를 제4장과 제5장에서 밝혀 보고자 한다.

〈사태파악〉의 한일대조연구

— 'ていく/くる'와 '어 가다/오다'의 보조동사 용법을 중심으로 —

제3장
선행연구

 이 장에서는 일본어의 'ていく/くる'와 한국어의 '어 가다/오다'에 관한
선행 연구를 개관하고, 각 견해에 관한 의의와 문제점을 지적한다. 이
논문에서는 지금까지의 선행 연구를 일본어의 'ていく/くる'에 관한 연
구와 한국어의 '어 가다/오다'에 관한 연구로 나누어 개관하기로 한다.
먼저 다음 절에서 일본어의 'ていく/くる'에 관한 선행 연구를 개관한다.

3.1 일본어의 'ていく/くる'에 관한 선행 연구

 일본어의 'ていく/くる'에 관한 선행 연구는 'ていく'와 'てくる' 양
쪽을 분석대상으로 하고 있는 연구와 'てくる'만을 분석 대상으로 한
연구로 나눌 수 있다. 3.1.1에서는 'ていく/くる'에 관한 선행 연구를
개관하고, 3.1.2에서는 'てくる'에 관한 선행 연구를 개관하기로 한다.
 이 절의 구성은 다음과 같다. 먼저 3.1.1.1에서는 일본어의 'ていく/
くる'를 공간적 이동과 시간적 이동으로 분류한 모리타(森田 1968), 요
시카와(吉川武時 1976)를 개관한다. 3.1.1.2에서는 'ていく'와 'てくる'

가 반드시 대칭하지 않는데, 이 비대칭성이 공간적 용법뿐만이 아니라 상태 변화를 나타내는 경우에도 나타난다고 고찰한 이마니(今仁1990)를 개관한다. 그리고3.1.1.3에서는 위의 세 선행 연구와는 달리 'ていく/くる'를 화자의 영역을 나타내는 표현이라고 분석한 요시카와(吉川千鶴子 1995)를 개관한다. 3.1.2에서는 먼저 3.1.2.1에서 일본어의 'くる'에 〈Affective deixis〉로서의 용법이 있다고 분석한 Tokunaga(1986), 도쿠나가(德永 2004)와 'てくる'의 유무에 따라 화자의 관점이 달라진다고 지적한 기쿠치(菊池 2002)를 개관한다. 3.1.2.2에서는 'てくる'의 다섯 가지 용법에 대해 분석한 사카하라(坂原 1995)를 개관하고, 3.1.2.3에서는 역행태(逆行態) 표지로서 'てくる'를 분석한 스미타(住田 2006)를 개관한다. 마지막으로 3.1.3에서 일본어의 'ていく/くる'의 의미·용법에 대해 지금까지의 선행 연구로부터 얻은 지견을 정리한다.

3.1.1 'ていく/くる'에 관한 선행 연구

3.1.1.1 '공간적 이동'과 '시간적 이동'

일본어의 'ていく/くる'에 대해 분석한 연구 중에서 비교적 오래된 문헌으로서 모리타(森田 1968)와 요시카와(吉川武時 1976)가 있다. 이 절에서는 먼저 'ていく/くる'의 의미·용법에 대해 논하고 있는 여러 선행 연구를 개관하기 전에 모리타(森田 1968)와 요시카와(吉川武時 1976)를 보도록 한다. 다음의 표 5는 모리타(森田 1968), 요시카와(吉川武時 1976)에서 분류한 'ていく/くる'의 의미를 정리한 것이다.

표5 　모리타(森田 1968)와 요시카와(吉川武時 1976)의
　　　'ていく/くる'의 의미 분류

	Ⅰ. 공간적 이동을 나타내는 의미				Ⅱ. 시간적 이동을 나타내는 의미			
森田(1968)	동작 행위의 순차성	이동의 상태성	이동의 평행성	복합동작	변화	발생	계속	
吉川(1976)	「て」앞에 하는 동작	「いく/くる」의 방법	「いく/くる」의 상태	~에서 멀어지는/로 다가가는 동작·작용	변화의 과정	출현/소멸의 과정	과정의 시작	어떤 시점까지의 계속

　　표5를 통하여 모리타(森田 1968)와 요시카와(吉川武時 1976)는 'て
いく/くる'의 의미분류를 크게 '공간적 이동을 나타내는 의미'와 '시간
적 이동을 나타내는 의미'의 두 가지로 나누고 있다는 점에서 동일한
면을 보인다. 그 하위 분류는 각 연구에 따라 다른데, 요시카와(吉川武

時1976)는 '시간적 이동을 나타내는 의미'를 '상적 용법'으로 분류하고 있다. 먼저 표 5를 기준으로 모리타(森田 1968)부터 자세히 개관한다.

<표5의 모리타(森田 1968)>

모리타(森田 1968)는 'ていく/くる'에 대해서 「本来話者を中心に対象との関連性を動詞に与え、その動詞の表す概念に具体性を付与する働きを持つ。(본래 화자를 중심으로 대상과의 관련성을 동사에 주어, 그 동사가 나타내는 개념에 구체성을 부여하는 작용을 가진다.)」(p.82)라고 하며, 그 용법이 크게 '공간적 이동'과 '시간적 이동'이라는 두 의미로 나누어진다고 분석하고 있다. 모리타(森田 1968)가 말하는, 공간적 이동을 나타내는 의미의 하위 분류는 다음과 같다.

모리타(森田1968)의 공간적 이동을 나타내는 'ていく/てくる'의 의미 (p.82-84)

ⓐ 동작·행위의 순차성 : '그리고'의 관계를 나타냄
  (13) 「せめて一文でも置いて行きゃアがればいいのに。」(적어도 한 푼이라도 두고 가 면 좋을 텐데.) (長与善郎「地蔵の話」)
ⓑ 이동의 평행성 : 두 개의 행위는 평행하고 동시에 행해진다.
  (14) 私は君を事務室へつれて行った。(나는 너를 사무실에 데려 갔다.) (田村泰次郎「肉体の悪魔」)
  (15) 叔父の祖母が赤児を抱いて来た。(삼촌의 어머니가 갓난아이를 안고 왔다.) (「和解」)
ⓒ 이동의 상태성 : 선행 동사에 방향 개념이 없고 'いく/くる'의 부가에 의해 방향성이 생긴다.
  (16) 山道をはるばる歩いて行ったのである。(산길을 오래 걸어

온 것이다.)(「流木」)

ⓓ 복합동작 : 선행 동사에 방향 개념이 있고 'いく/くる'는 화자와의 관계를 구현하고 있다.

(17) 妻は黙って<u>近寄って来て</u>自分の手を両手で堅く握りしめた. (아내는 아무 말 없이 다가와 내 손을 양손으로 꽉 쥐었다.)(「和解」)

모리타(森田 1968)는 'ていく/てくる'의 선택을 좌우하는 기본 요인은 화자와 대상의 관련성에 있다(p.86)고 하며, 화자와 동작주의 위치 관계에 따른 '현실적 파악'과 이동행위를 어떻게 받아들이는가에 따른 '관념적 파악'의 두 종류가 있다고 분석하고 있다. 즉, 이동을 나타내는 'ていく/てくる'는 현실적 파악과 개념적 전이에 의한 파악이라는 이중성이 있다는 것이다. 한편 다음의 시간적 작용의 경우, '변화'와 '계속'은 화자가 있는 시점(時点)에 접근하는지 멀어지는지에 따라 'ていく/くる'의 선택이 정해지므로 '관념적 파악'밖에 없다고 말한다.

모리타(森田 1968)의 시간적 이동을 나타내는 'ていく/てくる'의 의미 (p.84-86)

ⓔ 발생 : 'てくる'에만 있다. 어떤 현상이 자연발생적으로 출현·생기하는 것을 나타냄.

(18) 其内祖父が自分の心裡に<u>蘇って来た</u>. (그러는 와중에 할아버지가 내 마음속에 되살아나 왔다.)(「和解」)

(19) 何処からか腹力が<u>湧いてくる</u>やうな頼もしい蛮声だった. (어디선가 배힘이 솟구쳐나올 듯한 거칠고 굵은 목소리였다.) (檀一雄「父子来迎」)

ⓕ 변화 : 'ていく'는 변화의 진행, 'てくる'는 변화의 개시를 나타냄.

(20) 書いて居る内に其父の顔は段々変わって行く。(쓰는 와중에 아버지의 얼굴은 점점 변해 간다.) (「和解」)

(21) すると、みるみるH氏の周囲の事情が変わってきた。(그러자 순식간에 H씨의 주위사정이 변해 왔다.) (「流木」)

ⓖ 계속 : 계속동작성. 현재 화자가 있는 시점(時点)을 중심으로 보고 있다.

(22) 「私は今日まで皆に軽蔑されて来ました。」(나는 오늘까지 모두에게 경멸당해 왔습니다.) (武者小路実篤「ある彫刻家」)

(23) 「今後、どうして食って行くつもりなんだ。」(앞으로 어떻게 살아갈 작정인가?) (里見弴「みごとな醜聞」)

모리타(森田)는 상기의 ⓕ 변화에 대해 'てくる'는 대상의 변화가 화자가 있는 시점(時点)으로 향해 있는 기분을 나타내고, 'ていく'는 대상이 화자로부터 멀어져 가는 기분을 나타낸다고 하며, 이러한 점에서 'てくる'는 언어 주체에 직접 관계를 가지는 화자 측의 문제로서 주관적으로 받아들이고 서술하는 의식이 작용한다(p.85)고 한다. 이에 비해 'ていく'는 언어 주체에 직접관계가 없는 제3자적인 관점에서 거리를 두고 객관적으로 바라보는 의식이 작용한다(p.86)고 분석하고 있다. 모리타(森田 1968)의 이 지적은 이 논문에 있어서 시사적인데 이 점에 대한 고찰은 제4장에서 자세히 논하기로 한다.

<표5의 요시카와(吉川武時 1976)>

요시카와(吉川武時 1976)는 'ていく/くる'의 의미를 크게 '공간적 이동'과 '시간적 이동'으로 분류한 점은 앞서 살펴본 모리타(森田 1968)와 같지만, 그 중 '시간적 이동'이 '상(aspect)'을 나타낸다고 분석하고, 상 형식으로서의 'ていく/くる'을 중점적으로 다루고 있다. 다음의 표 6은 요시카와(吉川武時 1976)의 '공간적 이동'을 나타내는 'ていく/くる'의 의미 분류이고, 표 7이 상을 나타내는 'ていく/くる'의 의미 분류이다.

표 6   요시카와(吉川武時 1976:201)의 공간적 이동을 나타내는 'ていく/くる'

'~てくる'의 '~て'는 다음을 나타낸다.	'~ていく'의 '~て'는 다음을 나타낸다.
① 'くる' 앞에 하는 동작 (예) 本屋へいって、絵本を買ってきました。 (책방에 가서 그림책을 사왔습니다)	① 'いく' 앞에 하는 동작 (예) 「そのかわり、その白い馬は、おいていけ」 (그 대신에 그 백마는 두고 가.)
② 'くる'방법 (예) そのとき、子どもが一人、歩いてきました。 (그때 아이가 한 명 걸어왔습니다.)	② 'いく'방법 (예) みんな、走っていきます。 (모두 달려갔습니다.)
③ 'くる'때의 상태 (예) てっぽうを持ってきました。 (총을 가지고 왔습니다.)	③ 'いく'때의 상태 (예) わらをくわえていこう。 (짚을 물고 가자.)
'てくる'는 다음을 나타낸다.	'ていく'는 다음을 나타낸다.
④ 발신자가 있는 곳에 다가가는 동작·작용 (예) その声を聞いて、くまが、穴から出てきました。(그 소리를 듣고 곰이 구멍에서 나왔습니다.)	④ 발신자가 있는 곳에서 멀어지는 동작·작용 (예) かぐやひめは、月の国へ帰っていきました。(가구야히메[33]는 달나라로 돌아갔습니다.)

요시카와(吉川武時 1976)는 실질적인 이동을 나타내지 않고, 다른 말

---

33) 헤이안(平安)시대의 문학 작품 「竹取物語」의 여주인공.

이 삽입되기 어렵다는 점에서 표 5(p.71)의 ① 'て'앞에 하는 동작'을 뺀 ②~④와 다음 표 7의 '상적 의미'는 보조동사라고 간주하고 있다.

표7   요시카와(吉川武時 1976:313)의 'ていく/くる'의 상적 의미

'てくる'	'ていく'
⑤a 변화 과정 (例) 候補生の数は、しだいに減っ<u>て</u>きた。(후보생 수는 점점 줄어 왔다.)	⑤b 변화 과정 (例) 医師が一歩一歩近づくにつれて、心配は増し<u>てい</u>きました。(의사가 한발 한발 다가옴에 따라 걱정은 늘어 갔습니다.)
⑥a 출현 과정 (例) ことばは生活の中から生まれ<u>て</u>きます。(말은 생활 속에서 생겨 나옵니다.)	⑥b 소멸 과정 (例) 心細く思いながら、きえ<u>てい</u>く白鳥のむれを見送りました。(허전한 마음이 들면서도 사라져 가는 백조 떼를 배웅했습니다.)
⑦과정(동작·작용)의 시작 (例) そのうちに、雨が降っ<u>て</u>きました。(순식간에 비가 내리기 시작했습니다.)	
⑧a 어떤 시점까지의 계속 (例) お互いに励ましあっ<u>て</u>きた、この年月。(서로 격려해 온 이 세월.)	⑧b 어떤 시점까지의 계속 (例) うまく宣伝して、新しい観光地として発展させ<u>ていけ</u>ばいい…… (잘 선전해서 새로운 관광지로서 발전시켜 가면 된다)

요시카와(吉川武時 1976)는 'ていく/くる'에 대해 거의 용법이 대응하고 있지만 'てくる'의 상적 의미인 ⑦ '과정(동작·작용)의 시작'은 'ていく'에는 없다고 분석하고 있다. 그러나 이 용법이 왜 'ていく'에는 없는가에 대해서는 설명되어 있지 않다.

요시카와(吉川武時 1976)와 앞서 개관한 모리타(森田 1968)의 분석을 비교하면 양쪽 다 'ていく/くる'의 의미를 크게 '공간적 이동'과 '시간적 이동'이라는 두 가지로 나누고 있다. 모리타(森田 1968)에서는 'ていく/くる'가 상적 의미를 나타낸다고 언급하지 않았지만, 표5에서 알 수 있듯이 모리타(森田 1968)의 '시간적 이동을 나타내는 의미'는 요시카와(吉川武時 1976)의 상적 의미와 그 하위 분류가 거의 일치한다. 이상의 두 연구에서 일본어의 'ていく/くる'는 사람이나 사물의 장소적 이동을 나타내는 '공간적 이동 용법'과 시간적 이동을 나타내는 '상적 용법'이 있다는 것을 알 수 있다. 하지만 이 두 연구의 하위 분류에는 약간의 문제점이 남는다. 이 점에 관해서는 3.1.3에서 논하기로 한다. 또한 이들 연구에서는 'ていく/くる'의 의미를 선행 동사에 의하여 분류하고 있는데, 'てくる'의 '발생(森田 1968)'이나 '과정의 시작(吉川武時,1976)'의 의미가 왜 'ていく'에는 없는가에 대해서는 고찰되어 있지 않다. 이 점에 대한 고찰은 이 논문의 제4장 (4.2.1)에서 자세히 논하기로 하고, 다음은 'ていく'와 'てくる'가 대칭하는 경우와, 대칭하지 않고 'くる'만을 취하는 비대칭의 경우가 있다고 분석한 이마니(今仁 1990)를 개관한다.

3.1.1.2 'ていく'와 'てくる'의 대칭/비대칭

앞에서 개관한 요시카와(吉川武時 1976)는 '공간적 이동'을 나타내는 'てくる'와 'ていく'는 방향만 다를 뿐 그 외의 점은 모두 같다고 분석했는데, 이마니(今仁 1990)는 'ていく/くる' 양쪽을 취하는 패턴과 'てくる'만을 취하는 패턴이 있다고 주장하고 있다. 이러한 'ていく/くる'의 비대칭은 이동을 나타내는 의미(이하, 이동 형식)나 '상'을 나타내는 의미(이하, 상적 형식)에서도 나타난다고 한다. 먼저, 이동 형식에 대해 보기로 하자.

그림6　이동 형식의 두 가지 패턴　　　　　　　(今仁 1990:55)

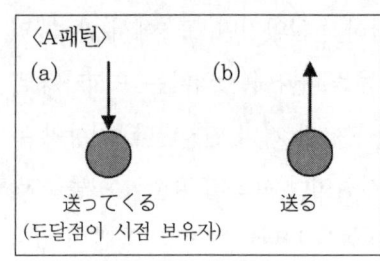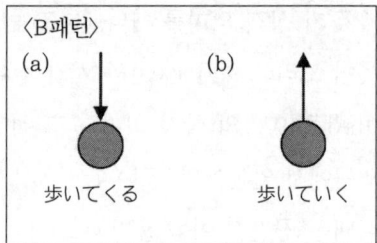

다음의 예문 (24)는 'てくる'만이 사용되는 A패턴, (25)는 'ていく/くる' 양쪽 다 사용되는 B패턴의 예로서 이마니(今仁1990)가 든 예문이다.

(24) a. 私は友達に本を送った。　(나는 친구에게 책을 보냈다.)
　　 b. *友達が私に本を送った。　(친구가 나에게 책을 보냈다.)
　　 c. 友達が私に本を送ってきた。(?친구가 나에게 책을 보내 왔다.)
(25) 私は、学校に歩いて{いった/きた}。(나는 학교에 걸어{갔다/왔다.)

(今仁 1990:55)

이마니(今仁 1990)가 말하는 A패턴이란 것은 (24)와 같이 자신을 향해 올 때는 'てくる'가 필요하지만, 반대 방향을 나타낼 때는 'ていく'가 불필요한 경우를 말한다. 다만 이 경우 'てくる'는 (24c)와 같이 도달점이 시점 보유자인 경우에만 사용할 수 있다는 제한이 있다고 한다. 한편, B패턴은 (25)와 같이 자신을 향해 올 때나 그 반대 방향을 나타낼

때 'ていく/くる'가 필요한 경우를 말한다.[34]

이마니(今仁)는 '이동 형식'의 이러한 현상은 다음과 같이 '상적 형식'일 때도 보인다고 지적하고 있다. (26)은 'ていく'의 사용은 허용되지 않고, 오로지 'てくる'밖에 허용되지 않는 A패턴이고, (27)과 (28)은 'てくる'가 '그 시점까지의 변화·계속'을 나타내고 'ていく'가 '그 시점부터의 변화·계속'을 나타낸다는 것이다.

(26) 雨が降って{きた/*ていく}。 (비가 내려{?왔다/*간다}.)

(27) 肉が腐って{きた/ていく}。 (고기가 썩어 {?왔다/간다}.)

(28) 我々は、伝統を守って{きた/ていく}。 (우리들은 전통을 지켜{왔다/간다}.)

(今仁 1990:56)

지금까지의 분석을 이마니(今仁)는 다음의 그림 7과 그림 8과 같이 나타내고 있다. 그림 7은 (26)의 비가 오지 않은 상태(~ε)에서 내리는 상태(ε)로의 이행이 있었다는 것을 나타내고, 그림 8의 'てくる'는 그 시점까지의 변화·계속을, 'ていく'는 그 시점부터의 변화·계속을 나타낸다고 한다.

---

34) 하지만 필자는 (24)와 (25)의 'ていく/くる'는 그 용법이 다르기 때문에 같은 이동 형식으로 나누는 것에 대해 의문이다. 왜냐하면 (25)의 'ていく/くる'는 공간적 이동을 나타내지만, (24)의 'てくる'는 화자의 심적 태도를 나타내므로 같은 용법으로 보기 힘들기 때문이다. 이 논문에서는 후자와 같은 'てくる' 용법을 〈심적 직시〉로 보는 입장이다. 자세한 고찰은 제4장 (4.2.1)에서 논한다.

그림7   A패턴의 상태 변화   (今仁 1990:57)

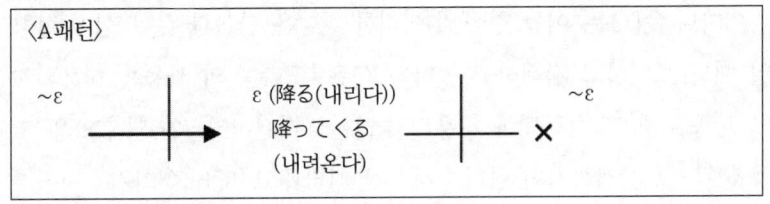

그림8   B패턴의 상태 변화   (今仁 1990:57)

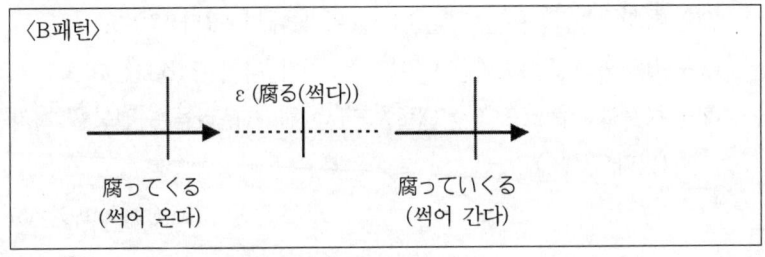

또한 이마니(今仁 1990)는 '이동 형식'과 '상적 형식'의 하위 분류와 각 의미·용법이 A·B패턴 중 어디에 속하는지에 대해 분석하고 있다. 이를 정리한 것이 다음의 그림9이다.

그림9   이마니(今仁 1990)의 A·B패턴과 그 분류

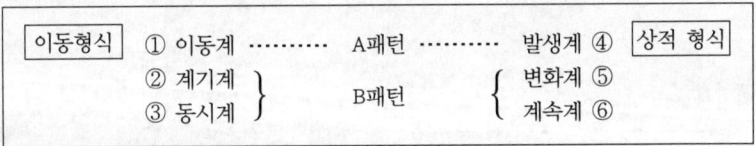

그림9의 각 의미·용법과 거기에 속하는 동사는 다음과 같다.

표9   이마니(今仁 1990)의 'ていく/くる'의 의미 분류

	의미 용법	속하는 동사
이동계	대상 이동 (눈에 보이지 않는 파급이나 당사자에게 미치는 어떤 영향(피해, 고통, 기쁨, 놀라움 등)도 포함된다.	(a) 대상물의 운송·이동에 관한 동사(送る, 電話をかける, 落とす)
		(b) 영향을 상대에게 미치는 동사(攻撃する, 殴る, 警笛を鳴らす, 襲う, 殴る, 征服する, 壊す)
		(c) 동작을 나타내는 동사(座る, 笑う)
계기계	이동은 행위 뒤에 일어나고, (적어도) 주체가 이동한다.	행위를 나타내는 동사 (遊ぶ, 飲む, 勉強する)
동시계	이동이나 행위가 동시에 주체 이외의 것이 (만약 있다면) 동시에 이동한다.	이동에 부수적으로 따르는 것을 나타내는 동사(歩く, 連れる, 持つ, 落ちる)
발생계 35)	대상 발생	降る, 分かる, 見える, 聞く, 思い出す
변화계	주체 변화이며, 변화의 인식 또는 추후에 인정함을 나타낸다.	변화를 나타내는 동사(腐る, 膨らむ) '~なる'형식의 동사
계속계	변화하는 대상이 없고 장기적인 계속을 나타낸다.	계속을 나타내는 동사 (守る, 続く, 耐える) 계속적 반복을 허용하는 동사((木が花を)つける, (予算を)繰り越す)

---

35) 이마니(今仁1990)는 앞서 '발생계'는 A패턴으로 「てくる」만이 사용된다고 말했다. 그런데 표9에서 제시한 '발생계'에 속하는 동사 중에는 'ていく'가 사용되는 예가 보인다. 예를 들면 '見える'(보이다)는 ①全体的なイメージが見えていく(*전체적인 이미지가 보여 간다), '思い出す'(생각해내다)는 ②写真を見て思い出していこう(*사진을 보고 생각해내 가자)등이 그것이다. 하지만 이 논문에서는 이러한 'ていく'를 ③雨が降ってきた(??비가 내려 왔다), ④富士山が見えてきた(??후지산이 보여 왔다) 등의 'てくる'와는 다른 용법으로 다루기로 한다. 왜냐하면 ③과 ④의 'てくる'는 화자의 시야에 '보이는 것', 즉 화자가

이마니(今仁 1990)는 A패턴 동사에 'ていく'가 붙으면 '순차적 또는 점차적 사태를 나타낸다'고 지적하며, 다음과 같은 예문을 들고 있다. 먼저 '이동 형식'의 경우를 보도록 하자.

(29) a. 私は、友達に本を送っていった。(??나는 친구에게 책을 보내 갔다.) …… 순차적

   b. *私は、友達に、一度、本を送っていった。
   (*나는 친구에게 한 번 책을 보내 갔다.)

(30) 秀吉は、息をもつかさぬ勢いで、四国を攻撃していった。
   …… 점차적
   (히데요시는 숨 쉴틈도 안 줄 기세로 시코쿠를 공격해 갔다.)

(今仁 1990:56)

이마니(今仁)는 A패턴 동사인 '送る'에 'ていく'를 붙인 (29a)는 계속 해서 책을 보냈다는 순차적인 의미를 가지므로, (29b)에 '一度'라는 1회 의 사태를 나타내는 부사를 붙일 수 없다고 말한다. (30)의 '攻撃する'도 마찬가지로 A패턴 동사인데 'ていく'를 붙이면 공격의 점차적인 진행을 나타낸다고 설명하고 있다. 또 상적 형식도 마찬가지라고 말하며 다음 의 예를 들고 있다.

(31) a. 雨が、降ってきた/*降っていった。(비가 내려왔다/*내려갔다.)

   b. その後、雨は、断続的に降っていった。(그 후 비는 단속적

지각한 것을 발화한 것에 대해 ①과 ②는 그와 같은 지각이 아니라, '진행'이라 고 판단되기 때문이다. 제4장(4.2)에서 논하기로 한다.

으로 내려갔다.)
c. この雨は、今後、南部に向けて降っていくでしょう。
(이 비는 앞으로 남부를 향해서 내려갈 것이다.)
(32) やっと、分かってきた/*分かっていった。(??겨우 알아 왔다/*
알아 갔다.)

(今仁 1990:60)

이마니(今仁 1990)는 (31)과 (32)와 같이 'ていく'가 사용될 수 없는 이유에 대해서 다음과 같이 설명하고 있다. 발생계는 A패턴이므로 'ていく'의 경우, 순차・점차성이 나타나야 하지만 비는 그 성질에 반한다는 것이다. 즉, 비는 일단 내리기 시작하면 그 이후에는 '비가 내린다'라는 하나의 현상일 뿐이므로 일단 사태가 일어난 후에는 순차・점차성을 상상하기 어렵고, 이 때문에 순차・점차성이 없다는 것이다. 이는 (32)의 '分かる'의 경우도 동일하다. 일단 알아 버리면 그 이후에는 안 상태가 계속되는 것으로 순차・점차성은 인정하기 어렵다는 것이다. 따라서 'ていく'는 사용할 수 없다고 한다. 이 논문에서는 'ていく'의 이러한 성질을 반복으로 보는데, 이 점에 관해서는 제4장에서 고찰하기로 한다.

지금까지 'ていく/くる'의 의미・용법에 대해 고찰한 모리타(森田 1968), 요시카와(吉川武時 1976), 이마니(今仁 1990)의 세 연구를 개관했다. 모리타(森田 1968)와 요시카와(吉川武時 1976)는 공간적 이동을 나타내는 의미에서는 'ていく/てくる'가 대응하고 있지만, 시간적 이동을 나타내는 의미는 대응하지 않는다고 고찰하고 있다. 이에 비해 이마

니(今仁 1990)는 공간적 이동을 나타내는 의미에 대해 'ていく'와 'てく
る'가 대응하는 패턴과 'てくる'는 사용되지만 'ていく'는 사용되지 않
는 패턴이 있고, 이러한 특징은 상적 의미에서도 동일하다고 분석하고
있다.

하지만 이마니(今仁 1990)의 연구에서는 그 하위 분류에 있어서 약간
의 문제점이 있어 보인다. 모리타(森田1968)에서도 지적하고 있듯이,
같은 선행 동사라고 해도 문맥에 따라 해석이 달라지는 경우가 있기
때문이다. 다음의 예 (35)는 동일한 '書いていく'인데도 (35a)는 순차성
을 나타내고, (35b)는 계속이라고 해석할 수 있는 예이다.

> (35) a. ここで手紙を書いていく。(여기에서 편지를 써 간다)
>   …… 순차성
>   b. 片っぱしから書いていく。(닥치는 대로 써 간다.)
>   …… 계속
>
> (森田 1968:86)

(35)와 같이 '선행 동사＋ていく/くる'라고 해도 문맥에 따라 그 해
석이 달라질 수 있다는 것은 선행 동사에 의해 의미/용법을 나누는 것은
어느 정도 가능하지만 절대적이지 않고 문맥에 의해 다른 조건도 고려
해야 한다는 것을 의미한다.

또 모리타(森田 1968), 요시카와(吉川武時 1976), 이마니(今仁 1990)
의 선행 연구는 'ていく/くる'의 의미 분류를 제시하고 있지만, 각 의미
분류에 공통적으로 존재하는 기본적 의미나 각 의미의 관계에 대해서는
언급하지 않고 있다. 이 논문에서는 제4장에서 'ていく/くる'의 기본적

의미를 영상도식으로 나타내고, 'ていく/くる'의 다의성은 본동사 '行く
/来る'의 의미로부터 파생된 것을 의미망으로 나타낸다.

　다음 절에서는 지금까지의 선행 연구와는 달리, 'ていく/くる'가 화
자의 영역을 나타낸다고 고찰한 요시카와(吉川千鶴子 1995)에 대해 개
관한다.

3.1.1.3 화자의 영역 표현 'ていく/くる'

　요시카와(吉川千鶴子 1995)는 영어와의 비교를 통해 일본어의 'てい
く/くる'는 화자의 영역을 나타낸다고 말하고, 다음과 같이 주장하고
있다.

　　「日本人には、事物や情報や行為などの移動を表す際, 常にウチを
　　中心として、ウチに近づくのか遠ざかるのか、…(省略)…常に話
　　者が同心円の中心に立ち、事物が話者の縄張りのウチに移動する
　　のかソトに移動するのかという視点から眺めて主観的にモノを言
　　う習慣が身についている。(일본인들은 사물이나 정보, 행위 등의
　　이동을 나타낼 때 항상 화자를 중심으로 화자에게 가까워지는가 멀어
　　지는가, …(생략)… 항상 화자가 동심원 중심에 서서 사물이 화자의
　　영역 안으로 이동하는가 밖으로 이동하는가라는 시점으로 바라보고
　　주관적으로 말하는 습관이 몸에 배어 있다.)」　　　　　　(p.218)

　다음의 예문은 요시카와(吉川千鶴子 1995)의 예문인데, (36)과 같이
'ていく/くる'가 없는 문장은 일본어로서 부자연스럽다.

(36) 방향성에 관해서 중립적인 표현 　→　 방향성이 있는 표현

    a. ?私は毎日学校へ<u>歩き</u>ます。

        (?나는 매일 학교에 걷습니다.)

                    →　a′. 私は毎日<u>歩いていきます</u>。

                           (나는 매일 걸어갑니다.)

    b. ?宿題を<u>しなくて</u>、すみません。[36]

        (숙제를 안 해서 죄송합니다.)

               → b′. 宿題を<u>してこなくて</u>すみません。

                    (숙제를 해 오지 않아서 죄송합니다.)

    c. ?娘から男の子が生まれたと<u>知らせた</u>。

        (딸이 아들이 태어났다고 알렸다.)

               → c′. 娘から男の子が生まれたと<u>知らせてきた</u>。

                    (딸이 아들이 태어났다고 알려 왔다.)

                           (吉川千鶴子 1995:218-219)

    요시카와(吉川千鶴子 1995)는 (36a)(36b)와 같은 문장은 외국인이 동심원 밖의 시점에서 객관적으로 서술하려고 하는 문장으로 일본어로서는 부자연스럽게 들린다고 지적한다. 즉, 일본어는 (36a′) (36b′)와 같이 공간·시간·심리적으로 화자 쪽인 사물이나 사람으로의 이동에는 'てくる', 밖으로의 이동에는 'ていく'라는 보조동사가 없으면 부자연스럽게 들린다는 것이다. 또 요시카와(吉川千鶴子)는 이러한 성질은 공간적인 영역뿐 아니라 시간적·심리적인 영역에서도 가까워지면 'てくる', 멀어지면 'ていく'를 사용한다고 주장한다. (37)은 시간적인 영역을 나

---

36) 요시카와(吉川千鶴子 1995:218)의 원문에서 (36b)는 "宿題を<u>しなかったので</u>、すみません。"이지만, (36b)와의 대응관계를 고려하여 일부 변경했다.

타내는 예이고, (38)은 심리적인 영역을 나타내는 예이다.

(37) a. 彼は今まで良心的に働いてきた。(그는 지금까지 양심적으
로 일해 왔다.)

b. 生活は今は大変だが、やがて事態は変わっていきますよ。

(생활은 지금은 힘들지만 머지않아 사태는 바뀌어 갈 거예요.)

(38) a. 不安な思いが、わたしの胸いっぱいに広がってきた。

(불안한 생각이 내 마음속 가득히 퍼져 왔다.)

b. 最近はガンで人がドンドン死んでいく。

(요즘은 암으로 사람이 자꾸자꾸 죽어 간다.)

(吉川千鶴子 1995:218-219)

이상과 같이 요시카와(吉川千鶴子 1995)는 일본어 화자는 사물의 이동을 표현할 때 화자의 영역을 항상 염두에 두고 '데ていく/てくる'라는 이동을 나타내는 보조동사를 무의식적으로 사용한다고 하면서 이를 그림 10과 같이 나타내고 있다.

그림 10   일본어의 영역 표현   (吉川千鶴子 1995:219)

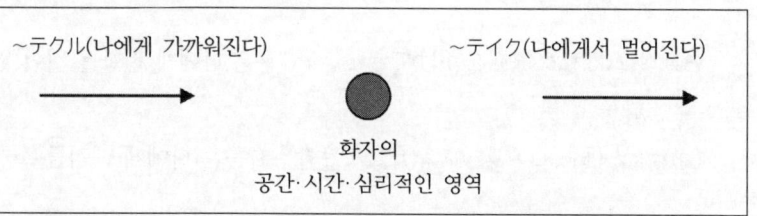

지금까지 요시카와(吉川千鶴子 1995)를 개관했다. 앞서 개관한 모리타(森田 1968)와 요시카와(吉川武時 1976), 그리고 이마니(今仁 1990)에서는 'ていく/くる'가 화자와의 관계를 전면적으로 나타내는 표현이라는 점이 간과되어 분석되어 있지 않다. 필자는 위의 요시카와(吉川千鶴子 1995)와 유사한 견해를 가지고 있다. 'ていく/くる'를 단순히 이동을 나타내거나 상을 나타내는 기능적 표현으로 보는 것이 아니라 화자가 사태나 사물을 자신과의 관계에서 어떻게 보고 있는가를 나타내는 표현으로서 다루어야 한다고 생각한다.

3.1.2 'てくる'에 특화한 선행 연구

3.1.2.1 화자와의 관계를 나타내는 'てくる'

보조동사로서의 'くる'에 화자의 심적 태도가 나타난다고 고찰한 선행 연구로 Tokunaga(1986)와 도쿠나가(德永 2004)가 있다. Tokunaga(1986)는 'くる'를 사용하여 화자가 묘사하는 장면에는 화자 자신의 심리적 직시가 나타나는 점에 주목하여 'くる'를 〈Affective deixis〉(심적 직시)[37]로서 분류하고 있다.

(39) トムは私に電話をかけ<u>てきた</u>。 (?톰은 나에게 전화를 걸어 왔다.)

(40) トムは私にメリーを紹介し<u>てきた</u>。 (?톰은 나에게 메리를 소개

---

37) Tokunaga(1986)의 〈Affective deixis〉의 일본어역을 徐珉廷(2009)에서는 〈情意直示〉로 번역하고 있다. 이 논문에서는 그 한국어역을 〈심적 직시〉라고 하기로 한다.

해 왔다.)

(Tokunaga 1986:132)

Tokunaga는 (39)와 (40)와 같이 'くる'가 보조동사로서 사용되고, 1인칭이 문장성분으로서 나타나는 경우, 화자인 '私'가 톰의 행위에 의해 어떤 영향을 받고 있음을 엿볼 수 있다고 한다.[38]

또 도쿠나가(德永 2004)는 일본어의 동사를 화자의 시점이 주어에 고정되어 있는 '주어 중심 동사'와 화자를 축으로 해서 그 방향성이 나타나는 '화자 중심 동사'로 분류했다. 그리고 화자가 주어가 아닌 위치에 올경우, '行く, 来る, くれる'와 같은 화자 중심 동사 중 하나를 붙이지 않으면 화용적으로 부자연스러운 문장이 된다고 지적한다. 이 화자 중심 동사들이 보조동사로서 사용되는 경우에는 주어인 행위자의 행위가 화자에게 향하고 있다는 것을 나타낼 뿐 아니라 행위자의 행위에 대한 화자의 심적 태도도 명시한다는 것이다.

[38) Tokunaga(1986)는 1인칭이 간접목적어나 직접목적어에 나타날 경우, 'くる'는 '-Te complements'를 취해야 하는데, 이 경우 'てくる'는 〈Affective deixis〉를 나타낸다고 주장하고 있다. 이 경우의 V1은 인간을 직접목적어로 하는 주어기점동사 (貸す(빌리다)/借りる(빌려주다), 教える(가르치다) 등)나 인간을 직접목적어로 하는 타동사(脅かす(협박하다), からかう(놀리다) 등)가 된다고 한다.
(1) Affective deixis의 명확한 표시('-Te complements'를 취한다.)
a. トムは私に電話を掛けてきた。 (톰은 나에게 전화를 걸어 왔다.)
b. トムは私にメリーを紹介してきた。(톰은 나에게 메리를 소개해 왔다.)
c. トムは私に借金を申し込んできた。(톰은 나에게 돈을 꾸어 달라고 신청해 왔다.)
d. トムは私を脅してきた。(톰은 나를 협박해 왔다.)
e. トムは私を馬鹿にしてきた。 (톰은 나를 바보 취급해 왔다.)
(Tokunaga 132-133, 밑줄은 필자)
(1)의 각 예문에서 'てくる'는 동작주의 행위가 화자 쪽으로 직접 향한 것을 나타낸다는 것이다.]

화자 중심 동사 : 화자의 시점을 명시하는 직시동사.

'行く', '来る', 'くれる'　　　　　　　(德永 2004 : 73)

(41) トムは私に古い自転車を売って(ヨーロッパ旅行に)行きました。

(톰은 나에게 낡은 자전거를 팔고 (유럽 여행에) 갔습니다.)

(42) a. トムは私に腐った果物を<u>送ってきました</u>。

(톰은 나에게 썩은 과일을 보내 왔습니다.)

b. ?トムは私に珍しくて高価な果物を<u>送ってきました</u>。

(톰은 나에게 진귀하고 비싼 과일을 보내 왔습니다.)

(德永 2004 : 74)

도쿠나가(德永 2004)는 '行く'를 보조동사로서 부가하는 상황은 (41)과 같이 주어인 행위자가 화자에게 무언가를 하고, 화자로부터 물리적으로 멀어지는 경우인데, 이 경우 행위자가 화자의 위치에 왔다가 멀어짐을 나타낸다고 한다. (42a)는 화자가 싫다고 느끼는 행위에 대해 'てくる'가 붙으면 불쾌한 감정을 명확히 나타내고, 반대로 (42b)와 같이 받는 사람인 화자가 좋다고 생각되는 행위에 대해서는 'てくれる'를 붙인다는 것이다. 후자의 경우에 만약 'てくる'를 붙이면 야유・비난 등의 심적 태도를 나타낸다고 한다.

그런데 〈상태 변화〉를 나타낼 때 보조동사 'くる'의 부가에 따라 화자와의 관련성이 다른 경우가 있다. 기쿠치(菊池 2002)는 다음의 예 (43)과 (44)는 양쪽 다 'トム(톰)'의 '彼女(그녀)'에 대한 마음의 변화를 나타

내는데, 'くる'를 사용한 (43)과 'なる'를 사용한 (44)는 '묘사자'(narrator)
와의 관련이 다르다고 지적하고 있다.

> (43) トムはやがて彼女が好きに<u>なってきた</u>。(??톰은 드디어 그녀
>   가 좋아져 왔다.)
> (44) トムはやがて彼女が好きに<u>なった</u>。　(톰은 드디어 그녀가 좋
>   아졌다.)

(菊池 2002:37)

'てくる'가 사용된 (43)은 묘사자는 톰이 접한 새로운 상태와의 관련
을 나타내고 있지만, 'なる'가 사용된 (44)는 묘사자가 '전체적 시점
(God's view)'를 취하며 객관적으로 상태 변화를 묘사하고 있다고 설명
한다.

기쿠치(菊池 2002)의 예문에서는 'トム(톰)'이라는 3인칭이 주어로 되
어 있지만 (43)과 (44)의 주어를 'トム(톰)'이 아니라 아래의 (43)'과 (44)'
와 같이 1인칭 '私'로 바꾸면 한층 알기 쉽다.[39]

> (43)' <u>私</u>はやがて彼女が好きになってきた。(??나는 드디어 그녀가
>   좋아져 왔다.)
> (44)' <u>私</u>はやがて彼女が好きになった。　(나는 드디어 그녀가 좋아
>   졌다.)

---

[39] (43)(44)에서 주어가 제3자(トム)이기 때문에 'らしい', 'ようだ' 등을 붙이지
않으면 부자연스러우므로, 주어를 '私'로 하는 편이 알기 쉽다(安平鎬氏,
2008.2, 한국일본학회 제76회 학술대회). 다만 제4장과 제5장에서 분석하듯이
소설의 지문에서 작가가 등장인물의 시선에서 말할 때는 그다지 위화감이 들
지 않는다고 생각한다.

즉, 일본어의 'てくる'가 사용된 (43)과 (43)'이 화자와의 관련을 전면적으로 언어화하고 있다는 것은 명확하다.

3.1.2.2 보조동사 'てくる'의 다섯 가지 용법

사카하라(坂原 1995)는 일본어의 'てくる'의 용법을 ① 통사적 자율성을 유지하고 있는 단순한 '등위구조'와, ② 통어적 자율성이 제한되는 '계기계'와 '동시계', ③ 문장을 나타내는 사건이 어떤 의미로든 화자 쪽으로 향해 있다는 방향성을 가지는 '이동 방향의 명시화', 그리고 ④ 변화의 출현을 나타내는 '시동상'과 행위의 사건과 계속을 나타내는 '계속상'의 다섯 가지로 분류하고 있다. 사카하라(坂原)가 분석한 'てくる'의 용법을 정리하면 다음과 같다.

표9　'てくる'의 용법　　　　　　　　　　　　　　　　(坂原 1995)

용법	분류	하위 분류
제1용법	등위구조	
제2용법	계기계	a. 한 방향으로밖에 이동하지 않는 경우 b. 화자가 있는 장소에서 V가 일어난 장소
	동시계	
제3용법	이동 방향의 명시화	a. 주어 이동 b. 주어 이외의 이동:수여 c. 수익·수해
제4용법	시동상	
제5용법	계속상	

먼저 표9의 제2용법 '계기계'와 '동시계'를 보도록 하자. (45)와 (46)은

'てくる'가 '계기계'를 나타내는 용법이고, (47)은 '동시계'의 예문이다.

> (45) 太郎が、東京で遊んできた。(다로가 도쿄에서 놀다 왔다.)
>
> (46) パンを買ってくる。(=パンを買いに行って来る。)
>
> (빵을 사 온다.)   (=빵을 사러 갔다 오다.)
>
> (47) a. 太郎が走ってきた。 (다로가 달려왔다.)
>
>   b. 太郎が本を持ってきた。(다로가 책을 가져왔다.)
>
> (坂原 1995:117-119)

사카하라(坂原 1995)는 '계기계'에 대해 (45)와 같이 단지 V1이 있는 장소에서 화자가 있는 장소로 한 방향의 이동밖에 없는 경우와, (46)과 같이 이동에 앞서 먼저 화자가 있는 장소에서 V1이 일어난 장소로의 이동이 있는 경우가 있다고 설명하고 있다. 그리고 '동시계'는 (47)과 같이 V1의 생기(生起)와 이동의 '来る'가 동시에 일어날 때, V1은 이동의 양태를 나타내는 수식구라고 설명하고 있다.

다음으로 표9의 제3용법에 대해 보기로 한다. 사카하라(坂原)가 제3용법으로 분류한 '이동 방향의 명시화'는 문장을 나타내는 사건이 어떠한 의미로 화자 쪽으로 향해 있는 방향성을 나타내는 것을 말한다 (p.121). 사카하라(坂原)는 이 '이동 방향의 명시화'를 '주어의 이동, 주어 이외의 이동(수여), 그리고 수익·수해'의 세 가지의 하위 분류로 나누고 있다. 다음의 예문은 각각의 하위 분류를 나타낸 예로서 사카하라(坂原)가 들고 있는 예문이다.

> (48) 太郎が帰って来た。   (다로가 돌아왔다.)

(49) 太郎が本を送って来た。(?다로가 책을 보내 왔다.)

(50) 太郎が不満をぶつけて来た。(?다로가 불만을 토로해 왔다)

(坂原 1995:121)

사카하라(坂原 1995)에 의하면 (48)은 종속동사가 이동동사이고 주어가 이동하는 경우이고, (49)는 물품이나 말의 전달 등을 나타내는 경우로 이때 이동하는 것은 목적어, V1은 주로 '수여동사'라고 한다. 여기에서 사카하라(坂原)가 말하는 '수여동사'란 일반적으로 사용되는 'あげる, くれる, もらう'가 아니라 더 넓은 의미로 '물품수여나 메시지 전달'(p.123)을 나타내는 동사를 의미한다. 또 (50)에 대해 사카하라(坂原)는 V1이 나타내는 사건이 화자의 이익 또는 해가 되는 것을 나타내며, 이때의 '来る'는 화자에 대한 수익·수해를 나타내고 비유적인 수여, 이동을 만들어 낼 수 있다(p.124)고 설명하고 있다.

하지만 (48)~(50)의 예문을 같은 용법으로 분류하는 것에 대해 필자는 다른 견해를 가지고 있다. (48)은 단순히 이동 방향을 나타내지만, (49)와 (50)은 화자가 어떠한 영향을 받고 있다는 것(Tokunaga 1986, 德永 2004)을 알 수 있기 때문이다. 따라서 이 논문에서는 (48)을 이동 방향의 명시화, (49)와 (50)을 Tokunaga(1986)에 따라 〈Affective deixis〉(심적 직시)를 나타내는 용법으로 보기로 한다.

마지막으로 제4 용법과 제5용법을 보도록 하자. 이들 용법은 상적 의미를 나타내는 용법인데, 사카하라(坂原 1995)는 'てくる'에 '시동상'과 '계속상'을 나타내는 용법이 있다고 분석하고 있다. 또한 이들 어느 쪽의 '상'이 되는가는 다음과 같이 V1의 유형에 따라 정해진다고 한다.

⟨ 'てくる'가 **시동상이 되는 경우**⟩

V1이 표현하는 사건에 필연적 종결점이 있고(즉, 유한계 동사(telic verb)), 사건이 있는 속성상에서 한 방향으로의 변화를 나타내는 경우

⟨ 'てくる'가 **계속상이 되는 경우**⟩

V1이 무한계 동사(atelic verb)이고 나타내는 사건이 내재적 종결점으로 향한 변화가 아니라 얼마든지 늘릴 수 있는 경우

(坂原 1995:128)

다음의 예문은 (51)이 '시동상'을 나타내는 예이고, (52)가 '계속상'을 나타내는 예이다.

(51) 太郎が、生き返って来た。 (?다로가 되살아 왔다(되살아났다).)
(52) 私は人工呼吸で生きて来た。 (나는 인공호흡으로 살아 왔다.)

(坂原 1995:128-129)

사카하라(坂原 1995)는 (51)에 대해 V1의 '生き返る'는 죽은 상태에서 산 상태로, 정도의 강약이 있는 이행을 나타내는 변화동사이고, 이 경우의 'てくる'는 '시동상'으로 해석된다고 설명한다. 또 (52)는 'てくる'의 V1이 '生きる'인데 이 동사는 무한계동사이며, 사건에 정도의 변화는 없으므로 '계속상'이 된다고 한다.

다음 항에서는 역행태 표지로 'てくる'를 분석한 스미타(住田 2006)를 개관한다. 스미타(住田 2006)의 분석에 의한 'てくる'의 용법은 앞 항에서 개관한 Tokunaga(1986), 도쿠나가(德永 2004)의 ⟨Affective deixis⟩(심적 직시), 이 항에서 개관한 사카하라(坂原 1995)의 제3용법

인 '이동 방향의 명시화'의 하위 분류인 b.주어 이외의 이동:수여, c.수익 · 수해와 각각의 용어는 다르지만 비슷한 용법이라고 생각한다.

3.1.2.3 역행태 표지로서의 'てくる'

스미타(住田 2006)는 Givón(1994), Thompson(1994) 등의 유형론 연구와 대조하여 일본어의 'てくる' 중에 〈역행태〉(Inverse)로 볼 수 있는 언어 현상이 있다고 주장하며, 이를 '태(Voice)'의 하나로서 다루고 있다. 먼저 스미타(住田 2006)가 말하는 〈역행태〉(逆行態)라는 개념에 대해 확인해 보자. Givón(1994)은 동작주와 피동작주와의 상대적인 화제성의 차이로 인하여, 다음과 같이 기능론적 · 화용론적 관점에서 〈역행태〉를 다른 '태'와 구별할 수 있다고 한다.[40]

표 10 '태'와 상대적 화제성 (Givón 1994)

태(Voice)	상대적 화제성(Relative topicality)
능동─순행태 (Active-Direct)	AGT > PAT[41]
역행태 (Inverse)	AGT < PAT
수동태 (Passive)	AGT << PAT
역수동태 (Antipassive)	AGT >> PAT

표 10의 〈능동─순행태〉, 〈역행태〉, 〈수동태〉의 정의는 다음과 같다.[42]

---

40) 스미타(住田 2006)에서 재인용했다.
41) AGT : 동작주(Agent), PAT : 피동작주(Patient)를 나타낸다.
42) 스미타(住田 2006)에서는 그의 논지와 관계가 없다는 이유로 표 11의 '역수동태'에 관한 설명이 없다.

< **능동-순행태(Active-Direct)** >

동작주가 피동작주보다 화제성을 가지고 있지만, 피동작주도 상당한 화제성을 가지고 있는 능동구문.

< **역행태(Inverse)** >

피동작주가 동작주보다 화제성을 가지고 있지만, 동작주도 상당한 화제성을 가지고 있다.

< **수동태(Passive)** >

피동작주가 동작주보다 화제성을 가지고 동작주는 거의 화제성을 가지고 있지 않다.

(住田 2006:77)

스미타(住田 2006)는 Thomson(1994)에서 지적한 수동태와 역행태를 구별하는 다섯 가지 기준과 일본어의 'てくる'문장을 살펴보며 어느 정도 'てくる'형식을 역행태로 간주할 수 있는가를 검토하고 있다. Thomson(1994)이 제창한 수동태와 역행태를 구별하는 다섯 가지 기준은 다음과 같다.

① 3인칭이 주어이고 발화행위 참여자(speech act participants)가 목적어가 될 때, 역행태 형식(Inverse morphology)이 의무적이 된다.

② 격 표지(case marking)는 대응하는 순행/능동태절의 격과 같다.

③ 동사는 타동사(transitive)이고 능동적(active)이다.

④ 피동작주(patient) 이외의 비동작주(non-agent)가 영향을 받을 가능성이 있다.

⑤ 역행태와 마찬가지로 순행태에 대한 특별한 형태소(morpheme)가 있다.

스미타(住田 2006)는 아래의 예문을 통하여 Thomson(1994)의 다섯 가지 기준 중에서 ①~③을 설명하고 있다. (53a)는 '僕(1인칭)'가 '太郎 (3인칭)'에게 전화를 거는 행위가 행해진 것을 나타내고 있고, (53b)와 (53c)는 그 반대를 나타내고 있다.

(53) a. 僕が太郎に電話をかけた。　(내가 다로에게 전화를 걸었다.)
　　　b. ??太郎が僕に電話をかけた。(다로가 나에게 전화를 걸었다.)
　　　c. 太郎が僕に電話をかけてきた。(?다로가 나에게 전화를 걸어 왔다.)

　　　　　　　　　　　　　　　　　　　　　　　(住田　2006:79)

스미타(住田 2006)는 동작주와 피동작주(이 경우에는 '僕'(나)와 '太 郎'(다로))의 항을 바꾸는 것만으로는 (53b)와 같이 부자연스러우므로, (53c)와 같이 그 행위를 나타내고 있는 동사에 'てくる'를 붙일 필요가 있다고 지적하고 있는데, 이것으로 상기의 항목 ①을 충족하고 있다고 한다.

다음으로 항목 ②의 격 표지에 대해 보기로 한다. 스미타(住田 2006) 는 (53a)의 능동태와 (53c)의 역행태의 문장을 비교하면 '僕', '太郎'라는 차이는 있지만, 그 의미 역할에 주목해 보면 동작주가 ガ(이/가) 격, 피 동작주가 ニ(에게) 격을 취하는데 이는 (53a)도 (53c)도 동일하다고 설 명하고 있다. 이로써 항목 ②도 충족한다는 것이다. 또한 동사 'かける' 는 '타동사'이자 '능동사'이므로 항목 ③도 만족한다고 기술하고 있다.

또 항목 ④에 대해서는 다음과 같이 설명하고 있다. 스미타(住田 2006)는 (54)와 (55)를 보면 직접 영향을 받는 피동작주((54)의 彼女,

(55)의 娘), 그 외에도 심리적으로 영향을 받고 있는 비동작주 (non-agent)인 (54)의 '僕', (55)의 '私'가 존재하고 있다는 것을 알 수 있다고 설명하고, 이로써 항목 ④에 대해서도 충족하고 있다고 한다.

(54) 後ろの男が(僕の)彼女のスカートの中をのぞいてきた。
 (??뒤의 남자가 (내) 여자친구의 스커트 속을 들여다봐 왔다.)
(55) 山田が(私の)娘に言い寄ってきた。
 (?야마다가 (내) 딸에게 구애해 왔다.)

마지막으로 항목 ⑤에 대해서 스미타(住田 2006)는 '그 출현 빈도를 비교하면 확실히 'てくる'의 역행태 용법 쪽이 출현도가 높고,[43] 항목 ⑤를 충족한다고 인정하기 어렵다'(p.80)고 하면서도 다음의 Shibatani (2003)를 인용하며 '항목 ⑤에 관해서는 완전히 충족하고 있지 않다고 해서 반드시 역행태 용법의 존재를 부정해서는 안 된다'고 주장하고 있다.

「類型論的に言語の形式面からすると、逆行態の形式は順行態の形式よりもより有標であり、言語における両者の組み合わせとして

---

43) 스미타(住田2006)는 일본어의 〈역행태〉 표지인 'てくる'에 대응하는 순행태 표지로서 생각할 수 있는 것은 'ていく'이겠지만, 순행태로서의 'ていく'의 예는 거의 확인되지 않았다고 한다. 예로 들고 있는 것은 다음의 예 하나 뿐이다.
(1) 初は別の子と帰っていたら、A君と出会い、前に試合をして負けたのが悔しかったのか、いきなり息子ウルフのサッカーチームの悪口を言ってきたらしい。それで、言い合いになり息子ウルフから殴っていったとの事。(?처음에는 다른 아이와 돌아가고 있었는데, A군과 만나 전에 시합을 하고 진 것이 분했는지 갑자기 아들 울프의 축구 팀 욕을 말해 왔나 봐. *그래서 말싸움이 되어 아들 울프부터 때려 갔다라는 것.) (住田2006:80, 밑줄은 필자)

も、有標の逆行態カテゴリーと無標の順行態カテゴリー、あるい
は逆行態、順行態ともに有標である言語が確認されているが、無
標の逆行態カテゴリーと有標の順行態カテゴリーの組み合わせと
いうのはない。(유형론적으로 언어 형식면에서 보면, 역행태의 형식
은 순행태의 형식보다 더 유표적이다. 언어에서 이 두 가지의 조합도,
유표인 '역행태' 범주와 무표인 '순행태' 범주, 또는 '역행태', '순행태'
둘 다 유표인 언어가 확인되지만 무표인 '역행태' 범주와 유효인 '역행
태' 범주의 조합은 존재하지 않는다.)」

(Shibatani 2003:住田(2006:80)에서 재인용)

이상의 분석으로 스미타(住田 2006)는 일본어의 〈역행태〉를 다음과
같이 정의하고 있다.

【일본어의 〈역행태〉의 정의】
▶ 의미·기능적 측면
ある他動詞・能動的事態においてソト人称からウチ人称[44]へと行
為がなされる時、受影者に話題性を保持させ、且つ動作性にもあ
る程度の話題性を持たせる機能を果たす態(어떤 타동사·능동적 사
태에서 심리적으로 자신과 먼 인칭에서 가까운 인칭으로 행위가 행해
질 때 영향을 받는 사람에게 화제성을 보유시키고 동작성에도 어느
정도의 화제성을 가지게 하는 기능을 다하는 태)

---

44) 스미타(住田 2006)의 'ウチ人称, ソト人称'란 마키노(牧野 1996)의 용어를 차용
한 것이다.
ウチ人称(안 인칭) : 화자나 화자가 발화시에 심리적으로 자신 쪽의 사람이라고
인지하고 있는 사람.
ソト人称(바깥 인칭) : 화자가 발화시에 심리적으로 자신 쪽의 사람이 아니라고
인지하고 있는 사람.

▶ 형식적 측면

ある事態においてソト人称からウチ人称へと行為がなされる時、格関係に影響を及ぼさず、動詞に有標のマーカーが付与される態 (어떤 사태에서 심리적으로 자신과 먼 인칭에서 가까운 인칭으로 행위가 행해질 때, 격관계에 영향을 미치지 않고 동사에 유표적인 표지가 부여되는 태)

(住田 2006:80)

그리고 스미타(住田 2006)는 'てくる'의 역행태 용법의 특징으로 '① 혐오감을 나타낸다, ② タ形과 연결할 때에는 행위 완료가 불확실하게 되는 경우가 있다'라는 두 가지를 들고 있다. 여기에서는 이 논문의 논지와 관계가 있는 전자만을 보도록 한다.

(56) a. 後ろの男が(僕の)彼女のスカートの中をのぞいてきた。
　　　 (재게=(54))
　　　 (?뒤의 남자가 (내) 여자친구의 스커트 속을 들여다봐 왔다.)
　　 b. 後ろの男が彼女のスカートの中をのぞいた。
　　　 (뒤의 남자가 (내) 여자친구의 스커트 속을 들여다봤다.)

(57) a. 山田が(私の)娘に言い寄ってきた。
　　　 (?야마다가 (내) 딸에게 구애해 왔다.)
　　 b. 山田が(私の)娘に言い寄った。
　　　 (야마다가 (내) 딸에게 구애했다.)

(58) a. 太郎が(私の)手を触ってきた。
　　　 (?다로가 (내) 손을 만져왔다.)
　　 b. 太郎が(私の)手を触った。

(다로가 (내) 손을 만졌다.)

(住田 2006:80)

스미타(住田 2006)는 능동태의 예 (56b)(57b)를 보면 단지 사태(명제)를 나타내고 있을 뿐인데, (56a)(57a)는 '혐오'를 읽을 수 있다고 말한다. 또한 사태(명제)가 중립적인 (58)에 대해서도 (58b)보다 'てくる'를 붙인 (58a) 쪽이 더 혐오감이 느껴진다고 주장하고 있다.

하지만 이 용법은 스미타(住田 2006)가 주장하고 있듯이 전부 '혐오감'을 나타내는 것일까? 다음의 (59)는 "太郎が(私の)手を触ってきた"라고 발화하고 있는 장면인데, 상황에 따라 해석이 달라질 수 있다.

(59) a. [화자는 전부터 다로를 짝사랑하고 있었다. 어느 날 다로가 무슨 영문인지 화자의 손을 잡은 일이 있었고, 그것을 친구에게 말하고 있는 상황]
　　　・太郎が(私の)手を触ってきた。(?다로가 (내) 손을 만져 왔다.)
　　b. [화자는 전부터 다로를 징그럽다고 생각하고 있었다. 어느날 다로가 화자의 손을 일부러 잡은 일이 있었고, 그것을 친구에게 말하고 있는 상황]
　　　・太郎が(私の)手を触ってきた。(?다로가 (내)손을 만져 왔다.)

(59b)는 동작주가 화자에게 있어서 싫은 사람이고 화자는 이 일을 '싫다'라고 느끼고 있다는 것을 알 수 있다. (59a)는 동작주가 화자에게 있어서 호감을 가지는 사람이고 화자는 이 일에 대해 '기쁘다' 내지는 '놀랐다' 등을 느낄 것이다. 즉, (56)(57)과 (59b)와 같이 화자가 싫다고

느끼는 행위에 대해 'てくる'를 붙이면 불쾌한 감정을 명확히 드러나는 것이다.[45] 한편 (59a)와 같이 화자가 '(놀랐지만) 기쁘다'라고 느끼는 행위에 대해서는 혐오감은 느껴지지 않는다. 다시 말하면, 'てくる'가 '혐오감'을 나타낸다는 것은 사태(명제)를 화자가 싫다고 느낄 경우이며, 사태(명제)가 중립적일 경우에는 문맥에 따라 달라질 수 있다고 생각한다. 이러한 것은 궁극적으로는 화자가 사태를 어떻게 보고 있는가에 따라 결정된다고 할 수 있을 것이다.

하지만 (58b)의 "太郎が(私の)手を触った"와 같이 'てくる'가 붙지 않은 문장과 붙은 문장은 화자의 심적 태도를 나타낸다는 의미 차이가 나는 것은 명확하다. 따라서 이 논문에서는 이 용법을 Tokunaga(1986)의 〈Affective deixis〉(심적 직시)로 보는 입장이다(고찰은 제4장 참조).

3.1.3 마무리: 선행 연구의 'ていく/くる' 용법

지금까지 일본어의 'ていく/くる'에 관한 선행 연구를 개관하였는데, 문제시되는 점은 두 가지이다. 하나는 공간적 이동을 나타내는 'ていく/くる'는 '歩く, 持つ'(걷다, 가지다)와 같은 동사가 V1일 때 따로따로 분류할 필요가 있는가 하는 점, 또 다른 하나는 상적 의미를 나타낼 경우의 분류에 관한 의문이다. 먼저 V1에 '歩く, 持つ'와 같은 동사가 오는 경우의 예를 보도록 한다.

(60) a. そのとき、子どもが一人、歩いてきました。(一下 71)

---

45) 3.1.2.1에서 개관한 도쿠나가(德永 2004)도 같은 견해를 보이고 있다.

(그때 아이가 한 명 걸어왔습니다.)

    b. てっぽうを持ってきました。（一上53）

    (총을 가져왔습니다.)　　　　　　　（吉川武時 1976:201）

(61) a. 彼は、友達と歩いてきた。（그는 친구와 걸어왔다.）

    b. 彼は、推薦状を持ってきた。（그는 추천서를 가져왔다.）

　　　　　　　　　　　　　　　　　　　（今仁 1990:61-62）

    요시카와(吉川武時 1976)는 예 (60a)의 '歩く'는 이동의 방법, (60b)의 '持つ'는 이동의 상태로 나타내고 있고, 모리타(森田 1968)에서는 V1이 '歩く' 등의 경우를 이동의 상태성, '持つ' 등의 경우를 이동의 평행성이라고 나누고 있다. 하지만 이것들은 이동 상태인가, 이동 방향인가라는 차이는 있지만 이마니(今仁 1990)가 분석한 것과 같이 동시에 일어난다. 따라서 이 논문에서는 이마니(今仁 1990)의 분류에 따라 이들을 하나로 보고 '동시계'라고 부르기로 한다.

    다음으로 이른바 상을 나타내는 'ていく/くる'의 용법에 대해 고찰해 보기로 한다. 요시카와(吉川武時 1976)는 'てくる'의 상을 나타내는 의미를 '출현, 변화 과정, 과정의 시작'으로 분류하고 있다. 그러나 이 분류 기준은 애매하다고 생각한다. 왜냐하면 상태 변화에서 화자가 첫부분에 특히 주목하여 윤곽화(profile)하면 '과정의 시작'이 되고 변화의 도중을 윤곽화하면 변화의 과정이 되기 때문이다(住田 2002). 따라서 요시카와(吉川武時 1976)가 분류하고 있듯이 '변화 과정'(표 7의 ⑥a)과 '과정의 시작'(표7 ⑦) (p.38)을 따로따로 분류할 필요는 없다고 생각한다. 다음의 예문으로 이 문제를 검토해 보자.

(62) だんだんおなかが<u>すいてきました</u>。 …「변화 과정」

    (?점점 배가 고파 왔습니다.)

(63) そのうちに、雨が<u>降ってきました</u>。 …「과정의 시작」

    (??순식간에 비가 내려왔습니다(내리기 시작했습니다).)

(吉川武時 1976)

(62)(63)은 요시카와(吉川武時 1976)의 예인데, 시간축상의 어디를 윤곽화하는가에 따라 '변화 과정' 또는 '과정의 시작'으로 해석할 수 있다. 마찬가지로 다음의 (64)에서도 동일한 양상을 보인다.

(64) a. 富士山が<u>見えてくる</u>。 (??후지산이 보여 온다.)

    b. 富士山が<u>だんだん見えてくる</u>。(??후지산이 점점 보여 온다.)

(64a)(64b)의 차이는 부사 'だんだん'(점점)이 있는가 없는가뿐인데, 그 의미는 다음과 같이 다르다. (64a)는 '과정의 시작'이고, (64b)는 '변화 과정'을 나타내는 문장이다. (64a)는 시간축상의 첫부분을 윤곽화한 과정의 시작의 의미로 볼 수 있다. 또한 (64b)는 부사 'だんだん'(점점)에 영향을 받아 시간축에 따른 '상태 변화'의 진행이라는 의미로 볼 수 있다.

지금까지 살펴 본 선행 연구를 통하여 얻은 지견을 토대로 'ていく/くる'의 용법을 정리해 보면 다음과 같다.

표11   선행 연구의 'ていく/くる'의 용법

〈 'ていく'의 용법〉 ⅰ. 공간적 이동을 나타내는 용법 : 계기계, 동시계, 이동 방향의 명시화 ⅱ. 상적 의미를 나타내는 용법 : 계속상
〈 'てくる'의 용법〉 ⅰ. 공간적 이동을 나타내는 용법 : 계기계, 동시계, 이동 방향의 명시화 ⅱ. 상적 의미를 나타내는 용법 : 계속상, 기동상 ⅲ. 태(Voice) 기능 : 역행태 ············▷ 이 논문에서는 〈심적 직시〉

그러나 이들 선행 연구는 다음과 같은 문제점이 있다. 본동사 '行く/来る'와 'ていく/くる'와의 관련성, 그리고 각 용법 간의 관계가 언급되어 있지 않다. '行く/来る'는 직시동사이고 화자가 있는 장소에서 멀어지는가 가까워지는가라는 이동을 나타내는데, 이러한 성질은 'ていく/くる'에도 보인다. 예를 들면 확장된 용법의 'てくる'는 화자와 사태와의 관여성이 점차 증가하고, 'ていく'는 반대로 감소한다[46]라는 '화자와의 관여성'이 나타나는 것이다. 이 논문에서는 이와 같은 관점을 중심으로 제4장에서 'ていく/くる'와 '어 가다/오다'를 비교・대조하고자 한다.

다음의 3.2에서는 한국어의 '어 가다/오다'의 의미・용법에 대해 분석한 한국 국내의 선행 연구를 개관한다.

---

46) 'ていく'는 당사자와의 관여성과는 관계없고, 단지 사태를 '계속', '진행'을 나타내는 용법도 있다. 자세한 것은 제4장에서 논하기로 한다.

3.2 한국어의 '어 가다/오다'에 관한 선행 연구

앞 절에서 일본어의 'ていく/くる'에 대해 개관했다. 이 절에서는 한
국어의 '어 가다'와 '어 오다'에 관한 한국 국내 연구자에 의한 선행 연구
에 대해 개관한다.

한국어의 '어 가다/오다'에 관한 연구 중 오래된 문헌으로 최현배
(1937)를 들 수 있다. 최현배는 '어 가다/오다'를 '고 있다'와 같이 진행조
동사로 분류하고, '오다'를 과거진행조동사, '가다'를 미래진행조동사,
'있다'를 현재진행조동사라고 보고 있다.[47] 그런데 '어 가다/오다'는 그
형태가 같다고 하더라도 병렬적 연결, 합성동사, 보조동사의 세 종류로
나뉘어지는데(南基心 외 1999, 손세모돌 1996, 조석호 1996), 그 중 보조
동사일 때만을 분석대상으로 한 연구가 많다(김성화 1990, 손세모돌
1996, 박선옥 2002, 권순구 2005, 배수자 2007 등).

이 절의 구성은 다음과 같다. 먼저 '가다/오다'가 공간적 이동에서 동
작 계속, 그리고 상태 변화로 그 의미가 확장되었다고 분석한 이기동
(1977)을 개관한다. 3.2.2에서는 보조동사 '어 가다/오다'와 '고 있다'의
의미를 비교한 손세모돌(1996)을 개관한 후, 3.2.3에서 보조동사'어 가
다/오다'의 상적 의미에 대해서 개관한다. 그리고 3.2.4에서 '어 가다/오
다'의 법성적 의미에 대해서 논하고 있는 선행 연구를 개관한다.

---

47) 참조한 것은 최현배(1976)이다.

3.2.1 '공간적 이동'과 '동작 계속', '상태 변화'

'가다/오다'에 관한 선행 연구 중에서 주목할 만한 연구로 이기동 (1977)이 있다. 많은 선행 연구가 보조동사로서의 '어 가다/오다'에 한정 지어 그 의미·용법을 분석하고 있는 경향이 있는 가운데, 이기동(1977) 은 '가다/오다'의 기본적 의미를 '공간적 이동'으로 하고, '동작 계속'과 '상태 변화'라는 확장된 의미로 분류하고 있다. 또 이 세 가지 경우에 각각 기준점[48])이 있고 그 기준점을 중심으로 '가다'와 '오다'가 역방향이 라고 분석하고 있다.

먼저 이기동(1977)에 대해 자세히 개관한다. 이기동(1977)은 '가다'와 '오다'의 차이는 어떤 기준점을 중심으로 움직임의 방향에 의해 달라진 다고 말하고 기준점에 가까워질 때에는 '오다'가 사용되고, 멀어질 때는 '가다'가 사용된다고 분석하고 있다. 또 이기동은 이와 같은 장소의 이동 을 나타내는 '가다'와 '오다'는 그 의미가 비유적으로 확대되어 '동작 계 속'과 '상태 변화'를 나타내는 의미로서 사용되는데, 이와 같이 확장된 의미에 있어서도 기준점이 있다고 분석하고 있다. 이기동(1977)의 분석 을 정리한 것이 다음의 표 12이다.

---

48) 이기동(1977)에서는 명확히 언급되어 있지 않지만 이 '기준점'이라는 것은 이른 바 〈직시중심점(deictic center)〉으로 볼 수 있을 것이다.

표 12   한국어의 '가다/오다'의 의미   **이기동** (1977)

기 본 적 의 미			가다	오다
	ⅰ. 공간적 이동	기준점 : 화자의 위치 *예(65)~(68)*	
			기준점에서 멀어지는 경우	기준점으로 사람이나 사물이 가까워질 경우
확 장 된 의 미	ⅱ. 동작 계속		기준점 : 발화시 또는 과거의 어느 시점 *예(69)~(71)*	
			기준점 뒤에 계속되는 동작	기준점까지 동작이 계속되는 경우
	ⅲ. 상태 변화	ⓐ 기준점 : 정상상태 *예(72)~(73)*	
		정상에서 멀어질 때	어떤 상태가 정상상태가 될 때
		ⓑ 기준점 : 화자가 바라거나 예상하는 상태 *예(74)*	
		화자가 바라지 않는 방향으로 의 변화, 또는 화자의 기대 또 는 관계가 없는 쪽으로의 변화	화자가 바라거나 예상하는 상 태로 될 때

이기동(1977)은 '가다/오다'에 대하여 '공간적 이동'을 기본의미로 하고, '동작 계속', '상태 변화'를 확장된 의미로 분류하고 각 기준점을 표 12와 같이 기술하고 있다. 또한 이기동은 본동사 '가다/오다'의 의미가 보조동사 '어 가다/오다'로 확장되고 기준점을 중심으로 '가다'와 '오다'가 대립하고 있다고 말한다.

먼저 표 12의 ⅰ.장소 이동에 대해 보도록 한다. 이기동(1977)은 ⅰ. 장소 이동을 ①서술문에서 화자가 고정되어 있는 경우(예(65)), ② 서술문에서 화자가 움직이고 있는 경우(예(66)과 (67)), ③ 의문문의 경우(예(68))로 나누어 분석하고 있다. 다음의 예는 이기동(1977)이 제시한 예문이다.

(65) a. 창수는 2층으로 내려갔다.

　　 b. 창수는 2층으로 내려왔다.

(66) 나는 학교에 {가/?오}고 있다.

(67) 나는 학교에 {?가/와} 있다.[49]

(이기동 1977:144-145)

이기동은 화자의 위치가 고정되어 있을 경우, (65)와 같이 화자의 위치가 기준점이 된다고 한다. (65a)와 같이 화자의 위치인 기준점에서 어떤 물체나 사람이 멀어질 때 '가다'로 표현되고, (65b)와 화자의 위치인 기준점으로 움직일 때 '오다'로 표현된다는 것이다. (66)과 (67)은 화자가 움직이는 경우이다. 화자가 목적지(이 경우에는 '학교')로 향해 있지만, 그 목적지에서 떨어져 있을 때는 (66)과 같이 '가다'가 사용되고 '오다'의 사용은 제한된다고 기술하고 있다. 반대로 (67)과 같이 화자가 이미 목적지에 도착했을 경우에는 '오다'는 사용할 수 있지만 '가다'는 사용할 수 없다고 한다.

다음은 의문문의 경우를 보도록 하자. 이기동 (1977)은 의문문의 경우, 청자의 위치가 기준점이 될 수 있다고 말한다. (68)은 A와 B가 전화로 대화하고 있는 경우이다.

---

49) 여기에서는 '어 있다'는 동작·작용이 완료한 후의 상태가 지속하는 것을 나타낸다. 서정수(1996:655)는 '어 있다'를 결과상 보조용언이라고 분석하고 있다. 한편, 일본어에서는 '行く, 来る, 帰る'와 같이 이동동사의 テイル形은 그 문장의 주어가 '~に/へ'로 나타나는 장소로 이동하고, 그 결과 기준시에 그 장소에 있다는 것을 나타내고, 이는 변화동사의 テイル形이 변화 결과의 상태 계속을 나타내는 것과 같다(이오리·다카나시·나카니시·야마다(庵·高梨·中西·山田)2000:56). 이렇게 생각해 보면 '어 있다'가 '오다/来る', '가다/行く'에 붙는 경우에는 동일하다는 것을 알 수 있다.

(68) A 철수가 그 곳에 와 있나?
    B 그래, 와 있다.

(이기동 1977:146)

(68)에서 A의 발화는 의문문이다. 이기동 (1977)은 이 경우, 기준점은 화자인 A가 있는 위치가 아니라 청자인 B의 위치가 될 수 있다고 말한다. 왜냐하면 서술문과 같이 화자의 위치(A)가 기준점이라면 '오다'가 사용될 수 없기 때문이라는 것이다. 하지만 김성화(1990:150)에서도 지적하고 있듯이 (68)A의 의문문은 '오다'뿐만이 아니라 '가다'도 사용 가능하다. 다음의 예문을 보도록 하자.

(68)′ A : 철수가 거기에 {와/가} 있니?
     B : 그래, 거기에 {와/*가} 있다.

(김성화 1990:150)

김성화(1990)는 (68)′ A의 질문이 '오다'를 사용한 경우에는 '거기에 화자가(질문자)는 없지만, 화자의 관심이 놓여 있는 심리적 영역이고 존재세계에 대한 자기중심성(egocentricity)의 반영이고, 일종의 감정이입(empathy) 또는 동일시(identification)와 관련된다'(p.150)라고 한다.[50] 한편 (68)′ A에서 '가다'를 사용한 경우, '거기'는 화자의 영역이 아니라 단지 동작주가 화자의 영역에서 떨어져 도착하는 장소에 있다고 한다. 즉, (68)′ 의 '오다'와 '가다'는 둘 다 청자의 위치로 이동하는 것을

---

50) 김성화(1990)에서는 언급하지 않고 있으나〈직시적 투사〉(deictic projection)가 일어나고 있다고 생각할 수 있다. 〈직시적 투사〉란 화자가 마치 다른 장소에 있는 듯이 행동하는 것을 말한다(Yule 1996:12-13).

나타내기 때문에 청자로의 위치 이동은 '오다'와 '가다'의 의미 차이를 설명하는 기준점이 될 수는 없다.

다음은 표 13의 ii. 동작 계속을 나타내는 '가다'에 대해 살펴보기로 한다. '동작 계속'을 나타내는 경우에는 (69)와 (70)에서 제시한 것과 같이 발화시(현재)가 기준점이 되는 경우와 (71)과 같이 과거의 어떤 시점이 기준점이 되는 경우가 있다. 이기동(1977)은 과거에서 현재까지 동작이 계속되는 경우에는 (69)와 같이 '오다', 현재에서 미래로 동작이 계속되는 것이 예상되는 경우에는 (70)과 같이 '가다'가 사용된다고 설명한다.

(69) 창수는 <u>작년부터</u> 열심히 공부해 {*가/오}고 있다.
(70) 창수는 <u>내년부터</u> 부지런히 공부해 {가/*오}겠다고 한다.

(이기동 1977 : 149)

이기동(1977)은 이와 같이 현재가 기준점이 되는 경우뿐 아니라 과거의 어느 시점도 기준점이 될 수 있다고 말한다.

(71) 영국은 1945년까지 많은 영토를 잃어 왔고, 그 이후에도 잃어 갔다.

이기동 (1977)은 (71)에 대해 과거의 시점인 1945년이 기준점이고 그때까지의 상태 변화나 동작 계속은 '오다'로 나타내고, 1945년 이후는 '가다'로 나타낸다고 설명하고 있다. 즉 한국어의 '가다/오다'는 발화시 또는 과거의 어느 시점을 기준시로 하고 과거에서 현재까지는 '오다', 발화시에서 미래는 '가다'로 나타낸다고 말할 수 있다.

마지막으로 표 12의 ⅲ. 상태 변화에 대해 보도록 한다. 이기동 (1977)은 '상태 변화'를 나타내는 '가다/오다'는 두 개의 기준점이 있다고 말한다. 하나는 '정상 상태'가 기준점이 되는 경우인데, 이 경우 '가다'는 '정상에서 멀어질 때'를 나타내고 '오다'는 '어떤 상태가 정상 상태로 될 때'라고 분석하고 있다. 또 다른 하나는 '바라거나 예상되는 상태'가 기준점이 되는 경우인데 이 경우 '가다'는 '화자의 생각과는 관계없이 상태가 서서히 변화하는 과정'만을 나타내고 '오다'는 '어떤 것이 바라거나 예상되는 상태가 될 때'를 나타낸다고 한다. 다음의 예문 (72)와 (73)은 정상상태가 기준점이 되는 경우의 예이다. (72)는 정신을 잃은 상태에서 정신이 돌아온 상태를 나타내고 (73)은 정상적인 정신 상태에서 이상하게 되는 것을 나타내고 있다.

(72) 이제야 정신이 돌아왔다.
(73) 그 사람의 머리가 점점 돌아가고 있다.

(이기동 1977 : 151)

이기동 (1977)은 (72)와 같이 이상했던 것이 정상 상태로 되는 경우에는 '오다'로 나타내고 (73)과 같이 변화한 상태가 정상 상태에서 벗어나는 것을 의미할 경우에는 '가다'로 나타낸다고 설명하고 있다. 정상 상태에서 나쁜 쪽으로의 변화를 나타내는 '가다', 정상상태로 돌아오는 것을 나타내는 '오다'는 영어의 'go/come' 용법과 유사한 점을 보인다.[51]

---

51) 상태 변화를 나타내는 'go/come'가 정상상태에서 나쁜 쪽으로의 변화, 또는 좋은 쪽으로의 변화(정상상태로 돌아오는 경우 포함)라고 분석한 연구로 Clark(1974)가 있다. 예를 들면 "The milk went sour.", "They went mad."의 'go', "He came round.", "He came to this senses."의 'come' 등. 이기동

또 이기동(1977)은 다음의 (74)와 같이 '오다'는 어떤 상태가 화자가 바라는 쪽으로 변화하는 것을 나타내고, '가다'는 화자가 바라지 않는 방향, 또는 화자의 기대와는 관련이 없는 방향으로서의 변화를 나타낸다고 한다.

    (74) a. 온돌이 과열되어 창문을 열고 물을 뿌린 후 온도가 내려가고 있는 상황
           온돌이 점점 식어 온다.
       b. 상황 : 추운데 온돌방의 온도가 내려가고 있다
          온돌이 점점 식어 간다.

                                  (이기동 1977 : 153)

(74a)와 (74b)는 '온돌이 식는다'라는 사태는 같지만 어떤 상황인가에 따라 '오다' 또는 '가다'가 선택가능하다. 이기동(1977)은 (74a)는 온돌이 과열되어 너무 뜨거워서 잠을 잘 수 없고 화재의 위험도 있어서 온돌이 식기를 바라는 경우인데, 이 경우에는 (74a)와 같이 '오다'가 쓰인다고 한다. 반대로 추운데 온돌의 온도가 낮고 화자는 온돌이 식는 것을 바라지 않는데 온도가 내려가는 경우에는 (74b)와 '가다'를 사용하는 것이 어울린다고 설명하고 있다. 박선옥(2002), 권순구(2005), 배수자(2007) 등에서는 이 용법을 법성 용법으로 보고 있다. 3.2.4에서 이 용법에 대해 선행 연구의 문제점을 지적하고 필자의 견해를 논한다.

지금까지 이기동(1977)을 개관했다. 이기동(1977)은 '공간 용법'에서는 화자의 위치를 기준으로 멀어지면 '가다'가, 가까워지면 '오다'가 사

(1977:157-158)에서도 비슷한 지적을 하고 있다.

용되는 것과 마찬가지로 '동작 계속'에서는 발화시를 기준으로 과거에
서 현재까지는 '오다'가, 현재에서 미래로는 '가다'가 사용된다고 분석하
고 있다. 또한 '상태 변화'를 나타낼 경우에는 정상 상태가 기준점이 되
어 나쁜 쪽으로의 변화는 '가다'가, 좋은 쪽으로의 변화는 '오다'가 사용
된다고 한다. 다음 항에서 개관하는 선행 연구가 보조동사 '어 가다/오
다'만을 분석대상으로 한 것에 비해 본동사 '가다/오다'와 보조동사 '어
가다/오다'를 나누지 않고 분석한 이기동(1977)의 분석은 이 논문에 시
사하는 점이 크다. 즉, '공간 용법'을 기본적 의미로 하고 '동작계속'과
'상태 변화'를 확장된 의미로 보고 각 용법에는 기준점이 있으며, 그 기
준점을 중심으로 '가다'와 '오다'가 역방향이라는 점은 이 논문에서의 고
찰과 비슷한 견해이다. 또 '상태 변화'의 의미를 가지는 '가다/오다'를
정상 상태와 화자가 바라는 상태나 예상되는 상태로 나누어 분석한 점
도 필자의 견해와 동일하다.

　그러나 이기동(1977)에서는 '상태 변화'를 나타내는 '가다'가 나쁜 쪽
으로의 변화나 화자의 기대와는 관계가 없는 변화라는 두 가지 의미가
있다는 점에 대해서는 언급하지 않고 있다. 필자는 이 점에 대해서 '가
다'의 〈직시성〉과 관계가 있다고 생각한다. 자세한 고찰은 3.2.4.1에서
하기로 하고 다음 항에서 '어 가다/오다'와 동일하게 '진행'을 나타내는
보조동사 '고 있다'와 의미를 비교한 손세모돌(1996)을 개관한다.

3.2.2 '어 가다/어 오다/고 있다'의 의미 비교

　'어 가다/오다'를 진행조동사로 분석한 오래된 문헌으로서 최현배
(1937/1976)가 있다. 최현배(1937/1976:518-521)는 '오다'를 과거진행조

동사, '가다'를 미래진행조동사, '있다'를 현재진행조동사라고 보고 있다. 그 후 '가다/오다'는 '고 있다'와 같이 '지속/진행'을 나타낸다고 논하여져 왔다. 예를 들면, 서정수(1996)는 '지속'의 보조용언으로서 '어 가다/어 오다/고 있다'를 같은 범주에 넣고 분석하였고, 김성화(1990)는 진행성 지속상, 남기심・고영근(1991)에서도 진행으로 보고 있다. 이 항에서는 보조동사 '어 가다/오다'를 '고 있다'와 대조하고 그 의미를 분석한 손세 모돌(1996)에 대해 개관한다. 손세모돌은 '어 가다/어 오다/고 있다'는 지속의 범주에 속하지만 동일한 의미 기능을 가진 것은 아니라고 분석 하고 있다. 예문을 들면서 구체적으로 살펴보도록 하자.

손세모돌(1996)은 보조동사 '어 가다/오다'와 '고 있다'의 차이에 대해, 어떤 동작이 계속되는 '진행'을 묻는 경우, 그 대답으로서 '어 가다/오다' 는 사용될 수 없고, 다음과 같이 '고 있다'만이 사용 가능하고 설명하고 있다.

    (75) 지금 뭐 하니?
        a. *밥 먹어 가 / b. *밥 먹어 와 / c. 밥 먹고 있어.
    (76) 내가 너희 집에 갔을 때, 그 때 뭐 했어?
        a. *밥 먹어 갔어 / b. *밥 먹어 왔어 / c. 밥 먹고 있었어.

(손세모돌 1996:122)

(75)는 현재 동작이 진행하는 경우이고, (76)은 과거의 어떤 시점에서 의 동작이 진행하는 경우인데, 양쪽 다 '고 있다'만 사용가능하다. 손세 모돌(1996)은 이러한 점을 통해 '고 있다'는 동작의 진행을 기본적 의미 로 하고 있지만, '어 가다/오다'는 진행을 기본적 의미로 하고 있지 않다

는 사실이 나타난다고 말한다. 필자는 '어 가다/오다'가 (75)(76)과 같은 문장에서 비문이 되는 것은 '고 있다'가 어떤 시점이라는 매우 한정된 시간내에서 쓰이는 것에 반해, '어 가다/오다'는 어떤 시점으로부터 어떤 시점까지라는 어느 정도 시간의 경과를 동반하는 과정으로 쓰여졌기 때문이 아닐까 생각한다. 이것은 '어 가다/오다'가 '지금'이나 '그때' 등 특정한 어떤 시점을 가리키는 부사와 공기하기 어렵다는 점에서도 알 수 있다.

또 손세모돌(1996)은 '어 가다'에 '완성'이라는 도달점을 향한 '지속'과 미래를 지향점으로 한 행위의 '지속'의 용법이 있다고 분석하고 있다. 먼저 전자의 경우를 보도록 하자. 다음의 (77a)에서 행위의 완료를 묻는 경우에 동작이 완전히 이루어지지는 않았으나 어느 정도 완료된 경우, 그 대답에 (77a)과 같이 '어 가다'가 사용되며, 이때 '어 오다'와 '고 있다'는 사용되지 않는다고 기술하고 있다.

  (77) 다 먹었니?
    a. 응, 거의 먹어 가.
    b. *거의 먹어 와.
    c. *거의 먹고 있어.

(손세모돌 1996:123)

손세모돌(1996)은 (77a)와 같이 '어 가다'는 '완성'이라는 도달점을 향한 지속적인 행위를 표현할 수 있다는 것을 보여준다고 말하며, 이 용법은 '다', '거의' 등의 부사를 동반하는 조건에서 존재한다고 말한다. 그런데 '어 가다'의 이 용법은 '어 오다'나 'ていく/くる'에는 보이지 않는다.

이 논문의 4.2에서 고찰한다.

　다음의 (78)은 '어 가다'와 '고 있다'가 현재를 출발점으로 하고 미래의 시점을 향한 행위의 지속을 나타낼 때의 예이다.

　　(78) 이제부터 뭐 할거야?
　　　　a. ?공부나 해 갈거야.
　　　　b. *공부나 해 올거야.
　　　　c. 공부나 하고 있을 거야.

(손세모돌 1996:125)

　질문 "이제부터 뭐 할 거야?"라는 대답으로서 자연스러운 것은 (78c)의 '고 있다'이지만, (78a)의 '어 가다'는 약간 어색하지만 사용 가능하고, (78b)의 '어 오다'는 사용할 수 없다. 이러한 점에서 손세모돌(1996)은 '어 가다'는 미래를 지향점으로 한 행위의 지속을 나타내고, '어 오다'는 과거에서 기준시까지의 지속을 나타낸다는 견해이다. 이때 '어 가다'가 현재를 기준점으로 하여 이후 계속되는 동작 표현에 사용되기 위해서는 'ㄹ 것이다', '겠다'와 같은 미래를 나타내는 보조동사가 붙어야한다(서정수 1990:40, 재인용).

　다음의 예는 과거로부터의 지속적인 행위를 나타낼 때인데, '어 오다'는 사용가능하지만 '어 가다'가 사용되면 비문이 된다. 그 이유에 대해 손세모돌(1996)은 '어 오다'는 시간적인 도달점을 가지지만, '어 가다'는 기준시 이전부터 지속을 표시할 수 없기 때문에 제약된다고 설명하고 있다.

(79) 공부 안하고 {여태까지/지금까지/그 때까지} 뭐 했니?
    a. *원고를 써 갔지.   b. 원고를 써 왔지.
    c. *그냥 살아 갔지.   d. 그냥 살아 왔지.

(손세모돌 1996 : 124)

지금까지 보조동사 '어 가다/오다'와 '고 있다'를 비교·대조하고 있는 손세모돌(1996)에 대해 개관했다. 손세모돌(1996)의 분석과 앞에서 개관한 이기동(1977)의 분석을 비교해 보면, 현재 또는 과거의 어느 시점을 기준시로 '어 오다'는 과거에서 현재, 또는 과거의 어느 시점까지의 '동작 계속'을 나타내고, '어 가다'는 현재에서 미래 또는 과거의 어느 시점으로부터의 동작을 나타낸다는 점은 상통하고 있다. 여기에 덧붙여 '어 가다'에는 완성이라는 도달점에 향한 지속이라는 용법이 있다. 하지만, 이기동(1977)과 손세모돌(1996)의 어느 쪽 연구에서도 선행 용언과의 관계에 대해서는 명확하지 않다. 다음 절에서는 박선옥(2002)을 중심으로 '어 가다/오다'의 상적 의미와 선행 용언과의 관련을 보도록 하겠다.

3.2.3 보조동사 '어 가다/오다'의 상적 의미

이 절에서는 선행 연구를 중심으로 '어 가다/오다'의 상적 의미에 대해 살펴본다. 보조동사 '어 가다/오다'의 상적 의미로서 분석하고 있는 선행 연구는 최현배(1937)를 비롯하여 김성화(1990), 서정수(1996), 박선옥(2002), 권순구(2005), 배수자(2007)등 많이 있는데, 이들 선행 연구에서는 '어 가다'와 '어 오다'의 상적 의미를 '진행' 또는 '지속'이라고 보는 공통된 견해가 보인다. 예를 들면 김성화(1990)는 '어 오다'를 '누적성 진행', '어 가다'를 '감소성 진행'으로 분석하고 선행 용언에 따라 진행 내지는 지속으로 분석하고 있다. 또 권순구(2005)는 동작 과정, 상태 변화, 단속적인 반복으로 나누고 있는데, 전부 '진행'으로 보고 있다. 이에 비해 배수자(2007)에서는 '진행'과 '상태 변화의 지속'의 두 가지 의미로 나누고 있다. 여기에서는 선행용언에 따라 다섯 가지로 하위 분류한 박선옥(2002)을 개관하기로 한다. 박선옥(2002)의 분석은 다른 연구에서는 언급하지 않고 있는 선행 용언과 상적 의미와의 관계를 분석하고 있기 때문이다.

　박선옥(2002)은 '진행'이나 '지속'의 의미는 조금 차이가 있다고 말하며, '진행'과 '지속'의 정의를 다음과 같이 규정하고 있다.

　　진행 : 어떤 과정성이 있는 것이 앞을 향해 나아가는 것.
　　지속 : 어떤 상태가 끊기지 않고 계속되는 것.

(박선옥 2002:101)

　이 정의를 바탕으로 박선옥(2002)은 '어 가다/오다'의 상적 의미와 선행 용언과의 관계를 분석하고 있는데, 그것을 정리한 것이 다음의 표 13이다.

표 13　　'어 가다/오다'의 상적 의미와 선행 용언　　　　(박선옥 2002)

선행용언	어 가다	어 오다
종결점을 상정할 수 있는 동사	① 진행 (예80a)	① 진행 (예80b)
종결점을 상정하기 어려운 동사	② 지속 (예81a)	② 지속 (예81b)

(명확한 언급 없음)	③ 반복 (예82a, b)	③ 반복 (예82c)
[＋상태성]의 의미를 가지는 동사	④ 상태 변화 (예83a)	④ 과거에서 기준시까지의 지속 (예83b)
형용사 또는 '형용사＋지다'	⑤ 상태 변화과정의 지속 (예84)	⑤ 상태 변화 또는 지속 (예85, 86)

표13에서 보듯이 박선옥(2002)은 보조동사 '어 가다/오다'에 '진행' 또는 '지속'의 상적 의미가 있다고 말하고 선행 용언에 따라 세분화하고 있다는 점에서 의의가 있다고 생각한다. 하지만 박선옥(2002)은 ③ 반복을 나타내는 경우의 선행 용언에 대해서는 명확히 기술되어 있지 않고, 종결점을 상정할 수 있는 동사나 [＋상태성]의 의미를 가지는 동사란 구체적으로 어떤 동사인지 언급되어 있지 않다. 또 박선옥(2002)은 '어 가다'의 상적 의미를 '진행' 또는 '지속'으로 구별하고 있는데, 과연 이 구별은 유효한 것인지 의문이다. 이 점에 관해서는 박선옥(2002)을 개관하면서 검토하기로 한다.

다음의 (80)은 '진행', (81)은 '행위 지속'을 나타내는 예로서 박선옥(2002)이 든 예이다. (80a)(81a)는 '어 가다'가, (80b)(81b)는 '어 오다'가 각각 사용되고 있는 예이다.

(80) a. 비가 그쳐 간다.

　　 b. 철수는 4년 동안 테니스를 쳐 왔다.

(81) a. 눈이 쌓여 간다.

　　 b. 그는 고된 훈련을 견뎌 왔다.

(박선옥 2002:101,108)

박선옥(2002)은 (80a)의 '그치다'와 같이 종결점을 상정할 수 있는 동사가 '어 가다/오다' 앞에 오면 '진행'의 의미를 나타내고 (81a)의 '쌓이다'와 같이 종결점을 상정하기 어려운 동사가 앞에 오면 '지속' 의미를 나타낸다고 설명한다. 또 (80b)는 철수가 테니스를 하는 행위가 지금까지 계속해서 행해져 있음을 나타내고, (81b)는 시간상 현재를 기준점으로 과거의 어느 시점에서 현재까지의 행위 지속이라고 설명하고 있다.

그러나 필자는 박선옥(2002)의 분석에 의문을 제기한다. 박선옥(2002)은 '어 가다'와 '어 오다'의 상적 의미를 '진행' 또는 '지속'으로 구별하고 있는데, 이 둘은 미묘한 의미의 차이는 있지만 어느 경우도 동작이 계속하는 점에서는 변함이 없다. 따라서 이 논문에서는 '진행'이나 '지속'의 구별을 하지 않고, '동작 계속' 하나로 보고 고찰하고자 한다(고찰은 제4장을 참조).

다음으로 표13의 ③반복을 나타내는 경우를 보기로 하자. 박선옥(2002)은 보조동사 '어 가다'가 행위의 단속적인 반복표현에도 사용된다고 말하고, 다음의 예를 들고 있다.

(82) a. 우리 소는 일년에 한 마리씩 새끼를 낳아 갔다.
　　 b. 밤이 깊어지자 전등이 하나 둘씩 꺼져 갔다.
　　 c. 우리는 한 달에 한 번씩 모여 왔다.

(박선옥 2002: 102,109)

박선옥 (2002)은 예(82a)와 (82b)의 '어 가다'와 (82c)의 '어 오다'에 대해 행위의 단속적인 반복을 나타낸다고 하고, 이를 '지속'이라고 분석하고 있다. 필자는 표13의 ②와 예(81)의 '지속'과 구별하기 위해, 이

경우의 '어 가다/오다'는 '반복'으로 분류한다. (82a)의 '낳다', (82b)의 '꺼
지다'는 이른바 순간동사인데, 이들 동사가 '가다'와 결합하면 단속적인
반복을 나타내는 의미로 해석되는 것이 아닌가 생각되기 때문이다. 또
(82c)의 '모이다'는 순간동사가 아니지만 부사 '한 번씩'에 의해 반복의
의미가 나타났다고 생각할 수 있다.

지금까지 표 13의 ①~③의 경우에는 '어 가다'와 '어 오다'의 상적 용
법이 동일한 경우에 대해 살펴 보았는데, 다음에는 '어 가다'와 '어 오다'
의 상적 용법이 다른 경우인 ④와 ⑤에 대해 예문을 들며 보도록 한다.

박선옥 (2002)은 '어 가다'는 (83)과 같이 [+상태성]의 의미를 가지는
동사가 오면 '상태 변화'를 나타내고 형용사 또는 '형용사+어지다'가
'어 가다/오다' 앞에 붙으면 어떤 상태로 변화해가는 과정의 지속을 나
타낸다고 말한다.

(83) a. 그도 내 말을 믿어 간다.
　　 b. 그는 그녀에게 사랑을 느껴 왔다.

(박선옥 2002: 103,109)

박선옥 (2002)은 (83a)의 '믿다', (84b)의 '느끼다'등은 [+상태성]의 의
미를 가지는데 이들 동사가 보조동사 '어 가다/오다'와 결합하면 '어 가
다'는 '상태 변화'의 의미를 나타내지만, '어 오다'는 '어떤 시간을 기준점
으로 과거에서 기준점까지의 지속'을 나타낸다고 설명한다. 즉, 같은
[+상태성]의 의미를 가진 동사가 선행용언으로서 올 경우, '어 가다'는
'상태 변화'를 나타내고, '어 오다'는 '상태 지속'을 나타낸다는 것이다.

마지막으로 표 13의 ⑤ 형용사 또는 '형용사+어지다'가 '어 가다/오

다' 앞에 붙는 경우를 살펴보자. 먼저 '어 가다'를 보기로 한다. 다음의 (84)는 '깊다', '희미하다' 등의 형용사가 선행 용언으로서 오는 경우이다.

(84) a. 밤이 깊어 간다.
  b. 별빛이 점점 희미해 간다.

(박선옥 2002:104)

박선옥(2002)은 (84a)에 대해 보조동사 '어 가다'는 밤이 깊은 상태로 변화하고 있음을 나타내고, (84b)는 별빛이 희미한 상태로 변화하는 과정의 지속을 나타낸다고 설명하고 있다.

지금까지 살펴본 바와 같이 박선옥(2002)은 형용사가 '어 가다'의 선행 용언으로 올 경우, '어 가다'는 상태가 변화하는 과정의 '지속상'을 나타내는 용법이 있다고 분석하고 있다. 하지만 '어 오다'는 다음과 같이 두 가지 상적 의미가 보인다고 말한다. 다음의 (85)는 상태 변화의 과정에 초점이 있는 '상태 변화'의 의미를 나타내고 있는데, (86)은 어떤 상태가 일정기간 '지속'됨을 나타낸다고 한다.

(85) a. 새벽이 밝아 온다.
  b. 그 이야기를 듣고 난 후 내 마음이 아파 왔다.
(86) a. 그가 (항상) 옳아 왔다.
  b. 쇠고기 값은 (항상) 비싸 왔다.

(박선옥 2002:109-110)

하지만 박선옥이 예로 들고 있는 (86)은 한국어로서 자연스러운지 의

구심이 든다. 형용사가 '어 가다/오다'에 붙을 수 있는 것은 일본어의 'ていく/くる'와 다른 점인데 한국어에서도 모든 형용사가 선행용언으로서 올 수 있는 것은 아니다. 즉, 일본어의 'ていく/くる'가 동사만 앞에 붙을 수 있고, 형용사의 경우에는 '~く(に)なる'형태로서만 붙을 수 있는 제약이 있다. 하지만 한국어의 '어 가다/오다'는 선행용언으로서 동사 이외에 [+변화를 나타내는 형용사가 올 수 있는 경우가 있다(이기동 1977, 손세모돌 1996, 박선옥 2002, 권순구 2005, 배수자 2007 등)52).

　　지금까지 한국어의 '어 가다/오다'의 상적 의미에 대해 박선옥(2002)을 중심으로 개관했다. 본 항에서 개관한 박선옥(2002)과 앞 항에서 개관한 이기동(1977)과 손세모돌(1996)의 분석을 바탕으로, '어 가다/오다'의 상적 의미를 생각하면 다음과 같이 정리할 수 있다. '어 가다'의 상적 의미는 동작 계속, 완성이라는 도달점을 향한 지속, 반복, 상태 변화 지속의 네 가지로 생각할 수 있다. 한편 '어 오다'의 상적 의미는 동작 계속, 반복, 상태 변화의 지속의 세 가지로 생각할 수 있을 것이다. 자세한 고찰은 제4장에서 일본어의 'ていく/くる'와 비교・대조하면서 하기로 하고, 다음 절에서는 법성적 의미를 나타내는 '어 가다/오다' 관해 고찰하고 있는 선행 연구를 개관한다.

---

52) 손세모돌(1996)에서는 [+변화]형용사는 '어 가다/오다' 앞에 올 수 있다고 기술하고 있다. 그 예로 '검다, 푸르다, 어둡다, 밝다, 시끄럽다, 고요하다, 높다, 차다, 덥다, 낮다, 작다, 많다' 등을 들고 있다. 한국어의 '어 가다/오다' 앞에 올 수 있는 형용사는 [+정도(degree)]의 성질을 가진 형용사(나카다 세이치(中田淸一) 씨, pc. 2008.5)가 아닌가 생각되지만, 이들 형용사 모두가 '어 가다/오다'의 선행 용언으로 올 수 있는 것은 아니다. 신뢰할 수 있는 조사가 필요한 부분이다.

3.2.4 보조동사 '어 가다/오다'의 법성적 의미

앞 절에서 선행 연구에 의한 보조동사 '어 가다/오다'의 상적 의미에
대해 개관했다. 이 들 선행 연구에 의한 '어 가다/오다'의 법성적 의미는
크게 두 가지로 집약된다. 즉, '어 가다'에 [−긍정] 또는 [+긍정]을 나타
내는 의미가 있는가, 그리고 '어 오다'가 주관적 표현이고, '어 가다'가
객관적 표현이라는 두 가지 관점이 그것이다. 다음 항의 3.2.4.1는 '어
가다'의 법성적 의미에 대해서 서로 상반되는 견해로 논하고 있는 선행
연구(박선옥 2002, 배수자 2007)를 개관한 후 이들의 문제점을 지적하
고 필자의 견해를 논한다. 그리고 3.2.4.2에서 '어 오다'의 법성적 의미
에 대해 고찰하고 있는 선행 연구에 대해 보기로 한다.

3.2.4.1 '어 가다'의 법성적 의미

이기동(1977)이 정상 상태에서 멀어지든지 화자가 바라지 않는 쪽으
로의 변화를 나타내는 의미가 있다(3.2.1를 참조)고 지적한 후, 많은 연
구에서 보조동사 '어 가다'에 [±긍정적 평가]의 의미가 있는가 없는가에
대한 논의가 끊이지 않고 있다. 예를 들면 박선옥(2002)에서는 [−긍정]
을 나타낸다고 보고, 배수자(2007)에서는 [+긍정적 의미]와 [−긍정적
의미]가 있다고 주장하고 있다. 이에 반해 권순구(2005)는 이러한 의미
는 없고, 단지 객관적으로 '진행' 또는 '지속'의 의미를 나타낸다고 한다.
먼저 박선옥(2002)부터 보도록 하자. 박선옥(2002)은 문장 명제내용의
'진행' 또는 '지속'에 대해 화자가 좋지 않다고 판단한 경우에 그 방향으
로 변이해 가는 것을 보조동사 '어 가다'로 나타내는 경우도 있다고 말하
고 있다. 다음의 (87)과 (88)은 박선옥(2002)이 들고 있는 예이다.

(87) 날이 더워서 꽃이 시들어 간다.
(88) 그는 점점 야위어 간다.

(박선옥 2002:104)

박선옥(2002)은 (87)(88)에 대해 문장 명제내용, 즉 (87)은 '꽃이 시들다', (88)은 '그가 야위다'를 화자가 바라지 않거나 좋지 않다고 생각할 때 보조동사 '어 가다'로 나타낸다고 설명하고 있다. 그러나 박선옥(2002)은 다음의 예문을 들어, '어 가다'의 선행 용언의 의미가 [−긍정]을 나타내는 경우만 사용할 수 있는 것은 아니라고 덧붙이고 있다.

(89) 물가가 해마다 높아 간다.
(90) 경제가 점점 회복되어 간다.

(박선옥 2002:104)

박선옥(2002)은 (89)의 '물가 인상'이라는 것은 일반적으로 사람들이 바람직하지 않은 것으로 보고 (90)의 '경제회복'은 바람직한 것으로 볼 수 있는데, 양쪽 다 '어 가다'가 사용되는 것은 화용적 맥락에 의존하기 때문이라고 설명하고 있다. 즉, 박선옥(2002)은 명제 내용의 진행 또는 지속에 대해 화자가 좋지 않다고 판단한 경우에 법성적 의미가 나타난다는 견해이다.

다음으로 '어 가다'에 [+긍정적 의미]와 [−긍정적 의미]가 있다고 주장한 배수자(2007)를 개관한다. '어 가다'의 법성적 의미에 대해 배수자(2007)는 보조동사 '어 가다'의 법성적 의미를 [±긍정적 평가]라고 보고 있다. 박선옥(2002)은 [+긍정]의 의미는 화용적 맥락과 관계가 있다고

분석하고, 배수자(2007)는 앞에 오는 선행용언의 의미에 의해 [+긍정
적 평가] 또는 [−긍정적 평가]로 해석할 수 있다고 분석하고 있다. 다음
의 (91)은 배수자(2007)가 예로 든 [−긍정적 평가]의 예이고, (92)는 [+
긍적적 평가]를 나타내는 예이다.

    (91) 교실 안이 점점 식어 간다.
    (92) 시험 성적이 해마다 올라 간다.

(배수자 2007:169)

배수자(2007)는 (91)의 명제내용은 화자에게 있어 좋지 않고, 바라지
않고, 바람직하지 않다는 [−긍정적평가]로 판단되지만, (92)에서는 화
자가 명제내용에 대해 바람직하다고 인식·평가하고 [+긍정적평가]를
하고 있다고 설명하고 있다.

지금까지 박선옥(2002)와 배수자(2007)가 말하는 '어 가다'의 법성적
의미에 대해 개관했다. 두 연구는 '어 가다'가 [−긍정적 평가]를 가지고
있다는 점은 동일한 견해인데, [+긍정적 평가]에 대해서는 화용적 맥락
으로 보는가, 본용언에 의한 의미로 보는가가 다른 점이라고 할 수 있
다. 하지만 이들 연구의 분석 방법에는 문제가 있다고 생각한다.
필자는 '어 가다'의 이와 같은 의미는 공간 이동의 '가다'의 〈직시성〉
과 깊은 관계가 있다고 생각한다. 그리고 또 하나의 중요한 점은 각
문장의 의미에서 [+긍정]인지, [−긍정]인지를 논하는 것이 아니라 정
상상태로부터의 이탈인지, '화자의 판단 또는 평가'로부터 떨어져 있는
가를 생각해야만 할 것이다. 자세한 고찰은 본 항의 마지막에 자세히

논하기로 하겠다.

다음은 권순구(2005)에 대해서 개관하도록 한다. 권순구(2005)는 박
선옥(2002)과 배수자(2007)와는 달리 보조동사 '어 가다'에 [±긍정적 평
가] 의미는 없고 단지 객관적으로 '진행' 또는 '지속'의 의미를 나타내고
있다고 주장하고 있다. 이하, 한국어의 '어 가다'에 [±긍정적 평가]가 없
고 객관적 서술의 법성적 의미가 있다고 주장한 권순구(2005)에 대해
예문을 들면서 보도록 한다.

(93) a. 김치가 시어 간다.
b. 김치가 맛들어 간다.

(권순구 2005:67)

권순구(2005)에 의하면 '어 오다'가 부정적 평가의 법성적 의미를 전
혀 가지고 있지 않으나 '어 가다'는 미련이나 바라지 않는 심리적 태도를
읽을 수 있는 경우도 있다는 것이다. 하지만 항상 부정적 평가의 의미를
나타내는 것은 아니기 때문에 (93a)에 대해서는 설명할 수 있지만, (93b)
에 대해서는 설명할 수 없다고 지적하고 있다. 또 (93a)에 대해서도 '신
김치'를 좋아하는 사람에게는 부정의 의미라고는 할 수 없고, 단지 진행
의 의미로밖에 해석할 수 없다고 설명한다.

권순구(2005)는 이와 같이 '어 가다'가 부정적 평가에서만 사용되는
것이 아니라 화자의 판단에 의해 (93a)와 같은 문장은 [+ 긍정적 평가]
로도, [- 긍정적 평가]로도 볼 수 있기 때문에 '어 가다'에는 [±긍정적
평가]라는 의미는 없다는 것이다. 따라서 '어 가다'의 법성적 의미를 '화
자나 서술 주체에서 멀어지는 상황 또는 객관적 기술을 할 때 사용된다

(p.68)고 주장하고 있다. 다음의 (94)와 (95)는 권순구(2005)의 예이다.

　　(94) 방안이 점점 식어 간다.
　　(95) 덕순이는 나를 믿어 갔다.

(권순구 2005:68)

　권순구(2005)는 (94)에 대해 방이 식어 가는 상황이 진행되는 것을 객관적으로 바라보는 것으로 해석되고, (95)는 제3자의 행위에 대해 객관적인 태도가 나타난다고 설명하고 있다.

　지금까지 '어 가다'의 [±긍정적 평가]라는 법성적 의미에 대해 서로 다른 견해를 보이는 세 가지의 연구(박선옥 2002, 권순구 2005, 배수자 2007)를 개관했다. 그러나 '어 가다'의 법성적 의미에 대해 말한다고 한다면, 이들 세 연구의 의미 분석에는 방법론적인 문제가 있다. 즉, 개개의 문장을 보고 [＋긍정] 또는 [－긍정]의 의미가 있다고 논하는 방식으로서는 언제까지나 논의가 끊이지 않을 것이다.

　필자는 '어 가다'의 법성적 의미 분석에 있어서 두 가지의 관점, 즉 〈직시성〉과 〈정상상태 직시〉(normal-state deixis)/〈평가 직시〉(evaluative deixis)가 중요한 실마리가 된다고 생각한다. 〈정상상태 직시〉와 〈평가 직시〉는 Clark(1974)로부터 차용한 용어인데, Clark는 이 두 개의 'deictic center'(이후, DC)를 "정상상태 직시에서는 자기(ego)의 확장은 정상 상태이고, 평가 표시에서는 자기(ego)의 확장은 일반적으로 인정되는 상태나 관점이다"[53](p.331)라고 기술하고 있다. 이 점은 '어 가다'

---

53) 원문은 다음과 같다.

를 정상 상태와 바라거나 예상되는 상태가 기준점이 되고 거기에서 멀어짐을 나타낸다고 분석한 이기동(1977)과 일치한다. 하지만 앞서 개관한 박선옥(2002), 배수자(2007), 권순구(2005)에서는 이 두 가지가 구별되어 있지 않다. 이 두 가지를 구별하지 않고 논하는 것은, 그 타당성에 있어서 의문이 생긴다. 또 다른 중요한 실마리는 〈직시성〉이다. '오다'가 항상 직시적인 것에 비해 '가다'는 직시적/비직시적의 두 용법이 있는데(4.1.1을 참조), 이러한 성질은 공간적 이동 뿐만 아니라 확장된 의미에서도 보여진다.

몇 가지의 예문을 들어 검증해 보도록 하자. (96)과 (97)은 〈정상 상태 직시〉이며 직시적인 경우이고, (98)과 (99)는 〈평가 직시〉인 경우이다.

(96) 된장국이 점점 시어 {간다/*온다}
(97) 날이 더워서 꽃이 시들어 {간다/*온다}
(98) 커피가 점점 식어 간다.
(99) 물가가 해마다 높아 간다.   (재게=(89))

(96)은 된장국의 맛이 신 것은 원래의 맛이 변질되었다고 생각할 수 있고, (97)은 꽃이 시든 상태는 생생한 꽃 상태에서 변했다고 생각할 수 있다. 양쪽 다 정상상태에서 나쁜 쪽으로의 변화라고 볼 수 있기 때문에 〈정상 상태 직시〉 그리고 직시적인 경우라고 말할 수 있을 것이다. 한편 (98)과 (99)는 화자의 평가 또는 판단이 가입되는 〈평가 직시〉

"In normal-state deixis, the extension of EGO is to the normal state, as was suggested above. Lastly, in evaluative deixis, the extension of EGO is to the publicly approved state or viewpoint."(Clark 1974:331)

의 경우라고 볼 수 있는데 이 경우에는 직시적/비직시적의 두 가지 경우가 있다고 생각한다. 즉, 어떤 상태에 대해 화자가 '좋지 않고, 선호하지 않으며, 바람직하지 않다'고 판단하는 쪽으로 변화한 경우의 '어 가다'는 직시적, 단지 상태 변화의 과정을 객관적으로 묘사하는 의미를 내포하는 경우의 '어 가다'는 비직시적이다.

또한 이 비직시적인 용법이 있기 때문에 다음과 같이 [+긍정적평개의 의미를 나타내는 경우에서도 '어 가다'가 사용된다고 볼 수 있다.

(100) 경제가 점점 회복되<u>어간</u>다.　　　　　(재게=(90))
(101) 시험 성적이 해마다 <u>올라 간</u>다.　　　　(재게=(92))

그러나 이 경우는 박선옥(2002), 배수자(2007)에서 주장하는 '어 가다'가 [+긍정적 평개를 나타내는 것이 아니라 명제 자체가 좋은 의미이므로 그러한 의미로 해석된다고 보는 것이 타당할 것이다.

지금까지의 고찰로 상태 변화를 나타내는 '어 가다'의 법성적 의미에 대해서 다음과 같이 정리할 수 있을 것이다. 〈정상 상태 직시〉와 〈평가 직시〉의 각 DC에서 멀어지는 경우에는 ('어 오다'와 비교해서) 나쁜 쪽으로의 변화 또는 화자가 바라지 않거나 바람직하지 않다고 생각하는 쪽으로의 변화를 나타내는 경우가 많고,54) 이 경우의 '어 가다'는 직시적이다.

---

54) 영어의 'go/come'도 상태 변화를 나타내는 경우에 동일한 양상을 보인다. Clark(1974)는 관용구 중 'go'가 정상상태(normal state)로부터 멀어지는 변화를 나타내고 'come'가 상태 변화를 나타낼 때 그 도달점은 정상상태라고 분석하고 있다.
　(1) a. Mortimer went out of his mind.
　　 b. Lovelace came back to his senses.　　　　(Clark 1974:317)
　(1a)의 'go'는 정상상태에서 미친 상태로의 변화를 나타내고, (1b)의 'come'은

한편 비직시적인 '어 가다'는 그와 같은 용법이 없고 상태가 서서히 변화
하는 과정을 나타낸다. 따라서 객관적 표현이라고 말할 수 있을 것이다.

3.2.4.2 '어 오다'의 법성적 의미

'어 오다'의 의미에 대해 '지속' 또는 '진행'의 상적 의미가 있다는 것은
앞 절에서 개관한 바와 같이 선행 연구에서 공통적인 견해이다. 그런데
손세모돌(1996), 박선옥(2002), 권순구(2005), 배수자(2007) 등에서는 상
적 의미가 1차적인 의미로 보고 부차적인 의미로 법성적 의미가 있다고
있다고 말하고 있다. 그러나 이들 선행 연구에서는 왜 상적 의미가 1차
적이고 법성적 의미가 부차적인가에 대해서는 언급되어 있지 않다.

'어 오다'의 법성적 의미의 연구 중에서 여기에서는 박선옥(2002)과
권순구(2005)를 개관하도록 한다.55) 박선옥(2002)은 '어 오다'가 화자의
심리적 태도를 나타낸다고 하고, 이를 법성적 의미라고 말한다. 권순구
(2005)에서는 '어 오다'가 주관적 기술을 나타내는 법성적 의미가 있다
고 주장하고 있다. 이들 선행 연구에서는 '법성'의 정의가 언급되어 있지
않은데, 『応用言語学事典(Ⅳ.語用論)』에서는 법성(modality)의 정의에
대해 다음과 같이 규정하고 있다.

「命題や事象がどのような存在の仕方をしているのか、命題や事
象に対して話し手はどのような心的態度を抱いているのかを表す

의식이 없는 상태에서 의식이 돌아왔음을 나타내는데, 이때의 도달점은 정상
상태라는 것이다. 그런데 이 절에서 고찰한 것과 같이 한국어의 '가다'도 영어
의 'go'처럼 정상 상태에서 이상 상태로의 변화를 나타내는 용법이 보인다.
55) 이들 선행 연구에서는 'modality'를 '양태'라고 하였지만, 여기에서는 이 논문의
통일성을 위하여 '법성'이라고 한다.

意味的なカテゴリーである。(명제나 사상이 어떤 존재방식을 가지
고 있는가, 명제나 사상에 대해 화자는 어떤 심리상태를 가지고 있는
가를 나타내는 의미적인 범주이다)」(p.294)

구체적인 예문을 들면서 살펴보도록 한다. 다음의 예는 권순구(2005)
의 예인데, 그는 '어 오다'가 화자 쪽으로 가까워지거나, 내적 감정과
같이 주관적 기술을 나타낼 때 사용된다고 주장하고 있다.

(102) 방안이 점점 식어 {온다/간다.}
(103) 해수욕장 모래사장의 면적이 조금씩 줄어 {왔다/갔다.}

(권순구 2005:69)

권순구(2005)는 (102)와 (103)에 대해 '어 가다'를 사용하면 객관적인
기술이 되지만 '어 오다'가 사용됨으로써 화자의 주관적인 느낌을 더
강하게 나타낸다고 한다. 이와 같이 권순구는 '어 가다'와 객관적 기술,
'어 오다'는 주관적 기술이라는 차이가 있다고 주장하고 있다.
박선옥(2002)에서도 동일한 지적이 보인다. 박선옥은 보조동사 '어
오다'에 상적 의미 이외에 화자의 심리적 태도를 나타내는 법성적 의미
가 있다고 말하며 다음의 예를 들고 있다.

(104) 그는 그녀에게서 사랑을 느껴왔다.
(105) 뼈마디가 아파온다.

(박선옥 2002:110)

박선옥(2002)은 (104)에서 화자는 사랑을 느끼는 서술의 주체인 '그'의

심리를 알고 있는 경우이고 문장 내용과 가까움을 알 수 있다고 말한다. 만약 (104)에서 '어 가다'를 사용하여 '그는 그녀에게서 사랑을 느껴갔다'라고 한다면 화자는 보다 객관적인 입장에서 서술하는 태도를 엿볼 수 있다고 설명하고 있다. 또한 (105)는 뼈마디가 아픈 상태가 화자 쪽으로 지속됨을 나타내는 것으로 특히 화자의 태도가 잘 드러난다고 한다.

지금까지 보조동사 '어 오다'의 법성적 의미에 대해 논하고 있는 박선옥 (2002)과 권순구(2005)를 개관했다. 이들 선행 연구에서는 법성적 의미는 부차적인 의미이며 '어 가다/오다'의 1차적인 의미는 상적 의미라고 주장하고 있다. 그러나 필자는 이러한 견해에는 의문을 느낀다. 즉, 부차적인 의미라기보다는 오히려 '오다'가 항상 화자 쪽으로 가까워지고 '가다'가 화자로부터 멀어지거나 중립적이라는 의미가 본동사에서 보조동사까지 이어져 〈원형〉적 용법인 어떤 장소로부터의 이동에서 어떤 상태/사태로의 이동까지 항상 내포되어 있으며, 그 밑바탕에는 그 말을 사용하는 인간(화자)이 있다고 생각한다.

지금까지 제3장에서는 일본어의 'ていく/くる'와 한국어의 '어 가다/오다'에 대한 선행 연구를 개관하고 각 용법에 대해 살펴 보았다. 이를 통해 얻은 지견은 다음과 같다.

일본어의 'ていく/くる' 용법에 대해 크게 세 가지를 알 수 있었다. 실질적인 장소적 이동인 '공간적 이동'에서 시간적 이동을 동반한 '상적 의미'를 나타내는 용법으로 전용된 점, 'ていく'와 'てくる'의 용법을 비교해 보면 'ていく'에 비해 'てくる'의 용법이 많은 점(기동상, 역행태 용법은 'てくる'에는 보이지만 'ていく'에는 보이지 않는다), 또 'てくる'는 화자의 심적 태도를 나타내는 용법이 있다는 점이다.

한국어의 '어 가다/오다'의 의미·용법에 대해서는 한국 국내의 선행 연구를 중심으로 개관했다. 이를 통해 얻은 지견을 토대로 일본어의 'て いく/くる'와 한국어의 '어 가다/오다'를 비교해 보면 '공간적 이동'에 서 '상적 의미'로 전용된 점은 유사하다. 또 상적 의미에 있어서는 '어 가다/오다'와 'ていく/くる'가 계속상이 있는 것은 동일하지만, 'てくる' 의 〈기동상〉은 한국어의 '어 오다'에는 보이지 않는다는 점이 다르다. 또한 일본어의 'てくる'는 〈역행태〉라는 태(Voice) 기능을 가지는 경우 가 있는데 한국어의 '어 오다'에는 그러한 기능은 보이지 않는다. 다만 이 논문에서는 이 〈역행태〉로 분류되는 'てくる'를 〈심적 직시〉로 보고 고찰을 해 가고자 한다. 왜냐하면 앞에서 살펴보았듯이 이 용법의 'てく る'는 화자의 심리적 태도를 드러낸다고 보기 때문이다.

하지만 이들 선행 연구에서는 'ていく/くる'와 '어 가다/오다'의 의 미·용법에 이러한 차이가 보이는 이유에 대해서는 고찰되어 있지 않 다. 이 논문에서는 표현의 유사점과 차이점은 표면적인 형식의 차이라 기보다는, 더 깊은, 화자의 〈마음〉에까지 파고든 '인지적 활동'의 차이 라는 입장에서 이 문제를 고찰해 보고자 한다. 제4장은 이러한 시점에 서 'ていく/くる'와 '어 가다/오다'의 용법에 대해 비교·대조하고 일본 어와 한국어의 'ていく/くる'와 '어 가다/오다'의 의미 용법이나 사용빈 도가 다른 것은 일본어 화자와 한국어 화자 간의 〈사태파악〉의 차이에 서 기인하는 것에 대해 고찰한다.

제4장
분석과 고찰
: '行く/来る', 'ていく/くる'와 '가다/오다', '어 가다/오다'의 비교·대조

　제3장에서는 일본어의 'ていく/くる'와 한국어의 '어 가다/오다'에 관
련된 선행 연구를 개관하여 그 의미·용법을 정리한 후, 각 선행 연구의
의의와 문제점을 지적했다. 이 장에서는 다음의 네 가지 관점으로 분
석·고찰하고자 한다. 먼저 보조동사의 'ていく/くる'와 '어 가다/오다'
의 의미 용법은 본동사 '行く/来る'와 '가다/오다'에서 온 것으로 보고,
4.1에서는 본동사 '行く/来る'와 '가다/오다'의 ①**〈직시성〉**에 대해 고찰
하고 그 기본적인 의미에서 확장된 의미까지 살펴본다. 4.2와 4.3에서
는 'ていく/くる'와 '어 가다/오다'의 의미를 ②**〈영상도식〉**(image
schema)으로 제시한 후, 'ていく/くる'와 '어 가다/오다'의 용법에 대한
공통점과 차이점을 밝힌다. 또한 대응관계에 있어서 'てくる/어 오다'의
대응이 'ていく/어 가다'에 비해 대응하지 않는 경우가 현저하게 많은
것에 주목하여, 이 같은 차이는 일본어 화자와 한국어 화자가 ③**사태**를
파악하는 인지 자세가 다르기 때문에 기인함을 고찰해 나간다. 마지막
으로 본동사 '行く/来る'와 'ていく/くる'와의 관련성, 그리고 각 용법
의 관계를 ④**의미망**을 통해 제시한다.

4.1 본동사로서의 용법
: '行く/来る'와 '가다/오다'

'ていく/くる'와 '어 가다/오다'의 용법을 고찰하기 전에 본동사 '行く/来る'와 '가다/오다'의 의미·용법에 대해 살펴보기로 한다. 본동사 '行く/来る'와 '가다/오다'는 문법적인 의미를 나타내는 것으로 추상화되는 〈문법화〉의 과정을 거쳐 'ていく/くる'와 '어 가다/오다'의 형태로 여러 용법을 가지게 되었다고 생각할 수 있다. 왜냐하면, 본동사의 '行く/来る'와 '가다/오다'는 'ていく/くる'와 '어 가다/오다'에 각각 의미적 관련성이 깊다고 생각할 수 있기 때문이다. 4.1.1에서는 '行く/来る'와 '가다/오다'의 원형적 용법인 공간 이동을 중심으로 본동사로서의 '行く/来る'와 '가다/오다'의 기본적 성질에 대해 공통점과 상이점을 중심으로 고찰한다. 그리고 4.1.2에서는 '行く/来る'와 '가다/오다'의 확장된 용법에 대해 고찰해 나가도록 한다.

4.1.1 '行く/来る'와 '가다/오다'의 원형적 용법

이 절에서는 '行く/来る'와 '가다/오다'의 본동사로서의 용법에 대해 살펴본다. '行く/来る'와 '가다/오다'의 본동사로서의 용법은 공간적 이동을 나타내는 의미를 〈원형〉(prototype)이라고 말할 수 있는데, 이 공간적 이동을 나타내는 '行く/来る'와 '가다/오다'를 중심으로 고찰하기로 한다. 먼저 '行く/来る'는 이동동사이지만, 다른 이동동사와 그 성질이 다르다는 점에 대해 보기로 하자.

모리타(森田 2002)는 '行く/来る'의 어느 쪽을 선택할 것인가는 '언제

나 자신의 위치에서 행위를 어떻게 보고 있느냐에 따라 좌우된다'고 지
적하며 다음의 예문을 들고 있다.

> (106) a. A氏の車が今あなたのお宅へ移動中です。
>
>   (A씨 차가 지금 당신 집으로 이동 중입니다.)
>
>   b. Aさんの車が今あなたのお宅へ向かって行ったわ。
>
>   (A씨 차가 지금 당신 집으로 향해 갔어.)
>
>   c. もうすぐあなたのお宅へ来ますよ。
>
>   (이제 곧 당신 집으로 올 거예요.)
>
> (森田 2002:233, 밑줄은 필자)

모리타(森田 2002)는 (106a)와 같은 문장은 경찰이나 보도 관계자가
보고하고 있는 듯한 표현으로 단지 정확하게 전달할 뿐인 무미건조한
일본어라고 말한다. 사적인 대화에서라면 화자의 시점에서 A씨의 차
이동을 '向かって行く'(향해 가다)로 해석하여, (106b)와 같이 발화하거
나 청자의 시점에 전이하여 (106c)와 같이 표현한다는 것이다. 모리타
(森田 2002)가 지적하고 있듯이 이동의 '行く/来る'는 수수동사와 같이
인간관계의 행위와 밀접하게 관계가 있으며, 어느 쪽에 화자가 자신의
시점을 두는가에 따라 '行く' 또는 '来る'로 선택되는 점에서 다른 이동
동사와는 그 성질이 다르다고 말할 수 있다.

한국어에도 '가다/오다'라는 이동동사가 있는데, 일본어의 '行く/来
る'와 한국어의 '가다/오다'는 같은 기본적 성질을 가지고 있을까? 일본
어의 '行く/来る'는 어떤 사태를 화자가 어디에서 보고 있는가에 따라
'行く'또는 '来る'를 선택한다는 성질을 가지는데, 이 점은 한국어의 '가

다/오다'도 동일하다. 일본어의 '来る'는 '화자의 시점56)에 다가오는 이동으로서 인식한 경우'를 나타내며, '行く'는 '그 이외의 이동으로서 인식한 경우'를 말하는데, '来る'가 보다 유표적(有標的)인 말이고 '行く'가 보다 무표적(無標的)인 말이다(吉本2002). 한편 한국어의 '가다/오다'는 이 공간적 이동을 나타내는 경우에 '화자의 위치'가 기준점이 되고, 그 기준점에서 멀어질 경우에는 '가다'를, 사람이나 물건이 기준점으로 가까워진 경우에는 '오다'를 사용한다(이기동 1977). 즉, 한일 양언어의 '行く/가다'와 '来る/오다'는 기본적으로 화자 쪽으로 가까워지는가, 멀어지는가하는 역방향성을 갖는다고 생각할 수 있다.

구체적인 예를 들어 일본어의 '行く/来る'와 한국어의 '가다/오다'의 〈직시성〉을 고찰하기 전에 용어에 대해 확인하고자 한다. 이 논문에서는 '시점(視点)'이라는 용어가 가지는 애매성 때문에 '시좌(視座)'를 사용하기로 한다. 요시모토(吉本 2002)는 '언어학 연구에서 시점이라는 동일한 용어가, 특히 어떤 설명도 부연하지 않은 채 다른 의미로 사용되거나 혼동되어 사용된다'(p.20)고 지적하고, 이를 피하기 위해 마쓰키(松木 1992)가 제창한 것처럼 '시좌(視座)'와 '주시점(注視点)'을 구별해야 한다고 주장한다. 마쓰키(松木 1992)가 제창한 '시좌'와 '주시점'의 정의는 다음과 같다.

　　〈視座(시좌)〉 : 「見る場所」「どこ(何)から見ているか」
　　　　　　　　(보는 장소) (어디(무엇)에서 보고 있는가)

---

56) 요시모토(吉本 2002:20)는 '視点(시점)'의 정의에 대해 '어떤 사건/일을 화자가 어디에서 보는가라는 공간적·시간적·심리적인 위치'라고 규정하고 있다.

〈注視点(주시점)〉:「見られる客体(対象)」「どこ(何)を見ているか」

(보이는 객체(대상)) (어디(무엇)를 보고 있는가)

(松木 1992:57)

마츠기(松木 1992)의 제창 및 요시모토(吉本 2002)의 지적은 타당하 다고 생각되며, '시좌'와 '주시점'을 구별함으로써 '시점'이 가지는 애매 함이 개선될 것이다. 이 논문에서는 이 같은 관점에서 '行く/来る'와 '가 다/오다'의 〈직시성〉에 대해 재고찰해 보도록 한다.

'行く/来る'와 '가다/오다'가 직시동사인 것은 많은 연구에서 다루어 져 왔는데, 여기에서는 대표적 연구인 오에(大江1975)와 구노(久野 1978)에 대해 살펴보도록 한다. 오에(大江 1975)는 이동동사 '行く/来 る'와 수수동사 'あげる/くれる/もらう'를 중심으로 일본어와 영어를 비교·대조하고 있는데, '行く/来る'의 〈직시성〉에 대해서는 다음과 같 이 언급하고 있다.

「Fillmore(1972)は、comeは『到達点に傾斜している(Goal-oriented)』 が、goは『出発点に傾斜している(Source-oriented)か傾斜 (orientation)に関して中性的』であるという。…(省略)…日本語の クル・ユクについても同じことがいえる。(Fillmore(1972)는 come 은 도달점에 기울어져 있지만 go는 출발점에 기울어져 있거나 기울임 에 관해 중성적이라고 한다. …(생략)… 일본어의 クル・ユク에 대 해서도 같은 말을 할 수 있다.」(pp.27-28)

즉, 공간 이동 용법에서 'come/来る'에는 직시적인 용법밖에 없지만, 'go/行く'에는 직시적/비직시적인 두 가지 용법이 있다는 것이다.

동일한 견해가 구노(久野 1978)에서도 지적되고 있다. 구노(久野)는 예로 다음의 (107)을 들고 있다. (a)는 하나코(花子) 쪽에 시점을 둔 문장이고, (b)는 다로(太郎) 쪽 혹은 중립적인 시점이라고 설명하고 있다.

(107) a. 太郎が花子に会いに来た。(다로가 하나코를 만나러 왔다.)
      b. 太郎が花子に会いに行った。(다로가 하나코를 만나러 갔다.)
                                        (久野 1978:264)

또 구노(久野 1978)는 '行く'에 중립적인 시점을 나타내는 용법이 있는 것은 다음의 두 문장을 비교하면 확실하다고 한다.

(108) a. *太郎が花子の家を訪ねて来た日は、丁度花子が太郎の家に来た日であった。
      (*다로가 하나코의 집을 방문해 온 날은 마침 하나코가 다로 집에 온 날이었다.)
   b. 太郎が花子の家を訪ねて行った日は、丁度花子が太郎の家に行った日であった。
      (다로가 하나코의 집을 방문해 간 날은 마침 하나코가 다로 집에 간 날이었다.)
                                        (久野 1978:264-265)

구노(久野)에 의하면 (108a)의 부적격성은 앞의 '来タ'가 하나코(花子) 쪽의 시점을 나타내는데, 뒤의 '来タ'는 반대로 다로(太郎) 쪽 시점을 나타내므로 이 두 시점이 서로 모순되기 때문이다. 반면, (108b)는 자연스러운데 이는 '行く'가 중립적인 시점을 나타낼 수 있음을 보여 준다고 설명한다.

오에(大江 1975)와 구노(久野 1978)가 고찰한 것과 같이 일본어의 '来る'는 직시적, '行く'는 직시적/비직시적인 두 용법이 있다고 말할 수 있는데, 한국어의 경우는 어떨까? 이 점에 대해 '行く/来る'와 '가다/오다'를 비교해 보기로 한다. (109a)는 '来る', (109b)는 '오다'가 사용된 문장이고, (110a)와 (111a)는 '行く', (110b)와 (111b)는 '가다'가 사용된 문장이다.57)

(109) a. 韓国の大統領が日本に来た。

b. 한국 대통령이 일본에 왔다.

(110) a. 日本の首相が中国に行った。

b. 일본 수상이 중국에 갔다.

(111) a. 竜馬が行く。

b. 료마가 간다.

---

57) (109)(110)은 작례, (111)은 이케가미(池上2006b:174)에서 인용한 예문인데, 이케가미(池上)는 (111)의 '行く'에 대해서 '단순한 이동을 나타내는 경우'라고 지적하고 있다. 또 "The earth goes round the sun."와 같이 영어의 'go'에도 이동동사로서의 방향성에 대해 한정되어 있지 않은 용법이 있다고 말한다(동,175). 영어의 'go/come'의 〈직시성〉에 대해 야마조에(山添 2004)도 'come'에는 직시적인 용법밖에 없는 것에 비해, 'go'에는 직시적·비직시적의 두 가지 용법이 있다고 고찰하고 있다. 또 이케가미 요시히코(池上嘉彦)씨와의 개인 담화에서 독일어의 'gehen(가다)'과 'kommen(오다)'에 대해서도 같은 현상이 보인다고 한다. 이렇게 생각해 보면, 일본어·한국어·영어·독일어에 있어서 'くる/ota/come/kommen'는 직시적인 용법밖에 없는 것에 비해 'いく/가다/go/gehen'는 직시적/비직시적인 두 가지 용법이 있다고 생각할 수 있다. 이는 언어유형론적으로 매우 흥미로운 점이다.

(109a)와 (109b)는 양쪽 다 화자의 '시좌'가 일본이고, 한국 대통령이 화자가 있는 곳에 왔다라는 직시적인 해석밖에 되지 않는다. 한편, '行く/가다'는 (110)(111)과 같이 두 가지의 해석이 가능하다. 하나는 (110)과 같이 화자의 '시좌'가 일본에 있는 경우로, 예를 들면 일본인이 발화한다고 가정할 때, 일본에서 수상이 중국으로 간다라는 직시적인 해석이 가능하다. 또 하나는 (111)과 같이 화자는 이동 자체에 관심이 있는 비직시적인 해석이 가능한 경우이다.[58] 즉, 일본어의 '行く'와 한국어의 '가다'는 (110)(111)과 같이 직시적/비직시적인 두 가지 용법이 있다고 볼 수 있다. 다시 말하면, '来る/오다'는 직시적인 용법밖에 없는 것에 비해, '行く/가다'는 직시적/비직시적인 두 가지 용법이 있다고 말할 수 있을 것이다.

지금까지의 고찰을 정리하여 '行く/가다'와 '来る/오다'를 어떻게 나누어 사용하는지에 대한 원리를 다음과 같이 나타낼 수 있을 것이다.

'行く/가다'와 '来る/오다'의 사용 구분 원리

'来る/오다' : 화자의 시좌에 가까워지는 이동으로서 인식한 경우
　　　　　　　[직시적]

'行く/가다' : 화자의 시좌에서 멀어지는 이동으로서 인식한 경우
　　　　　　　[직시적]

　　　　　　　화자의 〈시좌〉와 관계없는, 이동 자체를 나타내는 경우
　　　　　　　[비직시적]

---

58) (111)과 같이 '行く/가다'가 비직시적인 용법을 나타내는 다른 예로서는 '道(を)行く人/길 가는 사람', '荒野をゆく/황야를 가다' 등이 있다.

'来る'와 '오다'는 항상 화자 쪽으로 가까워짐을 나타낸다는 〈직시성〉을 가지는데, '行く'와 '가다'는 화자로부터 멀어진다는 직시적인 용법과, 화자 또는 청자와는 관계없는, 이동 그 자체를 나타내는 비직시적인 용법이 있다.

다음으로 '行く/来る'와 '가다/오다'의 동작주가 누구인지, 목적지에 누가 있는지, 또는 화자와 청자의 관계에서 그 선택이 달라지는가라는 문제에 대해 검토해 보기로 한다. Nakazawa(1990)는 '行く/来る'와 '가다/오다'를 비교·대조하여 화자가 목적지에 위치하는 경우에는 일치하지만, 청자가 목적지에 위치하는 경우에는 동작주가 어떤 인물인가에 따라 그 선택이 달라진다고 분석하고 있다. Nakazawa는 전화 대화에서 동작주가 3인칭이고 행위의 목적지가 청자라는 상황에서는 일본어의 '行く/来る'와 한국어의 '가다/오다'의 용법이 다르다고 지적한다. 다음의 (112)~(114)[59]의 예문을 통해 검토해 보도록 하자.

(112) 상황 : 전화상의 대화, 행위의 목적지가 청자

　　일본어 : 3時まで待てるのだったら、 うちの弟があなたのところに 〔*来ます/行きます〕 よ。(3시까지 기다린다면 우리 남동생이 당신 집에 〔*올/갈〕 겁니다.)

　　한국어 : 세 시까지 기다릴 수 있다면 내 동생이 당신 집에 〔*올/갈〕 수 있습니다.

(113) 일본어 : ジョンに電話したら、〔来て/行って〕手伝いますよ。

---

59) 원문의 Nakazawa(1990)에서는 예문의 한국어 표기를 로마자 표기로 나타내고 있으나, 이 논문의 통일성을 위해 한글로 표기했다.

(존에게 전화하면 {와서/가서} 도와줄 겁니다.)
　　　한국어 : 존에게 전화하시면 그가 {?와서/가서} 당신을 도와줄 겁
　　　　　　　니다.
　(114) 일본어 : 電力会社に電話したら、誰か{来ます/*行きます}よ。
　　　　　　　(전력회사에 전화하면 누군가 {올/*갈} 거예요.)
　　　한국어 : 전력회사에 전화하면 누군가 {?올/갈} 겁니다.

(Nakazawa 1990:107)

　　Nakazawa(1990)는 (112)에 대해 정신적・물질적으로 가까운 인물이
동작주이고, 청자가 목적지에 있을 경우에는 '来る/오다'가 제약되고,
'行く/가다'만 사용되지만 제3자 또는 모르는 사람이 동작주일 경우에
는 (113)과 (114)와 같이 한일 양언어에서 다르다고 설명하고 있다. 또
Nakazawa는 (113)의 존과 같이 제3자의 경우 일본어는 '行く/来る'가
사용되지만, 한국어에서는 '오다'가 제약된다고 말하고 있다. 하지만
Nakazawa의 분석은 상황이 명확하지 않다는 문제점이 있다. 즉, (113)
의 예문에서 한국어는 '그가', '당신을'이라고 이동하는 주체나 목적지에
있는 사람을 명확히 나타내고 있지만, 일본어에서는 생략되어 있어서
일본어만을 보면 누구를 돕기 위한 '行く/来る'인지 상황을 파악하기
어렵다. 다음으로 (114)의 예문을 보도록 하자. Nakazawa는 (114)와 같
이 모르는 사람이 동작주일 경우, 일본어는 '来る'를 사용하는데 한국어
는 '오다'보다 '가다'를 선호하는 경향이 있다고 분석하고 있다.
　　이상의 Nakazawa(1990)의 분석을 정리하면 다음과 같다. 일본어와
한국어에서는 화자가 목적지에 위치할 경우에는 일치하지만, 청자가 목
적지에 위치하는 경우에는 동작주가 어떤 인물이냐에 따라 그 사용법이

달라진다. 또 일본어는 화자 또는 화자에 가까운 인물일 경우에는 '来る'
의 사용이 제한되지만, 한국어는 모든 경우에 '오다'의 사용이 제한되고
'가다'를 쓰는 경향이 강하다고 분석하고 있다.

그런데 Nakazawa의 분석은 '화자' 또는 '정신적・물리적으로 가까운
인물'이 동작주의 경우에는 타당하다고 생각하지만, 동작주가 제3자의
경우에는 의문점이 생긴다. Nakazawa는 상기의 예문에서 청자와 화자
의 관계에 대해서는 언급하고 있지 않지만, 필자는 화자와 청자의 관계
에 따라 '行く/来る'와 '가다/오다'의 선택이 달라질 수 있다고 생각한다.
따라서 ① 청자와 화자가 친한 관계와 ② 청자와 화자가 먼 관계로 나
누어 고찰해 보도록 한다. 이와 관련하여 누구에게 감정이입되었는가에
따라 '来る'와 '行く'의 선택이 달라질 수 있다고 지적한 요시모토(吉本
2002)의 다음과 같은 견해는 타당하다고 생각된다.

> 「第三者より聞き手の方に感情移入されれば、視点が聞き手の位置
> に移され、『来る』が使われる。一方、聞き手より第三者の方に感
> 情移入されれば、視点は聞き手の位置に移されず、『行く』が使わ
> れる。(제3자보다 청자 쪽으로 감정이입되면 시점이 청자의 위치로
> 옮겨져 『来る』가 사용된다. 한편 청자보다 제3자 쪽에 감정이입되면
> 시점은 청자의 위치에 옮겨지지 않고 『行く』가 사용된다.)」
>
> (吉本 2002:25)

즉 요시모토(吉本 2002)가 지적한 것과 같이 제3자가 동작주인 경우
의 '行く/来る'와 '가다/오다'의 선택은 화자가 누구에게 감정이입하는
가라는 문제가 영향을 준다고 생각된다. 순서대로 검토해 보기로 한다.

먼저 ① 청자와 화자가 친한 관계인 경우를 보자. 다음의 예문은 Nakazawa(1990)의 예문에서 상황이 명확하지 않다라는 문제점이 있었으므로, 이를 보완하여 상황을 명확히 한 예문이다.

(115) 상황 : 언니와 여동생의 전화상의 대화. 하나코(花子)는 언니의 딸

　　　妹 : やることが多すぎて、誰か手伝ってくれる人いないかなぁ。

　　　姉 : 花子に電話したら、{来て/行って} 手伝ってくれるよ。

(115)′ 여동생 : 할 일이 너무 많은데 누군가 도와줄 사람 없을라나?

　　　언니 : 하나코에게 전화하면 {와서/가서} 도와줄 거야.

(116) 상황 : 어머니와 딸의 전화상의 대화

　　　子 : どうしよう。停電になったの。

　　　親 : 電力会社に電話したら、誰か {来て/?行って} くれるよ。

(116)′ 딸 : 어떡해…. 정전이야.

　　　어머니 : 전력 공사에 전화하면 누군가 {와/?가} 줄거야.

　(115)는 화자도 청자도 아닌 제3자인 '花子/하나코'가 동작주이고, 도착점은 청자인데 일본어와 한국어 양쪽 다 '来る/行く'와 '가다/오다'를 사용할 수 있다. 앞서 말한 요시모토(吉本 2002)의 감정이입의 관점에서 (115)(115)′와 (116)(116)′의 예문을 보면 (115)에서 하나코(花子)보다 청자 쪽에 감정이입이 되면 '来る'가 사용되고, 반대로 청자보다 하나코 쪽에 감정이입이 되면 '行く'가 사용된다고 생각할 수 있다. 한편 (116)은 동작주를 '누군가'라고 표현하고 있는데, 이는 화자에게 있어서 전혀 모르는 사람이라는 것을 나타내고, 그로 인해 화자는 당연히 청자

쪽으로 감정이입되어 '来る'의 사용만이 허용된다. 마찬가지로 한국어에서도 '오다'로밖에 표현할 수 없다.

그러나 화자와 청자가 전혀 모르는 사람일 경우(예를 들면 구청 등에 문의를 할 경우)에는 (116)(116)′은 다음의 (117)(117)′와 같이 각각 '行く'와 '가다'를 사용하게 된다.

> (117) 상황 : 전화상의 대화, A는 일반시민, B는 구청 직원
>   A : 停電になりましたけど、どこへ問い合わせすればよろ
>   しいでしょうか。
>   B : 電力会社に電話したら、誰か {?来ます/行きます} よ。
> (117)′ A : 정전되었는데요, 어디에 연락하면 됩니까?
>   B : 전력 공사에 전화하면 누군가 {?올/갈} 겁니다.

지금까지 검토한 것과 같이 Nakazawa(1990)의 분석은 화자와 청자와의 관계나 상황(문맥)이 명확하지 않기 때문에 수정이 필요하다. 다음의 그림 11은 Nakazawa가 일본어의 '行く/来る'의 사용 구분에 대해 Morita(1977)의 분석을 토대로 작성한 그림을 참고로 필자가 한국어의 '가다/오다'를 넣어 작성한 것이다.

그림11   **도달점에 청자/화자가 있는 경우,**
       '行く/来る'와 '가다/오다'의 사용 구분

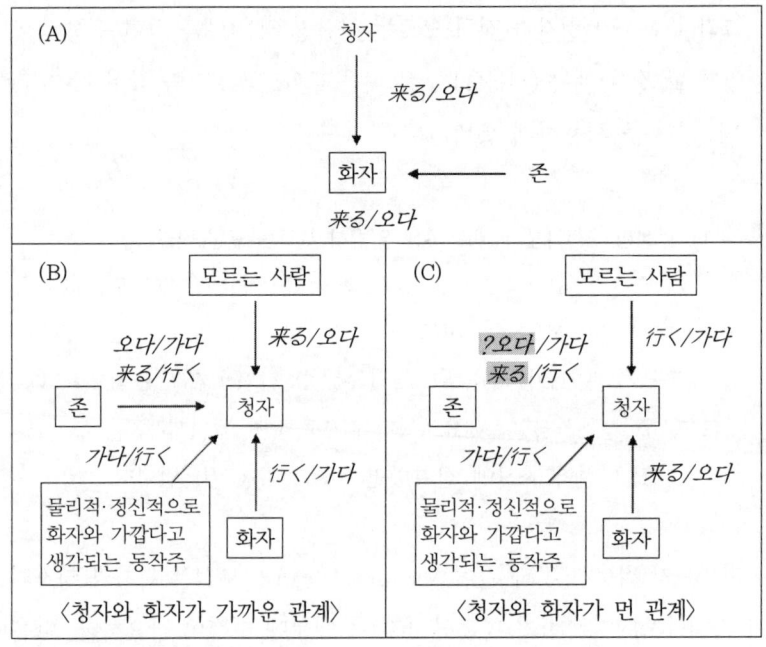

그림 11(A)와 같이 화자가 도달점인 경우에는 한일 양언어의 '来る/
오다'의 사용만이 허용된다. 이는 '来る'와 '오다'의 '화자가 〈시좌〉에 가
까워지는 이동'이라는 성질과 관계가 있을 것이다. 한편, 그림 11의 (B)
와(C)는 청자가 도달점에 있는 경우인데, 제3자가 동작주인 경우에는
청자와 화자와의 관계가 제3자와의 관계와 비교하여 친한 관계인가 먼
관계인가에 따라 '行く/来る'와 '가다/오다'의 선택이 달라진다. 모리타
(森田 2006:204-208)는 일본어에 '시점 전이'[60]가 일어난다고 지적하고

---

60) '시점 전이(視点転移)'란 화자의 눈이 화제의 추이에 따라 자유롭게 이동할 수

있는데, 한국어에도 동일한 현상이 일어난다고 생각한다. 즉, 본래라면
동작주가 제3자인 경우에는 '行く/가다'가 사용되지만, 청자와 화자가
가까운 관계일 때는 그림 11의 (B)와 같이 화자의 시점이 청자 쪽으로
이동한다라는 '시점 전이'가 일어날 수 있다.

그런데 일본어의 '行く/来る'와 '가다/오다'에서 이 '시점 전이'가 항상
동일하게 일어나는 것일까? 다음의 예문61)을 통하여 검토해 보기로 한
다. (118)(119)는 『좋은 생각』에서 추출한 예문인데, 작자가 어떤 날에
있었던 감동한 일에 대해 회상하며 쓴 글의 일부이다.62) 먼저 (118)은
언제나 타고 있는 전철 안에서 어떤 갓난아기가 재채기를 연거푸 하는
데, 그 전철에 타고 있던 승객들이 한명 씩 갓난아기의 재채기를 멈추게
하려는 모습을 그린 에세이의 일부이다.

  (118) 전철 안에서 한 갓난아기의 재채기를 멈추게 하기 위해 승객 한사람 한
      사람이 갓난아기에게로 다가가는 상황
    전철 안은 점점 아기의 재채기 때문에 이상스런 열기로 가득 찼다.
    a. 서로 아기한테로 (와/가) 자신이 가지고 있는 기술, 예를 들면 재
       채기를 멈추게 하는 방법을 펼치는 진풍경이 펼쳐졌다.
    b. 一人ずつ赤ちゃんのところに(来て/行って)、自分の持っている
       技、たとえばくしゃみを止める方法などを教える珍しい風景
       が繰り広げられた。

                        (【좋은 생각 30】, 일본어는 필자)

있음을 말한다(森田 2006:204-208).
61) 예 (118)은 '가다'와 '오다' 둘 다 사용 가능한데, 원작에는 '오다'로 표현되어
    있다. 또 (118)(119)의 일본어역에 대해서는 일본어 모어 화자의 제보자
    (informant) 조사에 의함.
62) (118)(119)의 작가는 다음과 같다. (118)은 동화 작가 이상배의 「아기의 재채기」,
    (119)는 이철환의 『연탄길』 「상처주지 않고 사랑하기」(랜덤코리아).

(118)에서 도달점은 '아기 / 赤ちゃん'이고 동작주는 승객인데, 양쪽 다 화자가 모르는 사람, 즉 먼 관계의 사람들이다. 이와 같이 화자가 모르는 사람일 경우에는 먼 관계로 간주하여 보통 '가다'가 사용되는데, 원문에서는 '오다'가 사용되어 있다. 이는 작가가 갓난아기에게 '주시점'을 옮겨 갓난아기를 중요한 도달점으로 보고 있기 때문이라고 생각할 수 있다. 이 경우 (118b)에서 나타낸 것과 같이 일본어의 '行く/来る'도 동일하게 어느 쪽도 사용 가능하다. 즉, 한국어와 일본어 둘 다 '시점전이'가 자유롭게 일어나고 있다는 것을 알 수 있다.

그러나 다음 예문에서 한국어에서는 '가다'의 사용밖에 허용되지 않지만 일본어에는 '行く'의 사용이 일반적이지만 '来る'도 허용될 수 있다는 차이가 보인다. 다음의 (119)는 음식점을 경영하고 있는 주인이 어떤 날의 일을 회상하며 쓴 글의 일부이다. '영철'은 음식점 주인의 가족이고 '아이들'은 그날 처음으로 그 가게에 온 남매로 보이는 손님들이다.

(119) 음식점 출입문이 열리더니 여자 아이가 동생들을 데리고 들어왔다.
    a. 영철이 주문을 받기 위해 아이들 쪽으로 {갔을/*왔을} 때 큰아이가 말했다.
    b. ヨンチョルが注文を受けに子供たちの方へ {行った/来た} 時、一番上の子が言った。

(【좋은 생각 93】, 일본어는 필자)

(119)는 (118)와 동일하게 동작주와 목적지의 인물이 제3자인 경우인데 일본어와 한국어는 약간 다른 면을 보인다. 즉, 한국어는 '오다'를 사용하면 부적격이 되고 이 경우에는 '가다'만을 사용할 수 있다. 한편

일본어는 보통 '行く'가 사용되는데, '来る'의 사용도 허용된다. 이를 통하여, 일본어는 한국어보다 '시점 전이'가 더 일어나기 쉽다고 생각된다. 또한 이것은 일본어 화자가 한국어 화자보다 더 자기 자신을 중심으로 하는 〈주관적 파악〉의 경향이 강하다는 것을 엿볼 수 있는 하나의 지표라고 볼 수 있다.

지금까지 고찰한 것과 같이 일본어의 '行く/来る'와 한국어의 '가다/오다'는 똑같은 용법을 가지고 있다고는 할 수 없다. 이러한 차이는 화자와 청자가 둘 다 같이 이동의 동작주일 경우에도 확인된다. 韓京娥(2008)는 화자와 청자가 둘 다 같이 이동의 동작주일 경우에 '行く/来る'는 심리적 요인이 강하게 작용하는 것에 비해, '가다/오다'는 물리적 요인이 강하게 작용하고 있다고 주장하고 있다. 다음의 (120)과 (121)은 韓京娥(2008)의 예문인데, (120a)와 (121a)의 일본어에는 '来る'가, (120b)와 (121b)에는 '가다'가 각각 사용된 예문이다. (120)은 일본어 원작, 한국어역의 예문이고, (121)은 한국어 원작, 일본어역의 예문이다.

(120) a. 「寝心地はあまりよくないし、朝方は寒いかもしれないけど、それでもよかったら (きても/*いっても) いいよ。」【4】

  b. "잠자리는 별로 좋지 않고 아침저녁은 추울지도 모르지만, 그래도 좋다면 같이 (*와/가)도 좋아."

(121) a. 男：[結婚式場の前で]他に用がなければ作業室に (来ないか / (?)行かないか)。   [『プラハ』일본어 성우 녹음판

  b. 남자 : (결혼식장 앞에서) 다른 약속 없음 내 작업실 (*안 올래/ 안 갈래)?

(韓京娥 2008:307-308)

韓京娥(2008)는 (120b)(121b)와 같이 한국어는 현재 위치에서 멀어지는가 가까워지는가라는 물리적 요인을 의식하기 때문에 '가다'만이 적격이지만 일본어는 텐트와 작업실의 소유자는 화자이기 때문에 (120a)(121a)와 같이 화자의 영역 안에 들어가는 것을 나타내는 '来る'가 사용된다고 설명하고 있다. 즉, 일본어의 '行く/来る'는 이동의 도착점이 누구의 영역인가를 의식한다는 것이다. 이는 〈직시 중심점〉(deictic center)으로부터 멀어지는 '行く/가다'와 가까워지는 '来る/오다'의 '어휘적 성질'이 한국어에서는 충실히 지켜지고 있지만, 일본어에서는 이러한 어휘적 성질에 심리적 요인이 더해져 '行く'와 '来る'가 역전되는 경우도 있다는 것을 시사하고 있다.

지금까지 본동사의 '行く/来る'와 '가다/오다'의 기본적 성질에 대해 고찰했는데 다음과 같이 정리할 수 있다. 일본어의 '行く/来る'와 한국어의 '가다/오다'에서 '来る/오다'가 직시적인 용법밖에 가지고 있지 않는 것에 비해, '行く/가다'는 직시적과 비직시적의 두 용법이 있다는 점에서는 동일하다. 그리고 화자가 도달점일 경우에는 동작주가 누구이든 '来る/오다'가 사용된다는 점도 같다. 또 청자가 도달점일 경우에는 화자/청자/동작주의 관계가 가까운가 먼가에 따라 화자의 감정이입이 들어가, '行く/来る'와 '가다/오다'의 선택이 결정된다. 다시 말하면, 화자와 청자가 먼 관계일 경우에는 동작주가 누구이든지 상관없이 〈원형〉(prototype)적 용법을 지켜, '行く/가다'를 사용한다는 것이다. 한편 화자와 청자가 가까운 관계, 즉 화자가 동작주와 가까운 관계라고 생각하는 인물일 경우에는 '行く/가다'를 사용하지만, 동작주가 제3자[63] 또는 모르는 사람 등 화자가 먼 관계라고 생각하는 인물일 경우에는 화자는 청자에게 '주시점

(注視点)'을 맞추어 '来る/오다'의 선택이 가능해진다.

　이상이 '行く/来る'와 '가다/오다'의 동일한 점인데, 다음과 같은 점에서는 다른 점이 보인다. 하나는 제3자가 동작주이고 화자 이외의 공감할 수 있는 인물이 목적지에 있는 경우, 일본어와 한국어의 어느 쪽도 '주시점'의 전이가 일어날 수 있지만 일본어 보다 한국어 쪽이 더 제한된다는 것이다. 또 하나는 화자와 청자 둘 다 같이 이동의 동작주일 경우, '行く/来る'와 '가다/오다'의 선택이 달라진다(韓京娥 2008)라는 것이다. 이는 한국어에서는 '가다/오다'가 본래 지니고 있는 직시적 특성이 충실히 지켜지고 있지만, 일본어에서는 항상 자기(ego)와의 관계에서 어떻게 보고 있는가라는 자세로 언어화하는 경향이 있다는 것을 시사하고 있다. 이와 같은 본동사 '行く/来る'와 '가다/오다'의 특징은 4.2에서 고찰하는 'ていく/くる'와 '어 가다/오다'에서도 보인다.

4.1.2 '行く/来る'와 '가다/오다'의 확장 용법

　앞 절에서 '行く/来る'와 '가다/오다'의 〈원형〉적 용법인 공간적 이동에 대해 고찰해 보았다. 한일 양언어의 '行く/来る'와 '가다/오다'는 공간적 이동을 나타내는 의미뿐만이 아니라 어느 쪽도 다양한 의미・용법을 가지는 동사이다. 즉, 공간 이동을 나타내는 '行く/来る'는 〈은유〉(metaphor)를 통해서 움직이는 〈주체〉는 전형적인 인간에서 시간 등 화자가 움직이고 있다고 간주하는 것으로 확장되고, 〈이동 공간〉은

---

63) 제3자와 특정 인물의 경우는 화자와 청자, 그리고 동작주인 특정의 제3자와의 관계가 가까운가 먼가에 따라 '行く/来る'와 '가다/오다'의 선택은 달라질 수 있다.

전형적인 장소에서 시간, 신체 등으로 확장되어 원형적 용법의 공간 이동에서 여러 가지 확장 용법이 나타난다(浜田 1989). 이 논문에서는 'ていく/くる'의 다의성은 본동사 '行く/来る'와 관계가 있다고 생각한다. 그러므로 이 절에서는 본동사의 '行く/来る'와 '가다/오다'의 확장된 의미에 초점을 맞추어 선행 연구를 살펴보고, 다의구조를 고찰해 보고자 한다. 그리고 4.2에서 '行く/来る'와 '가다/오다'의 다의구조와 'ていく/くる'와 '어 가다/오다'의 다의구조의 관계에 대해 의미망으로 나타내기로 한다.

본동사로서의 '行く/来る'의 확장 용법에 대한 선행 연구로서는 하마다(浜田 1989), 요시모토(吉本 2002)가 있다. 하마다(浜田)는 '공간 이동' 이외에 '行く'의 의미를 크게 '새로운 상황으로의 출입'과 '진행'의 두 가지로 나누고, '来る'는 '새로운 상황의 도래'와 '기원·원인의 유래' 등의 의미가 있다고 분석하고 있다. 요시모토(吉本)는 '공간 표현, 시간 표현, 심리 표현'의 세 용법이 있다고 분석하고 있다. 선행 연구 중에는 '来る'만을 분석 대상으로 한 연구들도 있는데, 사카하라(坂原 1985)와 야마모토(山本 2000)가 그러한 연구들이다. 사카하라(坂原)는 '공간 이동, 비유적 이동, 수익·수해'의 세 가지로 분류하고 있고, 야마모토(山本)는 기본의(基本義)인 '물리적 이동'을 중심으로 '기대되는 역할을 다하는 용법, 인지영역으로의 이동, 시간성, 대항성, 결과성'이라는 파생된 의미가 있다고 고찰하고 있다.

한편 본동사로서의 '行く/来る'와 '가다/오다'의 의미·용법을 비교·대조한 연구에 裵德姬(1985)가 있다. 裵德姬(1985)는 한국어의 '가다/오다'를 중심으로 의미 별로 '장소 이동, 계절 변화·시간의 흐름, 상황 연결, 상태 변화, 기인'의 다섯 가지로 의미를 분류하고, 일본어의

'行く/来る'와 어느 정도 대응하고 있는지, 만약 대응하지 않는다면 일본어에서는 어떤 표현을 쓰는가에 대해 분석하고 있다.

이들 선행 연구는 그 분류는 약간 다르다고 해도 사람과 물건의 장소적 이동인 공간 이동을 기본적인 의미로 보고, 거기에서 여러 가지 의미가 파생되었다는 점에서 공통적인 견해를 보이고 있다. 이 논문에서는 공간 이동을 '行く/来る'와 '가다/오다'의 〈원형〉적 용법이라고 보고, 거기에서 파생된 의미를 확장된 용법(이하, 확장 용법)이라고 부르기로 한다. 선행 연구의 분석을 토대로 일본어의 '行く/来る'와 한국어의 '가다/오다'의 용법을 크게 분류하면 다음과 같이 나눌 수 있다.

일본어의 '行く/来る'와 한국어의 '가다/오다'의 용법

〈원형〉적 용법 : 공간 이동

확장 용법 : 시간 이동, 심리 표현

정상이 아닌 상태로의 변화, 기인(起因)·인과성

이 중 공간 이동에 대해서는 앞 절에서 이미 고찰했으므로, 이 절에서는 다른 용법에 대해 순서대로 고찰해 나가도록 한다.

<시간 이동>

공간 이동의 '行く/来る'는 확장되어 시간적인 이동을 나타내는 경우가 있다. 공간 이동의 '行く/来る'는 화자의 영역에서 가까워지면 '来る', 멀어지면 '行く', 그리고 이동 자체를 나타낼 때는 '行く'가 사용된다는 것은 이미 앞 절에서 고찰했는데, 이러한 공간 용법의 '行く/来る'의 의미는 시간 이동을 나타낼 경우에도 나타난다. 다음의 예를 통해서 검토

해 보기로 하자. (122a)와 (123a)는 요시모토(吉本 2002)의 예문이고 (122b)와 (123b)는 각각 필자가 한국어역을 붙인 것이다.

    (122) a. <u>行く</u>年、<u>来る</u>年
         b. <u>가</u>는 해 <u>오</u>는해.
    (123) a. 時が過ぎ<u>行く</u>。
         b. 시간이 (지나)<u>간</u>다.   (吉本 2002:27)

    요시모토(吉本)는 (122a)에 대해 미래에서 기준시로 다가오면 '来る', 기준시에서 과거로 멀어지면 '行く', 그리고 (123a)와 같이 중립적인 '시점'에서 시간의 움직임을 기술할 때는 '行く'라고 설명하고 있다. 한국어와 대비하여 보면 (122b)에서 나타낸 것과 같이 한국어의 '가다/오다'도 동일하다. 하지만 (123)은 한국어에서 '가다'로 표현되는데, 일본어에서는 '行く' 단독으로는 사용되지 않고, '過ぎ行く'(지나가다)로 표현될 수밖에 없다.[64]

<심리표현>

    '심리표현'은 요시모토(吉本 2002)의 용어인데, '마음의 움직임을 나타내는 표현'을 말한다. 요시모토(吉本 2002)는 일본어의 '行く/来る'의

---

64) 시간적 이동을 나타내는 경우, 한국어의 '가다'는 일본어의 '行く'에 대응하지 않는 경우도 있다. 다음과 같은 예에서 시간 이동을 나타내는 '가다'가 일본어에서는 ①過ぎる, ②たつ 등의 동사로 나타나는 경우가 있다.
  ① a. 한해가 다 <u>갔</u>다.
    b. ひと年が<u>過ぎて</u>しまった。
  ② a. 날이 <u>갈수록</u> 해가짧아진다.
    b. 日が<u>たつにつれて</u>、昼が短くなる   (裵德姬 1985:29)

심리표현에 대해 다음과 같이 언급하고 있다.

> '来る' : 심리적인 무언가가 사람이 머릿속으로 들어오거나(①), 지금
> 까지 없었던 것이 갑자기 생겨난 것처럼 (②) 인식한 경우.
> ① ぐさっと来る
> ② 頭に来る/ぴんと来る/じいんと来る/かちんと来る/
> むらむらと来る/飽きが来る
> '行く' : 심리적인 것이 외부의 어떤 대상을 향해 나가거나(①), 사람의
> 마음이나 머릿속에서 심리적인 변화가 일어난 상태에 도달한
> 것같이 (②) 인식한 경우.
> ① 関心が行く/情が行く
> ② 納得が行く/合点が行く/満足が行く

> 둘 다 ①과 ②의 차이는 미묘하고, 명확한 경계는 없다.
>
> (吉本 2002 : 28-29)

심리표현에 사용되는 '行く/来る'는 'ぐさっと来る', '頭に来る', '納得が行く' 등, 화자가 '行く' 또는 '来る'를 선택하는 것이 아니라, 이미 관용적 표현인 것이 많다(吉本 2002).[65] 바꿔 말하면, 이들 표현은 '行く/来る'의 의미가 전용하여, 어느 한쪽만 고정적으로 사용되고 있는 용법이라고 생각할 수 있다. 모리타(森田2002)는 이같이 의미가 전화하여 '行く/来る'의 어느 한쪽만 고정적으로 사용되고 있는 용법에 대해 그 발상과 연관지어 고찰하고 있다.[66] 다음은 모리타(森田)가 '行く/来る'

---

65) 요시모토(吉本 2002)에서는 앞으로서의 과제로 하고 이 이상은 고찰되어 있지 않다.

의 파생적 의미를 ①~⑧로 나눈 것을 필자가 정리한 것이다.

모리타(森田 2002)의 '行く/来る'의 파생적 의미와 그 발상 (p.236-238)

ⅰ. 객관적 상태의 이행·변화를 받아들이는 의식을 '来る'로 나타낸다.

   ① 도달·도래 : 「最果ての寒村にやっと電気が来た」(맨끝의 한 촌에 이제야 전기가 왔다.)「とうとう冬が来た」(드디어 겨울이 왔다.)「どうしようもない所まで来てしまった」(어찌할 수 없는 곳까지 와 버렸다.)

   ② 출현·생기 : 「数分後に軽い痙攣が来る」(몇 분 후에 가벼운 경련이 온다.)

   ③ 유래·기인 : 「病気から来る悪寒」(병에서 오는 한기)「原因は私たちの不和から来ている」(원인은 우리들의 불화에서 오고 있다.)

ⅱ. 인간의 사태로서 어떤 일의 진전을 '行く'로 나타낸다.(관용표현)

   ⑤ 개시·성립 : 「もう一番行く」(한 번 더 간다.)「納得が行く」(납득이 간다.)「しっくり行く」(잘 (되어) 간다)

   ⑥ 진행 : 「そうは行かない」(그렇게는 안 된다)「そこへ行くと…」(거기에 가면…)「年端も行かない子ども」(아직 어린 아이)

ⅲ. 정신활동으로서 어떤 일의 도래를 '来る'로 나타낸다.(관용표현)

   ⑦ 정신 출현 : 「ぴんと来る」(딱 왔다(금방 알았다))「頭に来る」(화

---

66) 모리타(森田 2002:236)는 "大学に行っている兄と高校に通っている弟"(대학에 가고 있는 형과 고등학교에 다니고 있는 동생), "毎日家政婦が来ている"(매일 가정부가 온다)와 같이 '行く/来る' 어느 쪽에도 나타나는 의미 용법은 개별적인 이동 행위는 아니라고 해도 관용화된 표현으로서의 '行く/来る'라고는 인정하기 어렵다고 말하고 있다.

가 나다)

⑧ 화제 제기 : 「酒と来ると我慢のならない人」(술이라고 하면 참
을 수 없는 사람) 「そう来なくっちゃ面白くない」(그렇게 나
오지 않으면 재미없어) 「近ごろと来たら…」(요즘은…)

모리타(森田)는 ⑤~⑥의 '行く'는 추상적 사태의 생기·진행·도래
를 앞으로 나아가게 하는 의식이고, ①~③과 ⑦~⑧의 '来る'는 현재의
시점을 인식하여 맞이하는 의식으로 해석되고 있다고 말한다. 즉, 본동
사로서의 '行く/来る'의 확장 용법에 대해 각각의 하위 분류가 있지만,
그 근본적인 토대에는 화제의 지점으로부터 멀어진다고 파악하는 '行
く'의 발상 그룹과 사태를 맞아들이는 '来る'의 발상 그룹으로 나누어진
다는 것이다.

이 점에 대해서는 한국어의 '가다/오다'도 동일한데,[67] 다음의 (124)
와 (125)를 보도록 하자. (124)와 (125)는『국어대사전』에 실려 있는 '가
다'와 '오다'의 의미 중에서 어느 한쪽만 사용된 예를 정리한 것이다.
(124)가 '가다'의 예이고, (125)가 '오다'의 예이다.

(124) ① 어느 시기까지 보존되다.

예 : 이 상태로는 오래 못 간다. 이 집은 적어도 20년은 간다.

② 어떤 일에 힘이 쓰이다.

예 : 손이 많이 가는 일

---

67) 관용적 표현은 이 논문의 중심적인 연구 범위가 아니므로 상세한 고찰은 하지
않지만, 한일 양언어에서 '行く/来る'와 '가다/오다'가 사용된 관용적 표현이 이
정도로 다양하다는 것은 '行く', '来る'의 발상 이외에 문화적 요소가 가미되어
있을지도 모른다. 앞으로의 과제로 삼고 싶다.

③ 마음이 어떤 상태로 되다.

예 : 이해가 가다.

④ 전성기나 화려하던 시절이 지나다.

예 : 한물 간 옷.

(125) ① 잠 아픔 따위가 몸에 닥치다.

예 : 졸음이 / 감기가 왔구나.

② 말미암다. 유래(由來)하다.

예 : 불교에서 온 사상, 과로에서 오는 병.

③ 어떤 일 사태가 닥치다.

예 : 결국 올 것이 왔구나.

④ 어떤 곳이나 정도에 미치다.

예 : 발목까지 오는 긴 치마, 인플레의 영향이 곧장 가정으로 온다.

⑤ 개념이나 관념 따위가 이내 떠오르다.

예 : 추억이 되살아 오다.

한국어의 '가다/오다'의 확장 용법은 (124)와 (125)의 어느 용법을 보아도 멀어지는 '가다'의 기본 성질과 가까워지는 '오다'의 기본 성질이 있다. 이는 앞서 살펴본 '行く/来る'의 확장 용법도 동일하다.

그런데 (125)의 '오다'의 예는 대부분 관용적인 표현임에도 불구하고 일본어의 '来る'로 바꾸어 쓸 수 있다. 앞서 제시한 일본어의 'ぴんと来る', '頭に来る' 등의 표현이 한국어에서는 표현하기 어렵다는 점과는 대조적이다.[68] 바꿔 말하면, 일본어의 '来る'보다 한국어의 '오다'가 그 사용 영역이 좀 더 제한되어 있다는 것을 의미한다. 이는 일본어의 보조

---

[68] '行く/가다'는 서로 대응하지 않는 경우가 보이므로 여기에서는 다루지 않겠다.

동사 'てくる'가 한국어의 '어 오다'보다 추상적으로 좀 더 널리 사용된
다는 점과 일치한다. 그 이유는 화자의 심적 태도를 표시하고 추상적으
로 널리 사용되는 것에 비해, 한국어의 '어 오다'는 더 구체적인 움직임
에 주목하는 듯한 느낌이라는 점과 관계가 있다. 자세한 것은 4.2에서
고찰한다.

<정상이 아닌 상태로의 변화>

　정상이 아닌 상태를 나타내는 용법은 한국어의 '가다'에 보이는 용법
인데, 이 경우의 '가다'는 '行く'로 표현할 수 없는 경우가 많다. 다음의
(126)~(128)는 裵德姬(1985)의 예문인데, 본래 상태로부터 마이너스 상
태로의 변화는 '가다'가 사용되고 '오다'의 사용은 허용되지 않는다.

　　(126) a. 항아리에 <u>금이갔다</u>.
　　　　　b. つぼに<u>ひびが入った</u>。
　　(127) a. 이 생선회는 <u>맛이갔다</u>.
　　　　　b. このさしみは<u>味が変わってしまった</u>。(<u>腐ってしまった</u>)
　　(128) a. 그 사람 살짝 <u>갔구나</u>.
　　　　　b. あの人、<u>頭が狂った</u>んじゃない?

　　　　　　　　　　　　　　　　　　　　　　　　(裵德姬 1985:33)

　(126)과 (127)에서 이동 주체는 각각 '금'과 '맛'이고 이것들은 어떤 상
태를 나타내는데 여기에 '가다'가 같이 쓰여 '상태 변화'를 나타내는 의
미가 생긴다. 즉, 이동 주체인 '금'과 '맛'의 마이너스적인 의미가 더해져
본래의 기능을 잃어버리는, 정상적인 상태에서 정상이 아닌 상태로의

변화를 나타내는 의미가 되었다고 생각할 수 있다. (128)은 화제의 사람이 정상적인 상태에서 이상한 상태로 변화한 것을 나타내고 있다.[69]

지금까지 (126)~(128)에서 정상상태에서 정상이 아닌 상태로의 변화를 나타내는 '가다'가 일본어에서는 '行く'로 나타낼 수 없는 경우에 대해 살펴보았다.[70] 본동사 '가다'의 이 용법은 보조동사 '어 가다'에 보이는 '나쁜 상태로의 변화/마이너스 평가' 용법과 관련이 있을 것이다. 4.2에서 다시 논하기로 한다.

<인과성>

裵德姬(1985)에 의하면 (129)와 (130)[71]의 '오다'는 '화제의 일/현상이 어떤 원인에서 일어나는가를 나타낸다'고 말하고, 이때의 '오다'는 '来る'와 대응하며 이런 점에서 '오다'와 '来る'의 용법은 별로 차이가 보이지 않는다고 주장하고 있다.

(129) a. 그런 예상에서 온 어둡고 무거운 침묵 속에…

b. そんな予想から来た暗くて重い沈黙の中へ…

(130) a. 그것도 영감의 의지력에서 온 것인지도 모른다.

b. それも霊感の意志力から来たのかも知れない。

(裵德姬 1985:35)

---

69) 이와 같은 의미는 영어의 'go'가 정상상태(normal state)에서 나쁜 쪽으로의 변화를 나타내고 'come'가 정상상태로 돌아오거나 좋은 방향으로의 변화를 나타낸다(Clark 1974)는 점과 동일한데, 이 용법에 관해서는 3.2.4.1에서 이미 논한 바와 같다.

70) 다만 일본어에서도 속어표현이긴 하지만 "あの人、イッちゃってる"(그 사람, 가 버렸어/정신이 돌았어)와 같이 말하는 경우가 있다(요시모토 하지메(吉本一), p.c. 2010.6). 그 외 다른 예문이 있는지에 대해서는 조사중이다.

71) 裵德姬(1985)에서는 (129)와 (130)의 일본어가 "そんな予想から来た", "意志力から来たのかも"밖에 없었다. 한국어를 참고로 필자가 붙인 것이다.

하지만 이는 裵德姬(1985)의 분석이 한국어를 기준으로 거기에 대응하는 일본어역을 대상으로 했기 때문이다. 일본어를 기준으로 한국어역을 보면 반대로 일본어의 '来る'가 한국어의 '오다'에는 대응하지 않는 예가 많이 존재한다.

다음의 (131)~(133)은 원인이나 기인을 나타낸다는 점에서는 (129)(130)과 같지만 '来る'를 기준으로 '오다'를 비교·대조하고 있는 예이다. (131a)~(133a)의 '来る'는 어떤 원인에 의해 화자가 있는 곳에 지금까지 존재하지 않았던 대상이 출현하는 것을 나타내는 예인데, 어느 것도 한국어의 '오다'와 대응하지 않는다.

(131) a. ストレスから胃痛が来る。

b. ?스트레스로부터 위통이 온다.

c. 스트레스 때문에 위가 아프다.

(132) a. 父の死から来る悲しみを乗り越え,ようやく立ち直った。

b. ?아버지 죽음으로부터 오는 슬픔을 극복하고 겨우 다시 일어섰다.

c. 아버지 죽음으로 인해 슬퍼했지만 극복하고 겨우 다시 일어섰다.

(133) a. 疲れが腰に来る。

b. ?피곤이 허리에 온다.

c. 피곤해서 허리가 아프다.

(山本 2000:15, 한국어는 필자)

(131a)~(133a)의 '来る'는 어떤 원인에 의해 생긴 결과에 대해 말하고 있는 경우인데(山本 2000), (131b)~(133b)와 같이 '오다'로 나타내면 부

자연스런 표현이 된다. 한국어에서는 (131c)~(133c)와 같은 표현이 좀 더 자연스러운 문장이 아닐까 생각한다.

(129)~(133)를 비교해 보면 전부 기인을 나타낸다고 말할 수 있는데, (131)~(133)는 원인에 의해 생긴 결과를 동반한다는 점에서 (129)~(130)과 그 의미가 다르다. 즉, 원인에 의한 결과를 동반하는 '인과'를 나타내는 경우의 '来る'와 '오다'는 대응하지 않는다는 것을 알 수 있다. 이러한 연유로 이 논문에서는 (129)~(130)를 '기인(起因)'이라고 이름 붙이고, (131)~(133)을 '인과성(因果性)'[72]이라고 이름 붙여 구별한다. 이처럼 구별하는 이유는 전자의 경우에는 '来る'와 '오다'가 대응하지만, 후자의 경우에는 대응하지 않기 때문이다. 또한 어떤 원인에 의해 화자가 있는 곳에 지금까지 존재하지 않았던 대상이 출현하는 것을 나타내는 '인과성'의 '来る'는 다음 절에서 고찰하는 일본어의 보조동사 'てくる'에 〈기동상〉을 나타내는 용법과 관계가 있을 것이다.

지금까지 일본어의 '行く/来る'와 한국어의 '가다/오다'의 본동사로서의 용법에 대해 살펴보았다. 일본어의 '行く/来る'의 원형적인 용법은 '공간 이동'이고, 거기에서 파생된 용법으로 '시간 이동, 심리표현, 인과성(来る)'의 세 가지 확장 용법이 있다. 한편, 한국어의 '가다/오다'는 원형적 용법인 '공간 이동'에서 확장된 '시간 이동, 심리 표현, 정상이 아닌 상태로의 변화(가다)'의 세가지 확장 용법이 존재한다. 지금까지 살펴본 '行く/来る'와 '가다/오다'의 본동사로서의 용법을 나타낸 것이 그림 12와 그림 13이다.

---

72) '인과성(因果性)'은 야마모토(山本 2000)의 용어를 차용한 것이다.

그림 12 '行く/来る'의 본동사로서의 용법

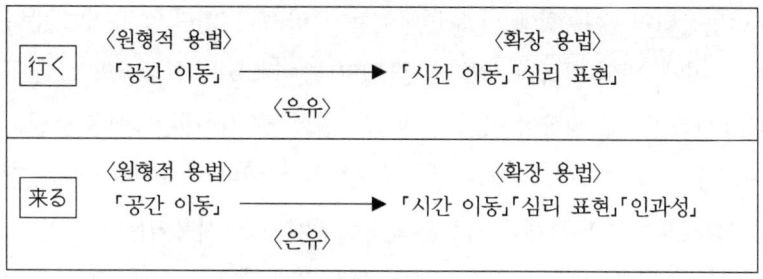

그림 13 '가다/오다'의 본동사로서의 용법

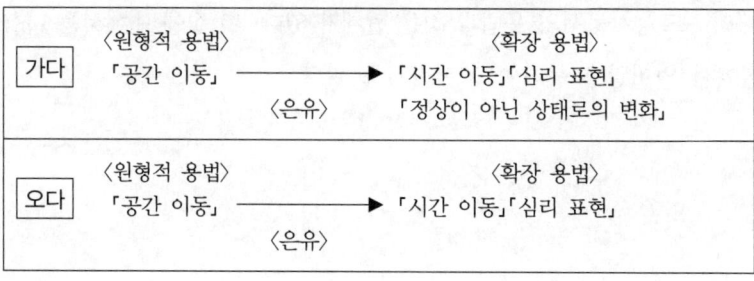

본동사로서의 '行く/来る'와 '가다/오다'는 〈은유〉(metaphor)를 통해서 인간 등 전형적인 동작 개채로서의 〈주체〉가, 확장 용법에서는 시간 등 화자가 움직이고 있다고 간주하는 것으로 확대된다. 또한 장소 등 전형적인 이동 공간이 시간, 신체 등까지 확대됨으로써 여러 가지 다양한 용법이 생겼다는 점에서는 동일하다. 또 확장 용법의 '行く/来る'와 '가다/오다'는 각각의 하위 분류에 있어서도 그 밑바탕에는 화제의 지점으로부터 멀어진다고 파악되면 '行く/가다'가, 가까워진다고 파악되면 '来る/오다'로 나누어 선택된다는 점도 유사하다.

하지만 다음과 같은 상이점이 보인다. 하나는 일본어는 '行く'보다 '来る'의 용법이 많은 것에 비해 한국어는 '오다'보다 '가다'의 용법이 많다는 점이다. 바꿔 말하면, '인과성'을 나타내는 '来る'는 한국어의 '오다'와 대응하지 않고, '정상이 아닌 상태로의 변화'를 나타내는 '가다'는 일본어의 '行く'와 대응하지 않는 경우가 많다는 차이이다. 또 하나 다른 점은 '심리표현'을 나타내는 경우는 관용표현에 많이 사용되는데, '오다'는 대부분 '来る'로 바꾸어 쓸 수 있는 것에 비해 '来る'는 '오다'로 바꾸어 쓸 수 없는 경우가 있다는 점이다.

지금까지 살펴본 본동사로서의 용법은 'ていく/くる'와 '어 가다/오다'의 보조동사로서의 용법과 깊은 관계가 있다. 이 점에 대해서는 다음 절에서 의미망을 통하여 제시하기로 한다.

4.2 보조동사로서의 용법
: 'ていく/くる'와 '어 가다/오다'

지금까지 일본어의 'ていく/くる'와 한국어의 '어 가다/오다'를 비교·대조한 연구는 姜桂千(1996), 도기정(1996), 조석호(1997), 姜美善(2003) 등이 있다. 도기정(1996), 姜美善(2003)는 상적 의미를 나타내는 'ていく'와 '어 가다'는 거의 대응하지만 'てくる'와 '어 오다'는 대응하지 않는 경우가 많다는 대응관계에 대한 기술적인 분석에 그치고 있지만, 姜桂千(1996)과 조석호(1997)는 왜 대응하지 않는가를 해명하려고 한 연구들이다.

姜桂千(1996)은 상적 의미를 나타내는 'ていく/くる'와 '어 가다/오다'를 연구대상으로 하고 선행 동사[73]의 의미 자질에 의한 보조동사와의 공기(共起) 제약에 의해 한일 양언어의 'ていく/くる'와 '어 가다/오다'의 대응에 차이가 있다고 분석하고 있다. 姜桂千은 한국어의 '가다/오다'가 지속을 나타내는 것에 착목하여 [+순간성]을 가지는 V1이 오면 공기하지 않는다고 분석하고 있다. 조석호(1997)는 'てくる'에는 〈기동상〉

---

73) 姜桂千(1996)은 일본어의 동사 분류에 대해 긴다이치(金田一1993)와 요시카와(吉川 1988)의 분류를 토대로 하고 있다. 일본어 동사분류와 그 예는 다음과 같다.
 ① 상태동사 : ある(있다), いる(있다), できる(할 수 있다), 要する(필요하다)
 ② 계속동사 : 読む(읽다), 書く(쓰다), 散る((떨어)지다), 降る(내리다)
 ③ 순간동사 : 死ぬ(죽다), 消える(꺼지다), 終わる(끝나다)
 ④ 변화동사 : なる(되다), 変わる(변하다), 増える(늘다), 減る(줄다)
 또한 姜桂千(1996)은 한국어의 동사분류에 대해 김성화 (1992)의 분류를 토대로 '한정성'이 있는가 없는가에 따라 [-한정성을 가지는 동사는 전개동사, [+한정성을 가지는 동사는 '순간성'의 의미 자질에 따라 '순간동사', '완성동사'로 분류하고 있다.

(inchoative aspect)이 있는데, 한국어의 '어 오다'에는 그런 용법이 없기 때문에 기동상의 의미를 드러내려면 '기 시작하다'로 표현해야 한다고 지적하고 있다. 예를 들면, 일본어의 "そのうちに雨が降ってきました"와 같이 기동상을 나타내는 'てくる'의 문장을 한국어로 나타낼 때는 "그러는 동안에 비가 내리기 시작했습니다"라고 의역해야 한다는 것이다.

姜桂千(1996)과 조석호(1997)의 분석에 의해 'てくる'가 〈출현 과정〉(吉川1976)이나 〈기동상〉을 나타내는 경우에는 '어 오다'와 대응하지 않는다는 것은 설명할 수 있다. 하지만 다음의 예문에서는 姜桂千과 조석호의 분석으로는 설명되지 않는 부분이 있다. 다음의 예를 보도록 하자.

    (134) a. 赤ちゃんがだんだん重くなってきました。

        b. ??아기가 점점 {?무거워져 왔습니다/무거워졌습니다}.

    (135) a. だんだん明るくなってきました。

        b. 점점 밝아(져) 왔습니다.

    (136) a. 富士山が(だんだん)見えてくる。

        b. 후지산이 (점점) {?보여 온다/보인다}

(134)(135)는 둘 다 〈상태 변화〉를 나타내는 'てくる'와 '어 오다'인데 (135b)에서는 '어 오다'를 사용해도 자연스러운 한국어인 데 비해 (134b)에서는 '어 오다'를 사용하면 부자연스럽다. 또 (136a)의 예는 〈기동상〉을 나타내는 예인데, 한국어에서는 '?보여 온다'라고 하면 부자연스러운 표현이 된다. 그런데 (136a)에 부사 'だんだん/점점'을 넣어 보면[74] 기

---

74) 부사 'だんだん'(점점)을 넣어서 검증하는 것은 나카다 세이치(中田清一)씨에 의함(2007.11, 言語文化教育学会 제7회대회).

동상의 의미가 없어지고 산이 화자의 눈에 조금씩 보이는 것을 나타내
는데, 이 경우에도 한국어의 '어 오다'의 사용은 허용되지 않는다.

이와 같이 일본어의 'てくる'를 한국어의 '어 오다'로 바꾸어 쓸 수
없는 경우가 많은 이유는 왜일까? 이 논문에서는 'てくる'와 '어 오다'가
대응하지 않는 경우가 많은 이유는 일본어의 'てくる'는 화자의 심적
태도를 표시하고 추상적으로 널리 쓰이는데, 한국어의 '어 오다'가 더
구체적인 움직임에 주목하기 때문이라고 생각할 수 있다.[75] 따라서 일
본어의 'てくる'와 한국어의 '어 오다'의 대조연구는 지금까지와 같이
상적 용법에 관하여 논하는 것만으로는 불충분하다라는 입장이다. 이
논문에서는 이러한 차이가 보이는 이유는 일본어 화자와 한국어 화자의
⟨사태파악⟩의 인지적 태도가 다르기 때문이라는 인지언어학적인 관점
에서 이 문제를 고찰해 보고자 한다.

또한 'ていく/くる'와 '어 가다/오다'는 그 성질에 의해 'ていく/어 가
다'와 'てくる/어 오다'로 나누어 고찰하기로 한다. 먼저 4.1.1에서는 일
본어 화자와 한국어 화자의 ⟨사태파악⟩의 원형적 사례인 'てくる'와 '어
오다'를 비교 · 대조하고, 4.2.2에서는 확장 사례인 'ていく'와 '어 가다'
에 대해 고찰하기로 한다.

4.2.1 'てくる'와 '어 오다'의 대응관계

이 절에서는 'てくる'와 '어 오다'가 쓰인 표현을 의미상에서 분류하
면서 각각의 용법에 관한 일본어와 한국어의 유사점과 차이점을 살펴보

---

75) 일본어의 「てくる」가 추상적, 한국어의 '어 오다'가 구체적인 느낌이라는 것은
   이노우에 마사루(井上優)씨(p.c. 2008. 2. 12)와의 개인 담화에서 힌트를 얻었다.

고, 'てくる'와 '어 오다'의 용법에 차이는 일본어 화자와 한국어 화자의
〈사태파악〉의 상이와 관계가 있다는 것을 밝히고자 한다. 먼저 다음
절에서 'てくる'와 '어 오다'의 도식(schema)[76]을 제시한 후 각 용법에
대해 고찰하도록 한다.

4.2.1.1 'てくる'와 '어 오다'의 도식

'ていく/くる'와 '어 가다/오다'의 각 도식을 분석함에 있어서 이 논문
에서는 두 가지 관점, 즉 〈직시성〉과 '출발점－경로－도착점'의 어느
쪽이 두드러지는가라는 점에서 분석하기로 한다. 왜냐하면 이 두 가지
관점이 'ていく/くる'와 '어 가다/오다'의 도식의 유사점과 차이점을 끄
집어 내는데 중요한 실마리가 된다고 생각하기 때문이다. 본동사로서의
'来る'와 '오다'는 항상 〈직시성〉을 가지는데(4.1를 참조), 이 성질은 'て
くる/어 오다'에도 확인된다. 따라서, 'てくる'와 '어 오다'의 주요 관점
은 '출발점－경로－도착점' 중, 어느 쪽이 두드러지는가라는 점으로 집
약된다. 이 점에 관해서 이 논문이 의거하는 입장은 다음의 야마조에(山
添 2004)이다.

「『起点－経路－着点スキーマ』のうちで、ある要素が動詞の語彙
的意味特性から重要になることを、その要素が『プロファイル
(profile)』されると呼び、情報構造において、ある要素が話者の関
心から重要になることを、その要素が『焦点化(focus)』されると呼
ぶ。('출발점－경로－도착점 도식' 중에서 어떤 요소가 동사의 어휘

---

76) 〈도식〉(schema)이란 'カテゴリーの全成員に共通して想定される抽象的な理
想像(범주의 모든 성원에 공통으로 상정되는 추상적인 이상상)' (요시무라(吉
村) 2004:47)을 말한다.

적인 의미 특성에서 중요해지는 것은 그 요소가 '윤곽화'된다고 부르
고, 정보구조에서 어떤 요소가 화자의 관심에서 중요해지는 것을 그
요소가 '초점화'된다고 부른다.)

(山添 2004:10)

여기에서는 'てくる'와 '어 오다'의 도식(schema)을 도출하는 것이 목
적이므로 어휘적 의미 특성에서 중요시되는 윤곽화(profile)에 중점을
두고 분석하기로 한다. 결론부터 말하면 일본어의 'てくる'는 '경로+도
착점' 또는 '도착점'이 윤곽화되는데, 한국어의 '어 오다'는 '도착점'만 윤
곽화되는 경우는 없고, 항상 '경로+도착점'이 윤곽화된다. 이를 도식화
하여 나타낸 것이 다음의 그림 14, 그림 15, 그림 16이다.

그림 14　　'てくる'의 도식①　　　**그림 15**　　'てくる'의 도식②

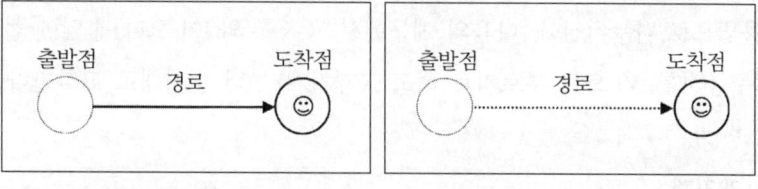

그림 16　　'어 오다'의 도식

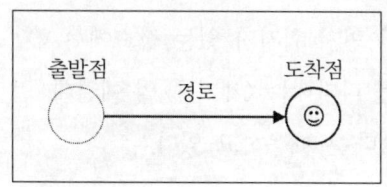

그림 14, 15, 16에서 얼굴(☺)은 화자의 〈시좌〉를 나타낸다. '출발점
-경로- 도착점'에서 어느 부분이 특히 주목하고 현저하게 드러나는가
는 굵은 선(→)과 굵은 동그라미(○)로 표시했다. '도착점'은 화자의
〈인식영역〉이라고 생각할 수 있다. 또 그림 14와 그림 16의 '경로+ 도
착점'이 윤곽화되는 것은 공간 용법의 〈계기계〉, 〈동시계〉와 확장 용법
의 〈행위 반복〉과 〈상태 지속〉이다. 그림 15는 '경로'가 배경화되고 '도
착점'이 윤곽화되는 경우인데, 공간 용법의 〈이동 방향의 명시화〉와 확
장 용법의 〈심적 직시〉와 〈상태 변화〉가 이에 해당한다. 다음 절부터
'てくる'와 '어 오다'의 각 용법에 대해 비교·대조하면서 분석해 나가기
로 한다.

4.2.1.2 'てくる'와 '어 오다'의 공간 용법

공간 용법은 〈계기계〉, 〈동시계〉, 〈이동 방향의 명시화〉의 세 가지
용법으로 나누어진다. 다음의 예문에서 'てくる'와 '어 오다'에 앞에 붙
는 동사를 'V1'으로 부르기로 하고, 〈계기계〉부터 순서대로 고찰한다.

< 계기계 >

〈계기계〉는 사카하라(坂原 1995)의 용어로, V1이 나타내는 사태가
먼저 일어나고 '来る'가 나타내는 이동이 연달아 일어나는 것'(p.117)을
말한다. 다음의 예는 이동에 앞서서 먼저 화자가 있는 장소에서 V가
일어난 장소로의 이동이 있는 경우를 나타내는 〈계기계〉의 예인데, 일
본어의 'ていく/くる'와 '어 가다/오다'는 대응하고 있다.

(137) a.「ここに<u>逃げてきて</u>いいだろうか、昔みたいに。」

【ハチ32】 77)

b. 「여기로 <u>도망쳐 와도</u> 될까,옛날처럼.」　　　[하치30]

(138)　a. 「このダウンジャケット、須藤くんに<u>借りてきて正解よ</u>」
【東京54】

b. 「이 오리털 파카, 스토군에게 <u>빌려오길</u> 정말 잘했네.」
[동경64]

　(137)은 화자가 V1의 동작 '逃げる/도망치다'에 잇달라 '来る/오다'라는 동작이 계속된 경우이고, 화자가 지금 발화하고 있는 장소로 온다라는 '来る'의 도식이 반영되어 있다. 마찬가지로 (138)도 V1의 동작 '借りる/빌리다' 뒤에 '来る/오다'라는 동작이 잇달아 일어나고 있음을 나타내고 있는데, 일본어의 'てくる'와 한국어의 '어 오다'는 대응하고 있다.

<동시계>

　〈동시계〉는 V1의 동작과 'てくる'가 동시에 일어남을 말하는데 '이동의 양태'를 나타내는 경우와 '이동할 때의 부대상황'을 나타내는 경우로 나눌 수가 있다. '走る(달리다), 飛ぶ(날다), 持つ(가지다), 連れる(데리다), 着る(입다)' 등의 동사가 'てくる'앞에 올 경우, 본동사의 동작과 '来る'라는 동작은 동시 진행이라고 말할 수 있다. 다음의 (139)~(141)가 이동 때의 방법을 나타내는 동사가 V 1에 와서 이동의 양태를 나타내는 경우이고, (142)가 이동할 때의 부대상황을 나타내는 경우이다.

　(139)　a. 私たちは、ソファに腰かけたままさらに待つ。…(略)…柿

---

77)　예문의 【 】 는 원문, [ ] 는 역문임을 나타낸다.

井さんはひょこひょこ<u>歩いてきた</u>。　【きら142】

b. 우리는 소파에 앉은 채 기다린다.…카키이 씨가 종종 <u>걸어왔</u>
<u>다</u>. [반짝143]

(140) a. …改札を抜けて地下通路を<u>走ってくる</u>彼の姿が見えた。
【東京90】

b. …개찰구를 빠져나와 지하통로를 <u>달려오는</u> 료스케의 모습이
보였다. [동경106]

(141) a. いきなり顔にクッションが<u>とんできた</u>のでおどろいて見
ると,…【きらきら25】

b. 느닷없이 쿠션이 <u>날아와</u> 놀라서 돌아보니, [반짝28]

(142) a. 「ところで、例の小説は<u>持ってきた</u>のか?」【東京78】

b. 「그나저나 그때 그 소설은 <u>가져온</u> 거야?」 [동경91]

(139)~(141)의 일본어에서 'てくる'를 붙이지 않은 V1(歩く/走る/飛
ぶ/持つ)으로만 표현하면 부자연스러운 표현이 된다. 이 경우, 한국어
에서는 V1(걷다/뛰다/날다/가지다)으로 표현하는 것은 가능하지만, 화
자 쪽으로 가까워진다라는 의미는 없어진다. 또한 (142b)는 '어 오다'가
붙지 않은 표현인 '가진 거야' 라고 하면 소유를 나타내어 이 경우에는
부자연스럽다. 영어에서는 'walk', 'bring' 등의 동사가 단독으로 쓰이는
것과 비교하면 대조적이다.[78] 즉, 〈동시계〉에서 〈직시성〉의 빈도/의무
적에 관해서 말한다면, 일본어 > 한국어 > 영어 순이라고 할 수 있다.

---

78) 요시카와(吉川千寿子 1995), 우에하라(上原 2001), Uehara(2006)에서도 같은
지적이 있다.

<이동 방향의 명시화>

'이동 방향의 명시화'란 어떤 곳에서 어떤 곳으로 이동하는 방향성이
있는 동사가 V1에 쓰였기 때문에 'てくる'는 그 이동 방향을 더 명확히
나타내는 역할을 하는 경우를 말한다. 이 경우에는 '帰る, 降りる, 戻る,
入る, 出る, 近づく' 등 이동을 나타내고, 방향성을 가지는 동사가 'てく
る'에 앞에 오는 경우가 많은데, 한일 양언어에 있어서 차이가 보인다.
일본어에서는 V1이 단독으로 사용되는데, 한국어에서는 반드시 '어 오
다(또는 '어 가다')'가 붙은 형태로 쓰인다는 점이 다르다.79)

다음의 예 (143)~(144)는 각각 '出る, 入る, 降りる, 戻る'라는 [+ 방
향성]의 동사가 V1에 사용된 예이다. 이들 각 예문을 'V1 + てくる/어
오다形'과 'V1形'의 양쪽을 제시하고, 검토해 보기로 한다.

> (143) a. そうでなくても, 教室を{出てくる/出る}とき, …[我々42]
>   b. 그렇잖아도 교실을 {나올/*날} 때, … 【우리들54】
> (144) a. 亮介が…ふたたび席に{戻ってくる/戻る}と、 【東京18】
>   b. 료스케가 다시 자리로 {돌아오/??돌}자, [동경23]

일본어는 (143a)와 같이 '出る' 단독으로 사용 가능하다. '出る'는 이
동동사로 방향성을 가진다고 생각할 수 있는데, 'てくる'를 붙임으로써
그 방향을 좀 더 명확히 하고 있다. (143a)의 일본어는 화자가 보는 시점
이 다르다는 의미는 있지만, '出てくる'나 '出る' 둘 다 쓸 수 있다. 마찬

---

79) 앞에서 언급한 바와 같이 한국어 국어문법에서는 이러한 동사, 즉 '돌아가다/돌
아오다', '나가다/나오다', '들어가다/들어오다' 등을 '합성동사'라고 한다.

가지로 (144a)도 화자가 어느 시점에서 말하고 있는가에 따라 그 선택
이 달라지지만, '戻ってくる'와 '戻る' 둘 다 사용 가능하다. 즉, 그 자리
에 있는 느낌으로 임장감이 더 강하게 느껴지는 것은 '出てくる', '戻っ
てくる'이고 '出る', '戻る'는 전체적인 시점에서 본 객관적인 묘사이다.
다시 말하면 일본어의 '出る', '戻る'등은 이동동사로 그 자체가 방향성
을 가지는 동사이므로 'ていく/くる'의 부가를 필요로 하지 않는데도
불구하고 'ていく/くる'를 붙여서 언어화하는 이유는 일본어 화자가 문
제시되는 그 현장에서 체험적으로 받아들이는 〈주관적 파악〉을 선호되
는 경향이 있기 때문이라고 생각한다.

　　한편 한국어에서는 '어 오다'의 부가가 의무적이다. 가령 (143b)과
(144b)에서 '어 오다'를 뺀 V1의 '나다', '돌다'가 되면 그 의미가 바뀌어
버린다. (143b)의 '나다'는 '나타나다, 생기다, 이루어지다, 드러나다' 등
의 의미이고, (144b)의 '돌다'는'(무엇을 중심으로 하여 그 둘레를) 밟으
면서 움직이다, 둥글게 움직이다, 회전하다'라는 전혀 다른 의미의 동사
가 된다.[80] 언뜻 보기에 이 점은 〈이동 방향의 명시화〉의 용법에서는
일본어보다 한국어 쪽이 〈직시성〉의 빈도·의무화가 높은 듯이 보인
다. 그러나 이는 앞서 기술한 것과 같이, 한국어에서는 이들 동사에 '어
오다'가 붙지 않은 형태가 되면 전혀 다른 의미를 가지기 때문이라고
생각한다.[81] 따라서 이 경우는 〈직시성〉의 빈도·의무화와는 다른 차
원에서 생각해야 할 것이다.

　　그런데 〈이동 방향의 명시화〉에서 '出る, 帰る, 戻る' 등의 동사가

'てくる' 앞에 붙어 있지만, 어떤 장소에서 어떤 장소로의 구체적인 공간적 이동을 나타내지 않는 경우가 보인다. 다음의 예문 (145)에서 (148)을 보도록 하자.

(145) a. …涙が出てきた。【ハチ117】

　　　b. …눈물이 나왔다.　[하치112]

(146) a. やっとでてきた言葉に、睦月は事情がのみこめない風だった。【きら46】

　　　b. 간신히 나온 말에, 무츠키는 무슨 말인지 잘 모르겠다는 표정이었다.　[반짝47]

(147) a. どんな話、という声がかえってきた。【きら48】

　　　b. 「어떤 얘기?」란 목소리가 돌아왔다.　　　[반짝51]

(148) a. ふいに現実の中に戻ってきた、というような気持ち。【きら64】

　　　b. 갑작스레 현실로 돌아온 듯한 기분.　[반짝67]

(145)는 이동하는 대상이 '涙/눈물'로 윤곽이 연속적인 대상으로서의 이동이기 때문에 움직임의 개념이 애매하다. 또 (146)~(148)는 이동하는 대상이 각각 '言葉/말', '声/목소리', '気持ち/느낌'으로 구체적인 '공간적 이동'이라고 말하기는 어렵다. 추상적인 의미에서의 '어떤 곳'에서 '어떤 곳'으로의 이동이라고 볼 수 있지만, 이 경우의 '어떤 곳'은 구체적인 장소라는 이미지가 희박하다. 일반적으로 이동하는 대상이 〈인간〉같이 전형적으로 〈유한적〉(bounded)인 존재의 경우에는 공간적 이동이 가장 구체적으로 알기 쉽다. 그에 비해 〈유한적〉에서 〈무한적〉

(unbounded)인 성격이 점점 강해지면 구체적인 의미에서의 공간적 이미지가 옅어져 추상적 이동을 나타내는 것이 아닐까 생각한다.

지금까지 'てくる'와 '어 오다'의 공간 용법을 살펴보았다. 공간 용법은 〈계기계〉/〈동시계〉와 〈이동 방향의 명시화〉라는 의미특징과 관련지어 검토할 수 있다. 〈계기계〉와 〈동시계〉는 'てくる'와 '어 오다'의 용법이 대응하고 있다고 할 수 있다. 〈이동 방향의 명시화〉는 방향성을 가지는 동사가 'てくる/어 오다'의 앞에 오는 경우가 많은데 일본어보다 한국어의 경우에 '어 오다'의 부가가 의무화되어 있는 경향이 강하다는 특징이 있다. 하지만 이 경우는 한국어에서 '어 오다'가 붙지 않은 형태가 되면 전혀 다른 의미를 가지기 때문이며, 따라서 〈직시성〉의 빈도·의무화와는 다른 차원에서 생각해야 한다고 지적했다.

그런데 다음의 예문 (149)는 '乗る'가 V1으로 사용된 경우인데, 언뜻 보면 공간적 이동과 같이 생각될 수 있다.

(149) a. しばらくしたある駅で、その老人は乗ってきた。
【とかげ9】
b. 잠시 후 어느 역에서 그 노인이 {탔다/??타 왔다}.
[도마뱀8]

(149)는 이미 전철에 이미 타고 있는 화자가 'その老人'(그 노인)이 전철에 탄 것을 묘사한 문장인데, 일본어에서는 단순한 공간적 이동이 아니라 'その老人'이 자신의 '인식영역'에 들어왔다라는 어감이 강하다.

이것은 일본어만을 보면 알기 어려울지도 모르지만, 한국어와 비교해 보면 명확해진다. 가령 (149)의 문장을 한국어에서 '어 오다'를 사용하여 '타 왔다'라고 나타낸다면 "그 노인이 전철을 타고, 그리고 화자 쪽으로 왔다"라는 어감이 되어, 이 경우에는 맞지 않는다.

李美淑(2002)은 무의지적 운동을 나타내는 동사는 화자의 의지로 조절할 수 없다는 점에서 '화자의 심리적 시점[82]'을 주관적으로 나타낸다고 고찰하고, V1에 의지동사가 올 때의 'てくる'는 이동 및 방향이라는 의미와는 다른 관점에서 논해야 한다고 주장하고 있다. 그러나, (149)와 같이 의지동사가 사용되고 있는 경우에도 화자의 심리적 시점을 읽을 수 있다. 또 "トムが私に電話をかけてきた"(톰이 나에게 전화를 걸어 왔다)와 같은 경우의 '電話をかける'(전화를 걸다)는 행위동사, 즉 의지동사로 간주할 수 있는데 마찬가지로 화자의 심적태도를 나타낸다.[83] 즉 'てくる'에 화자의 심리적 시점이 나타난다는 것은 李美淑(2002)가 주장하고 있듯이 무의지적 운동을 나타내는 동사가 전접하는 경우만으로 한정된다고 말하기 어렵다.

이와 같이 생각해 보면 'てくる'의 연구는 공간적 이동이나 '상'에 관련된 의미 분석, 또는 선행 동사에 의한 분류 등으로는 불충분하고, 이를 넘는 연구가 필요하다. 다시 말하면 언어를 다루는 인간(화자)도 시점에 넣어서 검토해야만 한다. 여기에서 일본어의 'てくる'는 화자의 공간·시간·심리적인 영역으로의 이동을 나타내지만(吉川千鶴子

---

82) 李美淑(2002:126)은 화자의 심리적 시점에 대해 '화자(관찰자)가 무의미적 운동의 진행과정을 표현함에 있어서 자신의 감정을 이입하여 표현하는 것'이라고 하고 있다.

83) 다음 절에서 말하지만 이 논문에서는 Tokunaga(1986)에 따라 이 용법을 〈심적 직시〉라고 한다.

1995), 한국어의 '어 오다'는 화자의 심리적 영역으로의 이동은 그다지 나타나지 않는다는 가설을 세울 수 있지 않을까? 이 가설은 확장 용법의 〈상태 변화〉, 〈심적 직시〉를 나타내는 'てくる'와 '어 오다'의 비교·대조에 의해 더 명확해진다. 다음 절에서는 'てくる'와 '어 오다'의 확장된 용법에 대해 고찰하기로 한다.

4.2.1.3 'てくる'와 '어 오다'의 확장 용법

확장 용법을 나타내는 일본어의 'てくる'는 〈행위 반복〉, 〈심적 직시〉, 〈상태 지속〉, 〈상태 변화〉로 나누어진다. 그 중, 한국어의 '어 오다'와 대응되는 것은 〈행위 반복〉과 〈상태 지속〉을 나타내는 경우이고, 〈심적 직시〉와 〈상태 변화〉를 나타내는 'てくる'는 '어 오다'와 대응하지 않는다. 순서대로 고찰해 나가도록 한다.

<행위 반복>

'행위 반복'이란 '어떤 행위가 단속적으로 계속되는 것'을 말한다. 다음의 (150)과 (151)은 행위가 반복적으로 행해지는 예인데, (150)은 일본어 원문과 한국어역의 예문이고, (151)은 한국어 원문과 일본어역의 예이다.

(150) a. でも説得で彼の考えを変えられるわけでもないし、そんなのたくさん見てきた。
説得の嘘ワールドを。　【ハチ47】
b. 하지만 설득으로 그의 생각을 바꿀 수 없고, 그런 것 많이 보아 왔다. 설득의 거짓말 월드를.　[하치44]

(151) a. ソクテと力を合わせて担任の先生の公正な採点を<u>妨げて</u>
　　　　　<u>きた</u>のではなかったのか、 [我々73]

　　　　b. 석대와 힘을 합쳐 담임선생님의 공정한 채점을 <u>방해해 오지</u>
　　　　　않았는가. 【우리97】

　　(150)은 화자가 몇 번이나 본 것을 나타내고, (151)은 방해하는 것이
반복적으로 행해진다라는 의미를 나타낸다. 양쪽 다 일본어의 'てくる'와
한국어의 '어 오다'는 대응하고 있다. 이 점은 양언어의 'てくる/어 오다'
에 '지속'의 일종인 '반복'을 나타내는 의미・용법이 있음을 나타낸다.

<심적 직시>

　　〈심적 직시〉(Affective deixis)는 Tokunaga(1986)의 용어인데(3.1을 참
조), Tokunaga(1986:131-136)는 화자가 주어의 위치에 있지 않을 경우,
'くる'를 사용하여 동작주(주어)의 행위에 대해 부정적(negative)인 기분
을 나타낼 경우에는 화자 자신의 심리적 직시를 보조동사 'くる'로 나타
내는 점에 주목하여 'くる'에 〈심적 직시〉를 나타내는 용법이 있다고
분석하고 있다(3.1.2를 참조). 흥미로운 점은 'てくる'와 '어 오다'의 비
교에서 〈심적 직시〉로 분류할 수 있는 'てくる'는 한국어의 '어 오다'로
나타낼 수 없다는 점이다. 다음의 예문(152)와 (153)은 Tokunaga (1986)
의 예문, (154)는 도쿠나가(德永2004)의 예문이고, 각 예의 한국어는 필
자가 붙인 것이다.

(152) a. トムは私に電話を<u>かけてきた</u>。 (재게=(39))

　　　　b. ?톰은 내게 전화를 <u>걸어 왔다</u>.

    c. 톰한테서 (나에게) 전화가 <u>걸려 왔다</u>.

(153) a. トムは私にメリーを紹介し<u>てきた</u>。

    b. ?톰은 나에게 메리를 <u>소개해 왔다</u>.

    c. 톰이 나에게 메리를 <u>소개해주었다</u>.

    d. 톰이 나에게 메리를 <u>소개했다</u>. (그래서 싫었다.)

                            (Tokunaga 1986:132,한국어는 필자)

(152b)는 문법적으로 틀리다고 말할 수는 없으나 한국어로서 부자연스런 표현이다. 이 경우, 한국어에서는 (152c)와 같이 "톰한테서 (나에게) 전화가 걸려 왔다."로 표현하는 것이 자연스러울 것이다. 또한 화자가 감사의 마음을 나타낼 때는 '어 주다'를 사용하여 (153c)와 같이 "톰이 나에게 메리를 소개해 주었다."와 같이 표현한다. 반대로 불쾌감을 나타낼 때는 (153d)와 같이 "톰이 나에게 메리를 소개했다. 그래서 싫었다."라는 식의 표현을 쓸 것이다.

   지금까지 살펴본 바와 같이 '어떤 행위와의 관계'를 나타내는 경우, 일본어의 'てくる'는 심적태도를 나타내는 용법이 존재한다. 이에 비해, 한국어의 '어 오다'는 그와 같은 용법이 확인되지 않는다. 이 점은 다음의 예(154)를 통해서 더 명확해진다(제 3장 3.1.2.1를 참조).

(154) a. トムは私に腐った果物を{?送りました/送ってきました}。

    b. 톰이 나에게 썩은 과일을 {보냈습니다/보내 왔습니다}.

                            (德永 2004:74, 한국어는 필자)

(154)에서 나타낸 것과 같이 일본어에서는 V1으로만 나타내면 약간

어색한 표현이 되지만, 한국어에서는 그러한 제약이 보이지 않는다. 이와 같은 예는 소설 원문과 그 한국어역에서 추출한 다음과 같은 예문에서도 보인다. (155)와 (156)의 V1은 'なぐりかかる', '送られる'인데, 다음 예문의 'てくる'는 〈심적 직시〉의 용법으로 간주할 수 있다.

> (155) a. いきなりぐおーっと熊みたいな声でなぐりかかってきて
>   さ。【きら101】
>   b. 갑자기 웅-하고 곰 같은 소리를 내면서 달려드는데,
>   [반짝103]
> (156) a. こちらの都合も考えず、朝の四時に送られてくるものも
>   あった。【東京11】
>   b. 상대의 상황은 안중에도 없이 새벽 4시에 메시지를 보내는
>   사람도 있었다. [동경16]

(155)는 화자인 '私'가 생략되어 있는데, 화자 자신이 연관되어 있는 상황을 묘사하고 있는 점에서는 (156)과 변함이 없다. (155a)와 (156a)의 일본어는 'てくる'가 사용되어 화자에게 미친 어떤 영향을 나타내는데, 한국어에서는 (155b)와 (156b)와 같이 V1으로만 표현되어 있다. 가령 '어 오다'를 사용하여 '갑자기 웅-하고 곰 같은 소리를 내면서 달려들어 오는데' 또는 '상대의 상황은 안중에도 없이 새벽 4시에 메시지를 보내 오는 사람도 있었다' 등과 같이 표현하면 방향만을 나타내는 의미가 된다. 또 (155)와 (156)은 문맥의 의미에서 화자에게 있어서 좋지 않은 영향이라는 것을 짐작케한다. 스미타(住田 2006)는 이와 같은 'てくる'를 〈역행태〉를 나타내는 'てくる'라고 분석하고, 그 특징의 하나로

서 '혐오감'을 나타낸다고 지적하고 있다(3.1.2.3 참조). (155)와 (156)의 문장은 '혐오감'이 느껴지지만, 다음의 예문과 같이 '혐오감'이 느껴지지 않는 경우도 있다.

(157) a. ご主人が出張するたびに私に電話をかけてきた。
【きら73】

b. 남편이 출장을 갔을 때마다 나에게 전화를 걸었다.
[반짝77]

(158) a. 大杉 : 「場所が分からないのかな?」
亮介 : 「だったら電話してくるよ」【東京36】

b. 오스기 : "장소를 모르나?"
료스케 : "모르면 전화했겠지." [동경45]

'てくる'의 앞에 붙는 동사로서 '電話をかける/する'(전화를 걸다/하다)는 스미타(住田 2006)가 제시하고 있는 예에서도 사용되고 있다. (157)은 화자인 '私'에게 화자의 친구가 남편이 출장갈 때마다 전화를 거는 것을 말하는 예인데, 화자에게 있어서 귀찮고 싫은 일인지 아닌지는 알 수 없고, (158)은 전혀 '혐오감'이 느껴지지 않는다. 하지만 (157)와 (158)의 어느 쪽도 일본어에서는 화자에게 어떤 영향이 있다는 것을 나타내는데, 한국어는 상황 자체를 객관적으로 언어화하고 있다는 인상이다.

<상태 지속>

이 논문에서 말하는 〈상태 지속〉이란 다음의 두 가지 경우를 말한다.

> **상태 지속** ⅰ. 해당하는 상태가 질적인 변화 없이 계속되는 것.
> ⅱ. 해당하는 상태가 시간 추이와 같이 점진적으로 진행되
> 는 것.

이미 제3장에서 선행 연구를 개관하며 살펴본 것과 같이 일본어의 'ていく/くる'는 '지속상'과 '기동상' 등의 상적 의미를 가지는데, 한국어의 '어 가다/오다'는 '지속상'밖에 존재하지 않는다. 따라서 한일 양언어의 'てくる/어 오다'의 확장 용법에서 '지속상'을 나타내는 경우가 가장 잘 대응할 것이라는 것이 예상된다.

먼저 〈상태 지속〉ⅰ. 해당하는 상태가 질적인 변화 없이 계속되는 것의 경우를 보기로 하자.

> (159) a. 「私は一人でそれを抱えて<u>生きてきた</u>。」【神の144】
> b. 「나 혼자서 간직하고 <u>살아왔지요</u>.」 [신의134]
> (160) a. いままで<u>大切にしてきた</u>いろいろなもの、両親や瑞穂さ
> んや、いままで<u>愛してきた</u>そういう人たちのいる場所か
> ら、【きら135】
> b. 지금까지 <u>소중하게 여겨 왔던</u> 많은 것들, 자기 부모와 미즈호
> 씨와 지금까지 <u>사랑해 왔던</u> 그런 사람들이 있는 장소로부터.
> [반짝136]

(159)는 '生きること'가 과거에서 지금까지 계속된 것을 나타내고, (160)도 과거에서 지금까지 '大切にする', '愛する'라는 행위가 쭉 계속된 것을 나타내는데, 어느 쪽도 'てくる'와 '어 오다'가 대응하고 있다.

(159)와 (160)의 V1은 '生きる''愛する' 등 의지의 대상이 되는데, 이와 달리 다음의 (161)와 (162)는 '流れる', '明るくなる', '聞こえる' 등 의지 와는 관계 없는 동사가 V1이다.

(161) a. どこから流れてきたのか、分厚い雲が太陽にかかって いる。【東京122】

b. 어디서 흘러왔는지 두터운 구름이 태양을 반쯤 가리고 있었 다. [동경140]

(162) a. 遠くから聞こえてくるような、発車のベルの音。【とかげ36】

b. 멀리서 들려오는 듯한 발차 신호 소리. [도마뱀34]

(161)의 '흐르다'는 계속 내지는 지속을 나타내고, (162b)의 '들리다'도 소리가 계속하여 들리는 '반복' 내지는 '계속'을 나타내는데, (161)과 (162)에서 'てくる'가 '어 오다'로 표현되어 있다. 또 '반복'[84] 내지는 '계 속'의 의미만이 아니라, 화자 자신에게 향하는, 즉 화자의 '인식영역'에 다가온다는 것을 의미한다.

---

84) 姜桂千(1996:138-139)은 지각동사 '見える'(보이다)가 'てくる' 앞에 붙으면 '어 오다'와 대응하지 않지만, '聞こえる'(들리다)는 대응한다고 지적하고 있다. 그 이유에 대해 姜桂千은 '보이다'는 자동사로서 보이는 상태가 순간적으로 인식 되는 [＋순간성]의 의미가 강하기 때문에 [－순간성]의 '어 오다'와는 공기(共起) 하기 어렵지만, '들리다'는 '보이다'와 달리 들리는 상태가 반복적으로 계속됨으 로 그 전체가 [－순간성]을 가지므로 공기 가능하다는 것이다. 그런데 "富士山 がだんだん見えてきた"와 같이 일종의 계속을 나타내는 경우에도 한국어에서 는 "후지산이 점점 보여 왔다"라고 '어 오다'를 써서 표현하는 것보다는 "후지산 이 점점 보였다"라고 표현하는 것이 더 자연스럽다. 즉, 이러한 차이는 [±순간 성]의 유무나 동사의 성질에 의한 공기 관계가 아니라 그 사태 안에 자신의 몸을 두고 〈자기 중심적〉으로 말하는 일본어 화자의 〈주관적 파악〉과 관계가 있을 것이다.

다음으로 〈상태 지속〉 ii 의 해당하는 상태가 시간 추이와 같이 점진
적으로 진행되는 경우를 보도록 한다. 다음의 예는 '형용사 + くなる'가
'てくる' 앞에 붙는 경우이다.[85]

> (163) a. デパートの明るい照明の中で、派手なスーツを彼女のた
>   めに見立てているうちに<u>少し明るくなってきた</u>。
>   【ハチ144】
>   b. 백화점의 밝은 조명 아래서, 그녀를 대신하여 화려한 슈트를
>   입어보는 사이 마음이 <u>밝아져 왔다</u>. [하치140]

(163b)의 '어 오다'는 '화려한 슈트를 몇 번이나 입어보는 사이에 가라
앉아 있던 화자의 마음이 점점 밝아졌다'라는 점진적인 진행을 나타내
고 있다. 한편 (163a)의 일본어에서는 단순한 점진적인 진행이 아니라,
화자의 마음이 밝아지는 과정을 화자가 인식한 것을 나타내고 있다. 즉,
'明るくなってきた'는 'だんだん'이라는 부사가 붙으면 한국어와 같이
점진적인 진행을 나타낸다고 생각할 수 있지만, (163a)에서는 '少し'라
는 부사가 붙어서 그와 같은 의미는 없어진다. 또 (163b)의 한국어에서
는 '少し'에 대응하는 말이 생략되어 있고, 점진적인 〈진행〉이라는 해석
이 가능하다. 만약 (163b)에 '조금'을 넣는다면 다음과 같이 한국어로서
는 약간 부자연스러운 표현이 된다.

---

85) 이 연구의 조사에서는 '形容詞 + くなる'形이 '어 오다'와 대응하고 있는 것은
    (163)의 예문밖에 없었다.

(164) 백화점의 밝은 조명 아래서, 그녀를 대신하여 화려한 슈트를 입어보는 사이 마음이 **조금** (?밝아져 왔다/밝아졌다).

<상태 변화>

앞선 3.1.2.1에서 일본어에서 'くる'를 사용한 경우와 'なる'를 사용한 경우에는 '화자와의 관련'에 차이가 있다는 것을 기쿠치(菊池 2002)를 통해 살펴보았는데, 여기에서는 한국어와의 비교를 해 보도록 한다. 다음의 (165)와 (166)은 기쿠치(菊池 2002)의 예문이고 한국어는 필자가 붙인 것이다. 기쿠치(菊池)에 의하면 (165a)와 (166a)의 일본어는 둘 다 '彼女(그녀)'에 대한 'トム(톰)'의 마음의 변화를 나타내고 있는데, 이를 설명하는 사람(narrator)과의 관련이 다르다고 한다. 즉, 'てくる'가 사용된 (165a)의 경우에 화자는 톰이 놓여 있는 어떤 새로운 상태에 관련되어 있지만, 'なる'가 사용된 (166a)의 경우는 화자가 '전체적 시점(God's view)'을 취하고 있어 객관적으로 상태 변화를 묘사하고 있다는 것이다.

(165) a. トムはやがて彼女が好きになってきた。
　　　 b. 톰은 드디어 그녀가 {??좋아져 왔다/좋아졌다.}
(166) a. トムはやがて彼女が好きになった。
　　　 b. 톰은 드디어 그녀가 좋아졌다.

　　　　　　　　　　　　　　　　　(菊池 2002:37, 한국어는 필자)

한국어의 경우 (165b)의 '어 오다'가 쓰인 문장은 비문으로, 일본어의 (165a)와 (166a)의 어느 쪽도 '어지다'로밖에 나타낼 수 없다. 기쿠치(菊

池 2002)는 일본어의 ‘くる’와 ‘なる’를 비교하고 있지만, 이것은 일본어
와 한국어의 비교에도 그대로 적용할 수 있다고 생각한다. 즉, 일본어는
‘てくる’를 사용하여 화자와의 관계를 나타내고 있는데, 이에 비해 한국
어에서는 화자의 관여를 나타내는 ‘어 오다’의 사용은 허용되지 않고
객관적으로 표현하고 있다는 대비가 보인다.

다음의 (167)은 ‘아기의 탄생’에 대한 한일 양국어의 표현 차이의 예인
데, 일본어에서는 ‘生まれてくる男の子’라는 표현이 한국어에서는 ‘태
어날 사내아이’로 표현된 예이다. 만약 한국어에서 ‘어 오다’를 사용하여
나타내면 ‘?태어나 올 사내아이’가 되는데 이러한 표현은 마치 ‘갓난아기
가 태어나서 기어나온다’라는 듯한 어감으로 실제 현실과는 동떨어진
이상한 표현이 되고 만다. 86)

  (167) a.「私はその生まれてくる男の子に善也という名前をつけま
     しょう。」【神の94】
    b.「나는 태어날 그 사내아이에게 ‘요시야’라고 이름을 붙이겠
     습니다.」[신의92]

다음의 (168)87)은 신칸센을 탔을 때 에어컨의 냉방이 너무 세서 겉옷

---

86) 사람의 탄생을 말할 때 일본어와 영어에서도 차이가 보인다. 이케가미(池上
2006a)는 일본어에서 탄생은 자발적인 일로 볼 수 있지만, 영어에서는 ‘bear’라
는 타동사의 수동형을 쓰고 있다(p.177)고 지적하고 있다. 일본어 화자는 ‘生ま
れる’보다는 ‘てくる’를 붙인 ‘生まれてくる’라는 표현을 좀 더 즐겨 쓴다고 생
각된다. 같은 사태를 언어화함에도 불구하고 일본어·한국어·영어에서 이와
같은 차이가 나타난다는 것은 매우 흥미롭다. 영어 화자가 사태만이 아니라
그 기인의 존재를 넌지시 나타내고 있는 것에 비해 일본어와 한국어에서는
자발적인 일로서 보고 있다는 차이가 보인다. 또한 일본어는 한국어보다 〈자
기〉와의 관계가 좀 더 명시된다는 차이를 엿볼 수 있다.

을 걸치는 B에게 A가 춥냐고 묻는 장면이다. 이때 일본어에서는 "寒い?"
또는 "寒くなってきたの?"라고 물을 수 있다. 또 대답하는 쪽에서도
"寒い."또는 "寒くなってきた."라고 대답할 수 있다. 하지만 한국어에
서는 질문하는 쪽에서도, 대답하는 쪽에서도 '춥다'만을 사용하고 보조
동사 '어 오다'의 부가는 허용되지 않는다.

> (168) 신칸센에서 에어컨의 냉방이 너무 세서 B는 겉옷을 입는다. 이를 보고
> A가 질문하는 장면
> (일본어) A : 寒い? / 寒くなってきたの?
> B : うん、寒い / うん、寒くなってきた。
> (한국어) A : 추워? / *추워져 왔어?
> B : 응, 추워. / *응, 추워져 왔어.

예 (168)의 '寒くなる'는 '형용사＋くなる'의 형이고 '변화의 과정'을
나타낸다. '寒い' 또는 '寒くなった'는 화자가 객관적으로 묘사하고 있
다는 것이 느껴진다. 이에 비해 'てくる'가 사용되면 '춥지 않은 상태'에
서 '추운 상태'로의 변화 과정이 해당자(여기에서는 B)에게 관계가 있음
을 함의한다고 생각할 수 있다.

다음의 예문은 일본어의 'てくる'가 한국어의 '기 시작하다'로 나타난
예문이다. 일본어의 'てくる'는 〈기동상〉이 있지만, 한국어의 '어 오다'
는 그러한 용법이 없기 때문에(조석호 1997), 다음과 같이 '기 시작하다'
를 써서 기동의 의미를 나타낸다.

---

87) 예 (168)은 필자와 필자 친구와의 대화에서 얻은 예이다.

(169) a. そして雨が<u>降ってきた</u>。　　【とかげ113】
　　 b. 그리고 비가 <u>내리기 시작했</u>다. [도마뱀109]

(170) a. 何だか楽しささえ<u>芽生えてきた</u>。　　【とかげ88】
　　 b. 어쩐지 즐거운 마음마저 <u>들기 시작했다.</u> [도마뱀85]

(169)(170)에서 '기 시작하다' 대신에 '어 오다'를 붙이면 부적격한 문장이 된다. 한국어에서는 (169b)(170b)와 같이 '기 시작하다'를 붙여서 나타내거나 '내리다', '들다'라는 V1으로 나타낼 수 밖에 없다. 그러나 이 같은 표현은 단순히 사실을 객관적으로 말하는 표현이다. 또 'てくる'를 사용한 일본어 표현에서는 〈기동상〉의 의미뿐만 아니라 화자의 〈주관적 파악〉이 나타난다. 예를 들면 (169a)의 화자는 '비가 내리기 시작했다'라는 것을 눈으로 지각하고, 그 사태 안에 자신을 두고 언어화한다는 이른바 〈주관적 파악〉이다. 여기에 비해 (169b)의 한국어는 '비가 내리고 있다'라는 '진행'에 주시하고 객관적으로 묘사하고 있다는 〈객관적 파악〉이라고 생각한다.

지금까지 〈상태 변화〉를 나타내는 'てくる'와 '어 오다'는 대응하지 않는 경우가 많다는 것을 지적하고, 이와 같은 차이의 배경에는 일본어 화자가 한국어 화자보다 〈주관적 파악〉의 경향이 강하다는 점과 관련하여 고찰해 왔다. 그런데 〈상태 변화〉를 나타내는 'てくる'는 위에서 예로 든 (165)~(168)과 같이 본동사로 나타나는 경우나 (169)와 (170)과 같이 '기 시작하다' 이외에 '어지다', '어 오르다', '어 가다' 등 여러 가지 형태로 번역되어 있는 경우가 보인다. 이 점에 대한 자세한 분석과 예문은 제5장(5.1)에서 하기로 한다.

4.2.1.4 '来る/てくる'와 '오다/어 오다'의 의미망

이 논문에서는 일본어의 'てくる'와 한국어의 '어 오다'의 용법을 크게 〈공간적 용법〉과 〈확장 용법〉의 두 가지로 나누어 생각했다. 먼저 'てくる'의 용법을 보면 〈공간적 용법〉은 〈계기계〉/〈동시계〉와 〈이동 방향의 명시화〉로 분류되고 〈확장 용법〉은 〈행위 반복〉, 〈심적 직시〉, 〈상태 지속〉, 〈상태 변화〉로 나누어진다. 한편, 한국어의 '어 오다'의 용법을 보면 〈공간적 용법〉은 〈계기계〉/〈동시계〉와 〈이동 방향의 명시화〉로 분류되고, 〈확장 용법〉은 〈행위 반복〉과 〈상태 지속〉으로 나누어진다.

또한 각각의 용법은 4.1에서 고찰한 본동사 '来る/오다'와 깊은 관련성이 있으며 유기적으로 연결되어 있다고 생각할 수 있다. 지금까지 살펴본 '来る/てくる'와 '오다/어 오다'의 다의구조의 전체상을 의미망(meaning network)으로 나타내면 다음과 같다.

그림17 '来る/てくる'의 의미망

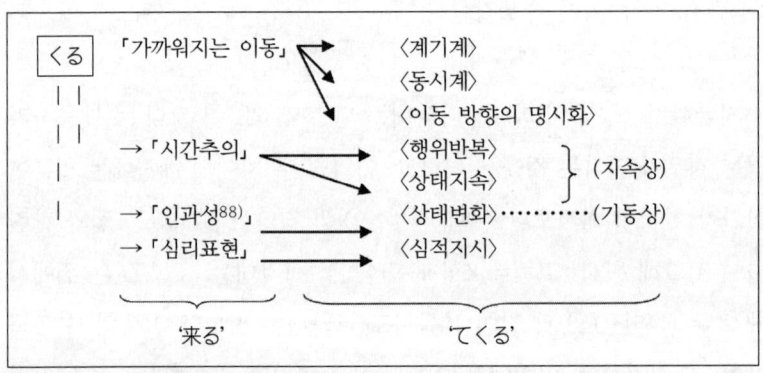

---

88) 다만 '인과성'과 평행하는 것은 〈상태 변화〉 중에서 〈기동상〉을 나타내는 경우로 한정된다.

<u>그림18</u>　　'오다/어 오다'의 의미망

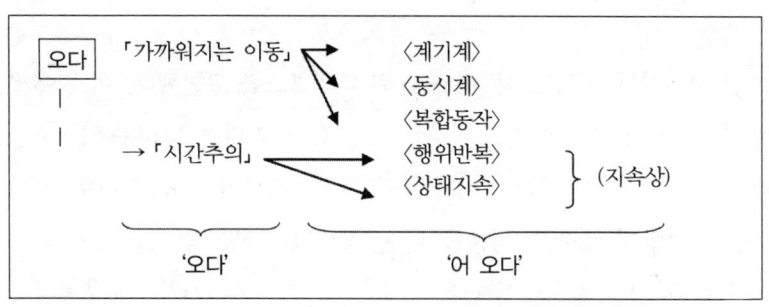

　'てくる'의 의미망에서 중요한 점은 항상 화자가 있는 곳, 또는 화자의 〈시좌〉가 놓여 있는 곳이 도착점이 되고, 이 도착점에 가까워진다는 점이다. 이 점은 한국어의 '어 오다'도 마찬가지이다. 'てくる'와 '어 오다'의 대응관계를 보면 〈계기계〉, 〈동시계〉, 〈행위 반복〉, 〈상태 지속〉에서는 대응하는 경우가 많지만, 〈상태 변화〉나 〈심적 직시〉는 대응하지 않는 경우가 많다는 것을 알았다. 또한 이러한 차이는 'てくる'와 '어 오다'의 용법 차이라기보다는 한일 양언어의 화자 간에 보이는 〈사태파악〉이 다르다는 점이 그 밑바탕에 있다는 것을 고찰해 왔다.

　이 논문에서는 〈상태 변화〉를 나타내는 용법에 대해 같은 사태를 언어화할 때 일본어 화자가 종종 'てくる'로 나타내는 경우를 한국어에서는 표현상 대응하는 '어 오다'가 있음에도 불구하고 V1으로 나타내는 경우가 많다는 현상을 중심으로 고찰해 왔다. 그런데 〈상태 변화〉를 나타낼 때 일본어의 'てくる'가 한국어에서는 '어 오르다', '어지다' 등 여러 형태로 표현된 경우도 있다. 제5장 (5.1)에서 이 문제를 좀 더 깊게 고찰하기로 한다.

4.2.2 일본어의 'ていく'와 한국어의 '어 가다'의 대응관계

앞 절에서는 'てくる'와 '어 오다'의 다의구조를 고찰했다. 이 절에서
는 'てくる/어 오다'와 짝을 이루는 'ていく/어 가다'의 다의구조를 고찰
하기로 한다. 이미 언급한 바와 같이 본동사로서의 '来る/오다'는 직시
적인 용법밖에 없지만, '行く/가다'는 직시적/비직시적인 두 가지 용법
이 있는데(4.1을 참조), 이 점은 'いく/くる'와 '가다/오다'가 보조동사로
쓰일 경우에도 마찬가지이다. 또 'ていく/어 가다'의 경우도 'てくる/어
오다'의 경우와 마찬가지로 구체적인 공간 용법에서 여러 가지 다양한
추상적 용법으로의 의미 확장이 나타난다. 각 용법의 구체적인 분석에
들어가기 전에 먼저 다음 절에서 'ていく'와 '어 가다'의 도식(schema)을
제시한다.

4.2.2.1 'ていく'와 '어 가다'의 도식

'ていく'와 '어 가다'의 도식을 도출하는 데 있어서 중요한 점이 두
가지가 있다. 'てくる/어 오다'와는 달리 'ていく/어 가다'에는 직시적/
비직시적인 두 가지 용법이 있다는 점, 그리고 'てくる/어 오다'의 경우
과 마찬가지로 '출발점－경로－도착점' 도식의 어느 부분이 윤곽화되는
가라는 점이다.

이러한 점에 입각하여 고찰해 보면 'ていく'의 도식은 다음의 그림
19와 그림 20과 같이 나타낼 수 있다. 얼굴(☺)은 화자의 〈시좌〉를 나타
낸다. 그리고 "출발점 - 경로 - 도착점' 도식에서 어느 부분이 두드러지
는가는 굵은 선(→)과 굵은 동그라미(○)로 표시했다. 그림 19는 출발
점에서 멀어지는 경우를 나타내는 직시적인 경우이고 '출발점＋경로'가

윤곽화된다. 그림 20은 화자의 〈시좌〉가 출발점이 아니라, 중립적인 장소에서 바라보고 있는 비직시적인 경우이다. 이 경우에는 '경로'가 윤곽화된다. 한국어의 '어 가다'의 경우에도 그림 21과 그림 22와 같이 일본어의 'ていく'와 동일하다.

그림19 'ていく'의 도식①(직시적) **그림20 'ていく'의 도식②(비직시적)**

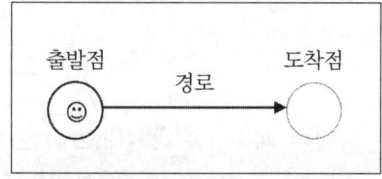 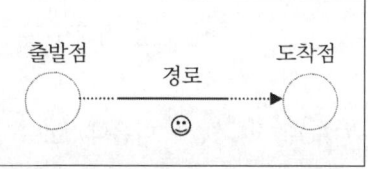

그림21 '어 가다'의 도식①(직시적) **그림22 '어 가다'의 도식②(비직시적)**

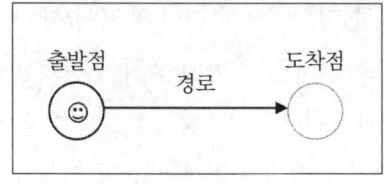 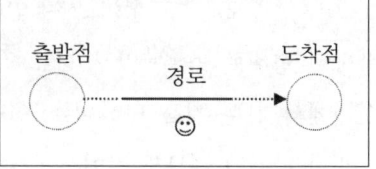

4.2.2.2 'ていく'와 '어 가다'의 공간 용법

'ていく'와 '어 가다'의 공간 용법은 〈계기계〉/〈동시계〉와 〈이동 방향의 명시화〉로 나눌 수 있다. 다음의 세 용법은 4.2.1에서 고찰한 'てくる/어 오다'와 동일한 양상을 보이므로, 필요에 따라 비교하면서 고찰하기로 한다. 또 'てくる/어 오다'와 설명이 중복되는 부분은 생략하기로 한다.

<계기계>

다음의 예문 (171)과 (172)는 V1의 동작 뒤에 '行く'라는 동작이 뒤따른다는 것을 나타내는 예문이다.

> (171) a. (省略) 夕方には冷えた缶ビールと簡単なつまみを<u>買って</u>
> <u>いった</u>。 【神の子61】
> b. (생략) 저녁에는 차가운 캔 맥주와 간단한 안주를 <u>사 갔다</u>.
> [신의65]
> (172) a. 「<u>泊っていくだろ?</u>」 【東京254】
> b. 「<u>자고 갈 거지?</u>」 [동경283]

(171)은 V1 '買う' 다음에 '行く'라는 동작이 계속됨을 나타내고, (172)는 '泊まる'라는 동작이 있은 뒤, '行く'라는 동작이 계속된다는 순차성이 보인다. (171)과 (172)의 한국어도 마찬가지인데, 한국어역에서 (171)은 '어'형, (172)는 '고'형이 쓰여 있다. (171)은 '사서 가다'의 '-(어)서'가 생략된 형태로 볼 수 있고, (172)의 '고 가다'는 하나의 동작이 완료한 상태에서 가는 것을 나타내는 '연결어미'이다.

또한 다음의 예문과 같이 〈계기계〉를 나타내는 일본어의 'ていく'가 한국어에서는 '어 가다'로 표현되지 않고, '－ 다(가) 가다'로 나타난 경우도 있다.

> (173) a. 「俺、ちょっと<u>寄り道していくわ</u>」 【きら65】
> b. 「나, 어디 좀 <u>들렀다 가야겠어</u>. 」 [반짝68]
> (174) a. 公園で<u>遊んでいく</u>。
> b. 공원에서 <u>놀다 간다</u>.

(173)에서 구체적인 공간적 출발점은 화자가 지금부터 들르는 곳으로

지금 화자가 있는 발화 장소는 화자의 〈시좌〉가 있는 심리적 출발점이다. 마찬가지로 (174)도 공원은 지금 화자가 있는 장소가 아니라 본동사 '遊ぶ'의 행위가 행해지는 장소로, 공원에 화자의 〈시좌〉가 옮겨진 경우이다. 이 경우, (173b)와 (174b)와 같이 한국어에서는 '~다 가다'의 표현이 쓰이는데, 여기에서 말하는 '~다(가)'[89]는 '이어지던 동작이나 상태가 일단 그치고 다른 동작이나 상태로 옮길 때, 두 동작이나 상태의 사이에 붙는 어미'[90]이다.

<동시계>

동시계의 'ていく/어 가다'의 경우에는 앞 절의 4.2.1에서 고찰한 'てくる/어 오다'와 마찬가지로 '走る, 歩く, 飛ぶ, 渡る' 등의 동사가 붙어 '이동의 양태'를 나타내는 경우와 '連れる, 持つ' 등의 동사가 붙어 '이동할 때의 부대상황'을 나타내는 경우로 나누어진다. 다음의 (175)는 '이동의 양태'를 나타내는 예이고, (176)은 '이동할 때의 부대상황'을 나타내는 예이다.

> (175) a. ケイコはショルダーバッグを肩にかけ、遠くにある電話ボックスに向かって歩いていった。【神の25】
>
> b. 게이코는 숄더백을 어깨에 메고 먼 곳에 있는 전화 박스 쪽으로 걸어갔다. [신의34]
>
> (176) a. 「あなたは案内した人をみんなあそこに連れていくの?」【神の141】

---

89) 'V1＋다가＋V2'形인데, '~다가'의 '가'는 생략 가능하다. (173)과 (174)의 경우에도 생략되어 있다.

90) 『한+국어대사전』을 참조했다.

b. 「당신이 안내한 사람은 모두 거기로 데려가나요?」

[신의132]

(175)는 동시계의 예이고 '歩く'라는 V1의 동작과 '行く'의 동작은 동시에 행해지며, V1의 '歩く'는 어떻게 갔는가 하는 '이동의 양태'를 나타낸다. 또 (176)은 V1의 '連れる'가 사용되어, 어떠한 상태로 가는가라는 '이동할 때의 부대상황'을 나타낸다.

< 이동 방향의 명시화 >

앞 절의 'てくる'와 '어 오다'의 〈이동 방향의 명시화〉를 나타내는 용법에서 일본어와 한국어는 다음과 같은 차이가 보인다고 설명했다. '帰る, 降りる, 戻る, 入る, 出る, 近づく'등과 같이 이동을 나타내며 방향성을 가지는 동사가 V1으로 사용될 경우, 'てくる'는 생략 가능하지만 '어 오다'의 부가는 의무화되어 있다는 점이다. 이는 한국어에서 '어 가다/오다'를 붙이지 않은 형태가 되면 전혀 다른 의미를 가지기 때문이며 따라서 〈직시성〉의 빈도·의무화와는 다른 차원에서 생각해야 할 것이라고 지적했다. 이 점은 'ていく'와 '어 가다'의 경우도 동일하다.

(177) a. ママは、ドアを閉めて出ていった。 【トット30】

b. 엄마는 문을 닫고 나갔다. [토토29]

(178) a. 男はしかたなく帰っていき、… 【とかげ108】

b. 남자는 하는 수 없이 돌아가고 , [도마뱀 104]

(179) a. バスは揺れて、 坂道を下ってゆく。 【ハチ128】

b. 버스는 흔들리며, 언덕길을 내려간다. [하치124]

(177a)(178a)(179a)의 V1 '出る', '帰る', '下る'는 일본어에서는 단독으로 사용되고 그 자체가 방향을 나타내는 이동동로 'ていく'가 붙어 이동하는 방향을 명시화하고 있다. 이에 비해 한국어에서는 (177b) (178b) (179b)에서 '어 가다'를 뺀 형태인 '나다', '돌다', '내리다'는 단독으로 사용할 수 없고, 사용한다고 해도 그 의미가 전혀 달라진다. 그러므로 이 경우는 〈직시성〉의 빈도·의무화와는 다른 차원에서 생각해야만 할 것이다.

여기에서 (177)~(179)에 대해 흥미로운 점이 보이는데, 그것은 (176)~(178)과 같은 예가 비직시적으로도 된다는 점이다. 즉, 제3자의 입장에서 중립적인 시점에서 바라볼 때는 비직시적인 해석을 얻을 수 있다. (177)~(179)와 같은 문장은 문맥에 따라 직시적으로도 비직시적으로도 해석이 가능하다고 볼 수 있다. 그리고 (180)과 같이 문맥이 갖추어지면 비직시적인 해석밖에 허용되지 않게 된다.

(180) a. 男はその前を<u>通り過ぎていった</u>。　【神の101】
　　　　b. 그 사람은 그 앞을 <u>지나갔다</u>.　　　　[신의99]

(180a)의 'ていく'와 (180b)의 '어 가다'는 '男/그 사람'이 폐차장 앞을 지나는 것을 화자가 '전체적 시점(God's view)'[91]에서 말하고 있는 경우이다. 따라서 비직시적이라고 생각할 수 있다.

4.2.2.3 'ていく'와 '어 가다'의 확장 용법

이 절에서는 'ていく'와 '어 가다'의 공간 용법에서 〈문법화〉의 과정

---

91) 이 용어는 기쿠치(菊池 2002)로부터 차용한 것이다(3.1.2.1를 참조).

을 거쳐 확장된 용법을 논하고자 한다. 확장 용법을 나타내는 일본어의 'ていく'는 〈행위 반복〉과 〈상태 지속〉으로 나뉘어진다. 한편 한국어의 '어 가다'는 〈행위 반복〉, 〈지속하는 행위/상태가 종결 단계에 이르는 용법〉과 〈상태 지속〉, 〈나쁜 상태로의 변화/마이너스 평가〉를 나타내는 경우가 있다. 공간적 용법의 'ていく'와 '어 가다'와 마찬가지로 확장 용법에서도 직시적 또는 비직시적인 용법이 보인다. 순서대로 고찰해 보도록 한다.

<행위 반복>

반복을 나타내는 'ていく'와 '어 가다'는 직시적인가 비직시적인가에 따라 대응관계가 달라진다. 다음의 예문을 통해 검토해 보기로 한다. 반복을 나타내는 비직시적인 경우는 (181)과 (182)와 같이 '어 가다'가 사용 가능하다.

(181) a. わが牛は一年に一匹ずつ仔を<u>生んでいった</u>。(재게=(82a))
　　　 b. 우리 소는 일년에 한 마리씩 새끼를 <u>낳아 갔다</u>.
(182) a. 夜が深くなると電灯が一つずつ<u>消えていった</u>。(재게=(82b))
　　　 b. 밤이 깊어지자 전등이 하나 둘씩 <u>꺼져갔다</u>.

(박선옥 2002:102)

(181)에서 '生む/낳다'라는 행위는 매년 행해지지만, 쭉 이어지는 것은 아니다. 즉, 단속적인 반복을 나타내는 경우인데, 'ていく'와 '어 가다'의 사용이 가능하다. (182)는 행위의 반복이 아니라 어떤 상태가 반복된 것을 나타내고 있는데, 이 경우에도 마찬가지로 'ていく'와 '어 가

다’가 사용 가능하다. 또한 〈직시성〉에 있어서는 (181)(182)의 어느 쪽
도 화자가 제3자의 시선에서 말하고 있다는 의미를 갖는 비직시적인
용법이다.

   하지만 직시적인 경우에는 일본어의 ‘ていく’와 ‘어 가다’가 대응하지
않는 경우가 보인다. (183a)는 이마니(今仁 1990:56)의 예문이고(183b)
는 필자가 한국어역을 붙인 것이다.

   (183) a. ?私は、友達に本を<u>送っていった</u>。
   　　　. b. ??나는 친구에게　책을 <u>보내 갔다</u>.

   　　　　　　　　　　　　　　　　(今仁 1990:56, 한국어는 필자)

   이마니(今仁)는 ‘送る’라는 동사 뒤에 ‘てくる’는 붙일 수 있지만 ‘て
いく’는 붙일 수 없다고 지적하며, 만약 ‘ていく’가 사용되는 경우에는
(183a)와 같이 ‘차례차례로 책을 보냈다라는 순차적인 의미를 갖는다
(p.56)’고 말하고 있다.[92] 그런데 (183)은 일본어로서는 약간 부자연스
럽다. 자연스러운 일본어로서는 다음의 (184a)와 같이 ‘次々に’나 ‘一つ
ずつ’ 등 반복을 나타내는 부사를 동반해야만 한다.

   (184) a. 私は、友達に本を{次々と/一つずつ}<u>送っていった</u>。
   　　　 b. ?나는 친구에게 책을 {차례차례로/하나씩} <u>보내갔다</u>.
   　　　 c. 나는 친구에게 책을 {차례차례로/하나씩} <u>보냈다.</u>

일본어는 ‘次々に’, ‘一つずつ’ 등 반복을 나타내는 부사를 붙임으로써

----

92) 이마니(今仁1990)에 대해서는 3.1.1.2를 참조.

(184a)와 같이 'ていく'의 사용이 허용된다. 하지만 한국어에서는 (184b)와 같이 '차례차례로'나 '하나씩' 등의 반복을 나타내는 부사를 붙여도 '어 가다'가 사용된 (184b)의 부자연스러움은 개선되지 않는다. 이 경우, 한국어에서는 (184c)와 같이 V1으로만 나타내는 것이 자연스럽다.

<상태 지속>

'てくる'와 '어 오다'를 고찰한 앞 절(4.2.2)에서 〈상태 지속〉의 정의를 다음과 같이 규정하였다.

> 상태 지속 ⅰ. 해당하는 상태가 질적인 변화 없이 계속되는 것.
> ⅱ. 해당하는 상태가 시간 추이와 같이 점진적으로 진행되는 것.

여기에서는 '상태 지속'의 ⅰ과 ⅱ를 같이 고찰해 보기로 한다. 4.1절에서 본동사 '行く'와 '가다'의 원형적인 용법으로 '멀어지는 이동'과 '이동, 그 자체'를 나타내고, 이 구별은 직시적인가 아닌가, 즉 화자의 〈시좌〉가 출발점이 되는가 중립적인 위치인가에 따른다고 고찰했다. 이러한 '行く'와 '가다'의 특성은 〈상태 지속〉에도 해당된다. 다음의 예문을 보도록 하자.

(185) a. 私がここにいて…生きのびてきたし生き続けていく。
【とかげ167】

b. 내가 이곳에 있고, …그렇게 살아왔고 앞으로도 살아갈 것이다. [도마뱀162]

(186) a. 「ちょっとずつちょっとずつ死んでいくんや。」

　　　　　【神の69】

　　　b. 「조금씩 조금씩 죽어 가는 거야.」　[신의72]

　　(185)는 〈상태 지속〉 i 의 '해당하는 상태가 질적인 변화 없이 계속'을 나타낸다. (185)는 화자가 현재를 기준으로, 과거에서 지금까지 '산 상태'는 'てくる'로 나타내고, 미래로의 '살 상태'가 계속되는 것은 'ていく'로 나타내고 있다. 이 경우의 'ていく'와 '어 가다'가 화자로부터 멀어짐을 나타내는 것은 공간적 용법과 다름이 없다. 따라서(185)는 직시적인 경우라고 생각할 수 있다. (186)은 화자가 자신의 '죽음'에 대해 말하고 있는 경우로 〈상태 지속〉 ii 의 '해당하는 상태가 시간 추이와 같이 점진적으로 진행'을 나타내는 경우이다. 이 경우의 'ていく'는 화자와의 관여성이 감소된다(池上 2006:174)는 의미로, 직시적이라고 말할 수 있다. 그런데 〈상태 지속〉을 나타내는 'ていく/어 가다'에도 다음과 같이 비직시적으로 되는 경우가 있다. 즉, 제3자의 입장에서 중립적인 시점에서 해당되는 상태 지속을 바라볼 때는 비직시적인 해석을 얻을 수 있다.

　　(187) a. 「時間が流れていくし、人も流れていく。」【きら151】

　　　　b. 시간은 흘러가고, 사람도 흘러간다.　[반짝153]

　　(188) a. どっちがどうじゃなくて、変わって行く。

　　　　　【とかげ52】

　　　　b. 어느 쪽이 좋다 나쁘다를 떠나서 변화해 간다. [도마뱀52]

　　(187)은 화자와의 관련성은 느껴지지 않는, '時間/시간'과 '人/사람'이

흘러가는 것을 객관적으로 보고 묘사하고 있는 경우이다. (188)은 마을
의 모습이 변하는 것을 말하는 장면인데, 이 경우도 마찬가지로 화자
자신과의 관련성은 없고 단순한 객관적인 묘사이다. 즉, (187)과 (188)
의 'ていく'와 '어 가다'는 단순한 상태 지속 또는 진행을 나타내고 있는
경우로, 화자의 〈시좌〉가 중립적인 위치에 있는 비직시적인 용법이라
고 볼 수 있다.

< 진행하는 행위/상태가 종결의 단계에 도달한 것을 나타내는 용법>

이미 지적한 대로 일본어의 'ていく'와 한국어의 '어 가다'는 어떤 상
태의 계속/진행을 나타내는 용법이 있다. 그런데 한국어의 '어 가다'에
는 어떤 행위가 계속/진행하여 거의 마지막 단계에 달하는 것을 나타내
는 용법(손세모돌 1996, 국립국어원 2005)이 있는데, 이 경우의 '어 가다'
는 일본어의 'ていく'로 바꿀 수 없다. 다음의 (189)와 (190)을 살펴보자.

    (189) a. 일이 <u>끝나 간다</u>.
           b. ?仕事が<u>終わっていく</u>。(仕事が終わりつつある)
    (190) a. 작업을 다 <u>해 간다</u>.
           b. ?作業を全部<u>していく</u>。(作業がもうすぐ終わる)

                            (국립국어원 2005:514, 일본어는 필자)

(189a)와 같이 한국어에서는 일이 계속 진행하다가 마지막 단계에 달
하는 것을 '어 가다'로 나타낼 수 있다. 그러나 이 경우 일본어에서는
'ていく'를 사용하면 부자연스러운 표현이 된다. 일본어에서는 "仕事が
終わりつつある"와 같은 표현을 써서 '계속'이나 '진행'을 나타낸다. 또

(190a)는 '作業をしていく' 행위의 '계속'이나 '진행'을 나타내는데, 부사 '다'가 붙어 문제시되는 행위가 마지막 단계에 달한 것을 나타내고 있다. 이 경우에도 일본어에서는 'ていく'를 쓸 수 없다.

　다음의 예에서도 '어 가다'는 어떤 상태가 마지막 단계에 달함을 나타내는데, 일본어의 'ていく'의 사용은 허용되지 않는다.

　　　(191) a. 거의 다 <u>죽어 가</u>.
　　　　　　b. ??ほとんど<u>死んでいく</u>。

　(191)은 '죽음'을 향해 상태가 변화하는 것을 나타내고 있는데, 부사 '거의 다'에 의해 마지막 단계에 달한 것을 나타내고 있다.

　(189)~(191)에서 살펴본 것과 같이 한국어의 '어 가다'에는 행위가 계속 진행되다가 마지막 단계에 거의 달하는 것을 나타내는 용법이 확인된다.[93] 이 용법은 지속을 나타내는 '어 가다'에 종결을 나타내는 '끝나다' 등의 동사나 부사 '다', '거의' 등이 붙은 영향으로 나타난 것이라고 생각한다. 하지만 이들 중 어느 예에서도 일본어의 'ていく'는 사용할 수 없다.

<나쁜 상태로의 변화/마이너스 평가>

　제3장(3.2.4.1)에서 고찰한 것과 같이 상태 변화를 나타내는 '어 가다'는 정상상태로부터 정상상태가 아닌 쪽으로의 변화를 나타내는 경우가 있다(상세한 것은 3.2.4.1 참조). 정상상태로부터 멀어져 나쁜 쪽으로의 변화를 나타내는 경우, 한국어에서는 '가다'가 사용되는데 일본어에서는 이와 같은 용법이 그다지 보이지 않는 듯하다. 다음의 예를 보도록 하자.

---

93) 또 다른 예로서 '다 먹어 가', '다 읽어 가' 등이 있다.

(192) a. 이 생선회는 맛이 <u>갔다</u>.   (재게=(127))

　　　 b. ??このさしみは味が<u>行った</u>。(このさしみは味が<u>変わった</u>。
　　　　　(<u>腐った</u>。))

(193) a. 그 사람의 머리가 점점 <u>돌아가고 있다</u>.   (재게=(73))

　　　 b. ??その人の頭がだんだん<u>回っていっている</u>。 (その人の
　　　　　だんだん<u>狂っていく</u>。)

(194) a. 커피가 점점 <u>식어 간다</u>.   (재게=(98))

　　　 b. コーヒーがだんだん<u>冷めていく</u>。

　(192)는 본동사 '가다'가 맛이 변하여 상한 것을 나타내고, (193)은 보조동사 '어 가다'가 미친 상태로의 변화를 나타내는 예로, 둘 다 정상 상태에서 나쁜 상태로의 변화를 나타내고 있다. 보조동사 '어 가다'의 '나쁜 상태로의 변화'를 나타내는 용법은 본동사 '가다'가 가지는 의미와 관계가 있다고 생각할 수 있다. '어 가다'(나 영어의 'go')는 '정상 상태에서 나쁜 쪽으로의 변화'를 나타내는 용법이 있다. 이에 비해 'ていく'는 (192)와 (193)과 같이 이러한 용법이 그다지 보이지 않는다.

　한편 (194)는 '어 가다'는 화자의 '마이너스 평가'를 나타내는 용법이다. 이 경우 일본어의 'ていく'가 사용 가능하다. 또한 〈직시성〉에 관한 두 가지의 해석을 할 수 있다. 하나는 커피가 식는 상태로 점점 변하는 것을 나타내고, 또 다른 하나는 커피가 식는 것을 화자가 원하지 않는다고 생각하는 경우이다. 전자는 단순한 '계속'으로 비직시적, 후자는 직시적이라고 생각할 수 있다.

4.2.2.4 '行く/ていく'와 '가다/어 가다'의 의미망

이 절에서는 일본어의 'ていく'와 한국어의 '어 가다'의 다의구조를 의미망으로 제시한다. 'ていく'의 의미망에서 중요한 점은 직시적과 비직시적의 두 가지 용법이 있다는 점인데, 이 점은 한국어의 '어 가다'도 동일하다. 또한 본동사 '行く'와 '가다'의 원형적 용법인 공간 이동이 '멀어지는 이동(직시적)'과 '이동 자체(비직시적)'의 두 용법이 있다는 특징은 보조동사로서의 'ていく'와 한국어의 '어 가다'에도 보인다. '行く'와 '가다'가 공간 이동을 나타낼 때 화자의 위치를 기준점으로, 멀어지는 방향성을 가진다는 것은 이미 살펴본 바와 같은데, 이 의미는 본동사 '行く'와 '가다'의 확장 용법에 연결되며, 'ていく'와 '어 가다'의 어느 용법에 있어서도 관계된다.

본동사 '行く'는 크게 '공간 이동'과 '시간 추이'로 나누어진다. '공간 이동'을 나타내는 '行く'는 'ていく'의 〈계기계〉/〈동시계〉와 〈이동 방향의 명시화〉의 세 용법에 연결된다. 또한 '시간 추이'를 나타내는 '行く'는 〈행위 반복〉과 〈상태 지속〉으로 확장되었다고 생각할 수 있다. 이를 그림으로 나타낸 것이 다음의 그림 23이다.

그림 23   '行く/ていく'의 의미망

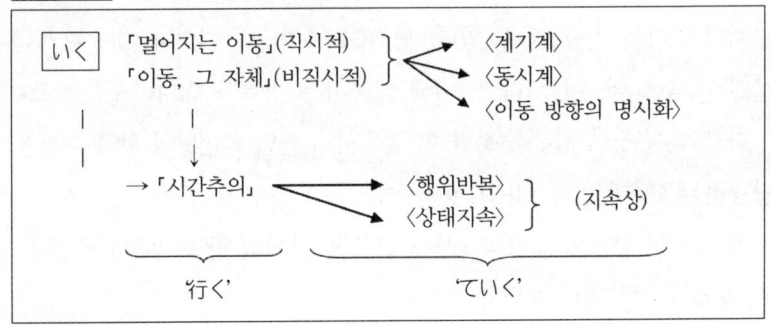

한편 한국어에서는 '공간 이동'을 나타내는 '가다'가 〈계기계〉/〈동시계〉와 〈이동 방향의 명시화〉의 세 용법으로 연결된다. 이 점은 일본어의 'ていく'와 동일하다. '시간 추이'를 나타내는 본동사 '가다'는 〈행위반복〉, 〈지속하는 행위/상태가 종결의 단계에 달하는 것을 나타내는 용법〉, 〈상태 지속〉의 용법과 관계가 있다. 그리고 〈정상이 아닌 상태로의 변화〉를 나타내는 '가다'는 '어 가다'의 〈나쁜 상태로의 변화/마이너스 평가〉의 용법으로 이어진다. 이를 그림으로 나타낸 것이 다음의 24이다.

그림24   '가다/어 가다'의 의미망

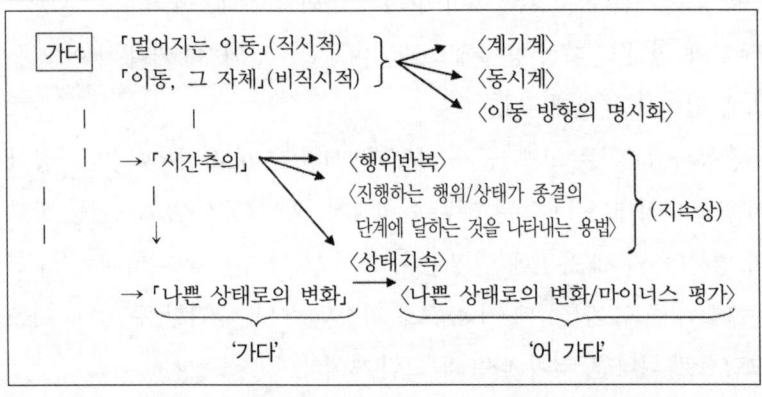

이와 같이 'ていく/어 가다'의 다의성은 본동사 '行く/가다'와 깊은 관계가 있다는 것을 알 수 있다. 또 'ていく'와 '어 가다'의 대응관계를 보면 'てくる'와 '어 오다'에 비해 대응하는 경우가 많다(5.4.1 참조).

다음의 제5장에서는 4.3절과 이 절에서 고찰한 의미망의 한쪽 부분을 담당하는 〈상태 변화〉 용법 및 〈상태 지속〉 용법에 초점을 좁히어, 일본어 화자와 한국어 화자의 〈사태파악〉의 차이의 한 측면으로서 'ていく/くる'와 '어 가다/오다'를 고찰하도록 한다.

제5장
\<사태파악\> 차이의 한 측면으로서 본
- 'ていく/くる', 'てもらう', 주어 생략 -

앞 장에서는 본동사 '行く/来る'와 '가다/오다'의 용법, 그리고 'てい
く/くる'와 '어 가다/오다'의 용법을 각각 비교·대조하였다. 그 결과,
이들 용법이 '공간적 이동'에서 '시간적 이동'으로, 또 '어떤 상태/사태로
의 이행'을 나타내는 용법까지 확장되었으며, 이러한 용법의 배후에는
공통적인 인지적 \<동기화\>(motivation)가 있음을 확인하였다. 또한 'て
いく/くる'와 '어 가다/오다'의 용법에 차이가 보이는 이유는 일본어 쪽
이 한국어보다 \<주관적 파악\>의 방향으로 강하게 기울어져 있기 때문
이라는 것도 고찰했다.

이 장에서는 먼저 5.1에서 '어떤 상태/사태로의 이행'을 나타내는 'て
くる/いく'가 한국어로 번역될 경우, '어 오다' 또는 '어 가다' 이외에
'어 오르다', '어 나다', '어지다' 등 다양한 형태로 표현되는 점에 주목하
여 그 밑바탕에는 일본어 화자와 한국어 화자의 \<사태파악\>의 차이에
있다는 점을 다시 한 번 확인하고자 한다. 제4장에서 고찰한 바와 같이
'行く/来る'는 'ていく/くる'의 형태로 보조동사로도 쓰이는데, 당사자
와의 관계를 현저히 드러내는 것은 'てくる'이다. 이는 '来る/てくる'가
직시적인 용법밖에 없지만 '行く/ていく'는 직시적/비직시적인 두 용법

이 있다는 점과 관계가 있을 것이다. 따라서 이 장에서는 'ていく'보다
'てくる'를 중심으로 고찰하는데, 필요에 따라 'ていく'도 고찰하기로
한다.

그리고 5.2와 5.3에서는 또 다른 언어 지표를 사례로 들어 일본어 화
자가 〈주관적 파악〉을 선호되는 경향이 한국어 화자와 비교해도 더 강
하다는 점을 확인하고자 한다. 5.2에서는 'ていく/くる'와 같이 '사태'를
'그 사태의 당사자와의 관계'로 보고, 언어화하는 수수동사 중 'てもら
う'를 중심으로 살펴보고, 5.3에서는 일본어에서 자주 일어나고 논란이
되어 온 '주어 생략'에 대해 〈주관적 파악〉과 관련하여 살펴보기로 한
다. 마지막으로 5.4에서는 언어유형론적인 관점에서 〈주관성〉의 정도
에 대해 고찰한다.

5.1 상태를 나타내는 'ていく/くる'와
그에 대응하는 한국어 표현

먼저 '상태 변화'를 나타내는 'ていく/くる'가 한국어에서는 '어 가다/
오다'로 표현되지 않은 점에 주목하여 어떤 표현들이 쓰여 있는지에 대
해 살펴보기로 한다. 먼저 일본어 소설과 한국어 번역서에서 추출한 용
례를 형태로 분류해 보면 일본어의 'ていく/くる'가 ① 한국어의 '어
가다/오다'에 대응하는 형태로 사용된 경우와 ② V1만 사용된 경우, 그
리고 ③ 다른 동사나 표현이 붙은 형태의 세 가지로 분류할 수 있다.
그 중, ①과 ②의 경우는 앞 장의 4.2.1에서 고찰하였으므로 여기에서
는 논하지 않기로 한다. 또한, 〈기동상〉을 나타내는 'てくる'가 한국어

에서는 '기 시작하다'로 나타내는 경우도 앞 장에서 고찰하였으므로 제
외하기로 한다(4.2.1.3를 참조).

이 세 가지의 경우를 제외하고 '어떤 상태/사태로의 이행'을 나타내는
'ていく/くる'가 한국어 '어 가다/오다' 이외의 표현으로 번역되어 있는
용례를 보면 다양한 형태로 나타나 있는 것이 확인되었다. 이 표현들은
그 의미나 성질에 따라 '특정화', '변화/수동', '반대', '진행/지속'으로 분
류할 수 있는데, 거기에 속하는 표현들은 다음과 같다.

표14   상태를 나타내는 'ていく/くる'에 대응하는 한국어 표현의 분류

분류	설명	표현의 예
특정화	일본어의 'ていく' 또는 'てくる'가 오른쪽에 예로 든 표현으로 번역되고, V1의 의미를 특정화하고 있는 경우.	'어 오르다', '어 들다', '어 퍼지다', '어 붙다', '어 나다'
변화/수동	일본어의 'ていく' 또는 'てくる'가 오른쪽에 예로 든 표현으로 번역되어 상태 변화 또는 수동을 나타내고 있는 경우.	'어지다', '게 되다'
반대	일본어의 'ていく'가 한국어에서는 '어 오다'로 번역되거나 'てくる'가 '어 가다'로 번역되는 등 대응 방식이 서로 반대로 된 경우.	'ていく' → '어 오다'로 번역되거나 'てくる' → '어 가다'로 번역된 경우.
진행/지속	일본어의 'ていく' 또는 'てくる'가 오른쪽의 표현으로 번역되고 상태 진행 또는 상태 변화의 지속을 나타내고 있는 경우.	'어 있다'

5.1.1부터 5.1.4에서는 표14에 의거하여 각 구분에 관한 구체적인 예
를 들며 이 문제를 고찰해 나가기로 한다. 그와 동시에 일본어 화자가

〈자기 중심적〉으로 사태를 파악하는 〈주관적 파악〉을 선호되는 것에
비해 한국어 화자는 일본어 화자에 비해 〈객관적 파악〉 쪽으로 기울어
져 있음을 재확인하고자 한다.

5.1.1 일본어의 '**ていく/くる**'가 한국어에서 더 특정화된 의미 표현으로 바뀐 경우

5.1.1에서는 일본어의 'ていく/くる'가 한국어에서 '어 가다/오다'가
아니라 표 14에서 제시한 바와 같이 '어 오르다', '어 들다', '어 퍼지다',
'어 붙다', '어 나다' 등으로 표현되어 있는 경우를 살펴보기로 한다. 이
동사들은 V1에 붙어 V1의 의미를 더 특정화시키는 역할을 하고 있는
성질을 가지므로 '특정화'라고 분류했다.

먼저 일본어의 'てくる'가 한국어의 '어 오르다'로 표현되어 있는 예
를 보도록 하자. 'てくる'가 '어 오르다'로 번역되어 있는 경우는 11개의
용례가 있었는데, 'ていく'는 하나도 없었다. 다음의 (195)~(198)는 'て
くる'가 '어 오르다'로 번역되어 있는 예이다. 여기에서 V1은 '燃える/불
타다', '浮かぶ/뜨다', '満ちる/차다', 'ふくらむ/부풀다' 등인데, (195)
~(198)의 밑줄과 ☐로 나타낸 것과 같이 'V1＋어 오르다' 형태로 나타
낼 수 있다. 즉, V1의 의미를 더 특정화시키고 있다고 생각할 수 있다.

(195) a. 「今にぱっと燃えてくる」　　【神の54】

　　　 b. 「곧 확 하고 불태오를 걸세.」 [신의59]

(196) a. そしてこれまでの人生で誰かとそうして笑いあった、い
　　　　　くつもの場面が浮かんできて、突如いい気分になった。

【とかげ15】

b. 그리고 이제까지의 인생에서 누군가와 그렇게 함께 웃었던 장면들이 몇 가지나 떠올라서 기분이 좋아졌다. [도마뱀13]

(197) a. ハチの私への気持ちのような,私のハチへの気持ちのような気がしてきて、この曲を聴くと独特な空気が胸に満ちてきた。 【ハチ91】

b. 나를 향한 하치의 마음 같은, 하치를 향한 나의 마음 같은 기분이 들어서, 이 곡을 들으면 독특한 공기가 가슴으로 차올랐다. [하치87]

(198) a. どんどんふくらんでくる,この世のあらゆる殺人や自殺のもとになっている、暗いエネルギー。 【とかげ45】

b. 모든 살인이나 자살의 근원이 되는 점점 부풀어오르는 어두운 에너지. [도마뱀44]

(195)는 모닥불을 피우는 장면에서 좀처럼 불이 붙지 않는 모습을 보고 게이스케(啓介)가 "火は消えちゃったんじゃないですか?"(벌써 불이 꺼져 버린 것 아녜요?)라고 묻는 장면에서 이에 대한 미야케 씨(三宅さん)의 대답이다. 일본어에서는 'てくる'를 사용하여 '燃えてくる'라고 표현되어 있는데, 한국어에서는 ＿＿＿와 같이 '붙타오르다'라고 번역되어 있다. 이 경우, 일본어에서도 '燃え上がる'라고 표현하는 것은 가능하지만 '燃えてくる'와 '燃え上がる'는 그 의미가 다르다. 즉, '燃えてくる'는 화자 자신 쪽으로 향하고 있음을 함의하지만, '燃え上がる'는 '타서 불길이 높게 올라가는 것'을 객관적으로 묘사하고 있을 뿐이다. 다시 말하면, 일본어 화자는 '모닥불이 위로 오른다'라는 동일한 사태를 언어화할 때 자신과의 관련에 따라 '燃え上がる'와 '燃えてくる'를 나누

어 사용하는데, (195a)와 같이 'てくる'로 표현되어 있다는 점에서 〈주
관적 파악〉의 경향이 강하다고 생각할 수 있다. 이 경우, 가령 한국어에
서 '어 오다'를 사용한 '불타 오다'라고 표현한다면 어딘가 부자연스럽다.
이를 통해 한국어 화자는 자신 쪽으로 향하는가 그렇지 않은가는 문제
시하지 않고, 문제의 사태를 객관적으로 보는 경향이 있다는 것을 짐작
할 수 있다. 이 점은 (196)~(198)의 예에서도 마찬가지이다.

　이와 마찬가지로 일본어는 'てくる'를 사용하여 자신과 문제의 사태
와의 관계를 전면적으로 나타내는 것에 비하여, 한국어는 V1의 의미를
더 특화하는 동사를 붙여 객관적으로 묘사한 또 다른 예가 있다. 다음의
(199)와 (200)은 'てくる/いく'가 '어 들다'로 번역되어 있는 예이다.

(199) a. 暗闇に反響する自分の声にも、身がすくんでくる。
　　　　【東京141】
　　b. 컴컴한 어둠 속에 반사되는 자신의 목소리에도 몸이 움츠
　　　러들었다. [동경159]
(200) 電車は新御茶ノ水を過ぎ、千駄木を過ぎ、町屋を過ぎ、やが
　　　て地上に出た。 94)
　　　전차는 싱오챠노미즈를 지나 센다기를 지나쳐서 마치야를 지난
　　　다음 이윽고 지상에 나왔다.
　　a. 駅で停まるごとに、乗客の数は減っていった。
　　　　【神の96】
　　b. 역에서 정차할 때마다 승객수는 줄어들었다. [신의93-94]

---

94) 번역서의 원문은 다음과 같다. "전차는 싱오챠노미즈를 지나 치다키를 지나쳐
　　서 마치야를 지난 다음 이윽고 지상에 나왔다." 지명 '千駄木'는 '치다키'가 아니
　　라 '센다기'이므로 수정했다.

(199)는 어둠 속에서 혼자가 된 화자가 불안하여 몸이 움추러지는 장면인데 일본어의 'てくる'가 한국어역에서는 '어 들다'로 번역되어 있다. 만약 한국어에서 일본어와 같이 '어 오다'를 사용하여 '움추러 오다'로 표현한다면 '움크린 상태에서 온다'라는 '공간 이동'의 의미가 되어 이 경우에는 맞지 않다. 한편 (200)은 지나친 각 역을 줄줄이 말하는 앞의 문장에서 비직시적인 용법의 'ていく'라고 볼 수 있다. 이 경우, 한국어에서도 '줄어 갔다'와 같이 '어 가다'를 써서 표현할 수 있는데 번역서에는 (200b)와 같이 '줄어들다'로 번역되어 단지 '감소'만을 나타내고 있다. 즉, 이 경우 일본어는 'ていく', 한국어에서는 '어 들다'로 표현되어 있는데 문제시되는 사태(이 경우에는 '전철 안의 승객 수의 감소')를 객관적으로 표현한 면에서는 비슷하다.

또 다른 용례로서 '어 퍼지다'와 '어 붙다'로 번역되어 있는 경우가 있다. (201)은 'てくる'가 '어 퍼지다'로, (202)는 '어 붙다'로 각각 번역되어 있는 경우이다.

> (201) a. カーン、コーンと洗面器が床にぶつかる小気味よい音が<u>響いてくる</u>。【東京77】
>
> b. 바가지가 바닥에 부딪쳐 쿵쾅거리는 시원하고 상쾌한 소리가 <u>울려퍼</u>졌다. [동경90]
>
> (202) a. …そのときのことを想像すると、手足の先から<u>凍ってく</u><u>る</u>ような寒気を感じる。【東京205】
>
> b. …그 일을 상상하면 온몸이 <u>얼어붙</u>을 듯한 한기가 느껴졌다. [동경229]

(201)에서 일본어는 '響き渡る'로 할 수 있지만, 'てくる'로 표현되어 있고, 한국어는 '울려 오다'로 나타낼 수도 있지만 '울려 퍼지다'로 번역 되어 있는 예이다. 이 예에서도 일본어 화자와 한국어 화자의 〈사태파악〉에 대한 차이를 엿볼 수 있다. 즉, (202)는 대중목욕탕에 간 등장인 물(주인공)을 작가가 '전체적 시점(God's view)'으로 묘사하고 있는 경우이다. 일본어에서는 '響き渡る'라고 말할 수 있음에도 불구하고 'てくる'를 사용하여 소리가 자신(화자) 쪽으로 향해 울린다는 의미를 나타내고 있다. 이에 비해, (201b)의 한국어는 '울려 오다'라고 말할 수 있음에도 불구하고 V1의 '울리다'의 의미를 더 특화하는 '퍼지다'를 붙여 사태를 객관적으로 묘사하고 있다. 한편 (202)는 일본어의 'てくる'가 한국어역에서는 '붙다'로 나타내고 있는 예인데, 앞서 본 예와 마찬가지로 '凍る'라는 V1의 의미를 더 특정화하고 있다. 즉, 일본어에서는 손발이 언 듯한 한기를 느끼는 것은 화자 자신으로, 그와 같은 감각을 화자가 느끼고 있는 것을 나타내고 있다. 이에 비해 한국어에서는 '어 오다'로 나타내면 어색한 표현이 되어 버린다.

다음의 (203)(204)와 같이 일본어의 'てくる'가 한국어의 '어 나다'[95]로 번역되어 있는 경우에도 동일한 면이 보인다. (203)은 'てくる'가 '어 나다'로 번역되어 있는 예이고 (204)는 'ていく'가 '어 나다'로 번역되어 있는 예이다.

(203) a. 僕たちはそれこそ泥棒のように、そそくさと逃げた。走

---

95) 동사 '나다'가 '어 나다'의 형태로 보조동사로 쓰일 때에는 앞말이 뜻하는 행동을 끝내어 이루었음을 나타낸다.(국립국어연구원(2010)『표준국어대사전』).

りながら、ばかばかしく陽気な、さっきまでの気分が<u>よ</u>
<u>みがえってくる</u>のを感じた。【きら68】
　　 b. …略…아까의 그 기분이 <u>되살아나</u>는 것을 느꼈다.　[반짝71]
(204) a. とくにバブルがはじけてからは、仕事は急激に<u>増えていっ</u>
<u>た</u>。【神の159】
　　 b. 특히 거품 경제가 사라진 후로는 일이 급격히 <u>늘어났</u>다.
　　　 [신의146]

　(203a)의 'よみがえってくる'를 한국어로 나타낼 때 '어 오다'를 붙여
서 '되살아 오다'라고 하면 기분에 발이 있어 다가오는 듯한 의미가 되
어 매우 부자연스운 표현이 된다. (203)의 '되살아나다'도 마찬가지로
V1의 '되살다'를 더 특정화하고 있다고 생각할 수 있다. 이와 같이 한국
어에서는 V1의 의미를 더 특정화하고 있는 것에 비해, 일본어에서는
'てくる'를 사용하여 화자와의 관계를 나타내고 있다. 한편 (204)의 '増
えていく'는 대역에서는 '어 나다'로 표현되어 있지만 '늘어 갔다'로 나
타내는 것도 가능하다. 이 경우의 'ていく'는 제3자(예를 들면, 작가 등)
가 등장인물의 일이 점점 늘어가는 것을 나타내는 경우로 단순한 '진행'
이라고 볼 수 있다.
　지금까지 살펴본 것과 같이 '상태 변화' 또는 '진행 상태'를 나타내는
'ていく/くる'가 한국어에서는 V1의 의미에 의해 '어 오르다', '어 들다',
'어 퍼지다', '어 붙다', '어 나다' 등 여러 가지 형태로 표현되어 V1의
의미를 특정화하고 있는 것을 알 수 있다. 일본어는 'てくる' 또는 직시
적 용법의 'ていく'를 사용하여 화자와의 관계를 전면적으로 언어화하
고 있는데, 이에 비해 한국어에서는 화자와의 관계는 상관없고 V1의

의미를 더 특정화하는 동사가 붙어 합성동사화되는 경향이 있다고 말할
수 있다.

5.1.2 일본어의 'ていく/くる'가
한국어에서 '변화/수동'의 의미 표현으로 바뀐 경우

여기에서는 일본어의 'ていく/くる'가 한국어에서 '어지다' 또는 '게
되다'로 표현되어 있는 경우에 대해 고찰한다. 한국어의 '어지다'는 타동
사뿐 아니라 형용사, 자동사 등과도 결합할 수 있는 '상태 변화'를 뜻하
는 보조동사로, 타동사와 '어지다'가 결합하여 '수동'을 나타내는 경우가
있다(이정택, 2004).[96]

(205)는 'くる'가 '어지다'로 번역되어 있는 예이고 (206)은 'ていく'
가 '어지다'로 번역되어 있는 예이다. 이 경우의 '어지다'는 '상태 변화'를
나타내는데 어느 쪽의 경우에도 한국어에서는 '어 오다' 또는 '어 가다'
로 표현하면 부자연스럽다.

(205) a. それはハチの映像が「おかあさん」と同じくらいにぼやけ
てきた、ある年の夏だった。　　　　　　【ハチ35】

b. 하치의 영상이 〈엄마〉만큼이나 희미해진 어느 해 여름이었
다.　[하치32]

---

96) 구체적으로 예를 들면 다음과 같다.
　　상태변화　형용사+어지다 : 예뻐지다, 피곤해지다 등.
　　　　　　　타동사+어지다 : 여겨지다, 믿어지다 등.
　　　　　　　자동사+어지다(구어 일부) : 비아냥거려지더라, 웃어져? 등
　　수동　　　타동사+어지다 : 보내지다, 꾸며지다 등.　(이정택 2004:115-138)

(206) a. 笑子の表情が、みるみるはりつめてゆく。 【きら102】

b. 쇼코의 표정이 점점 절박해진다. [반짝104]

(205b)의 '어지다'는 '희미하지 않은 상태'에서 '희미한 상태'로의 '변화'를 나타내는 객관적인 묘사라고 볼 수 있다. 이에 비해 (205a)의 일본어는 'てくる'를 사용하여 화자의 〈인식영역〉에 들어온 것을 표현하고 문제의 사태가 화자에게 있어 관련이 있다는 의미가 포함되어 있다고 생각할 수 있다. 한편 (206a)는 문제의 상태인 '쇼코의 표정 변화'를 묘사하는 문장인데, 일본어는 'ていく'에 의해 화자와의 관여성이 감소되는 것을 나타낸다. 하지만 (206b)의 한국어는 쇼코의 표정이 바뀌는 것을 화자가 지각한 대로 객관적으로 묘사한 표현이다.

다음으로 일본어의 'ていく/てくる'가 한국어에서는 '게 되다'[97]로 번역된 경우를 보기로 한다. (207)에서는 일본어 원문의 'わかってきた'가 한국어에서는 '알게 되었지'라고 번역되어 있는 예이고, (208)의 'とり戻してきた'가 '모습을 되찾게 되었지'라고 번역되어 있는 예이다.

(207) a. 「でも日にちがたち、自分が大人になってから、自分のし

---

97) 일본어의 수동표현은 조동사 'れる/られる'를 붙인 형태밖에 없어서 형태상에 대한 논쟁이 없다는 점과 대조적으로 한국어의 수동표현은 여러 가지 형태가 존재한다. 鄭秀賢(1980), 우인혜・라혜민(2000), 白峰子(2004) 등은 ① 접미사 '이・히・리・기', ② '어지다' 구문, ③ '되다'(주로 '하다' 동사), ④ '게 되다' 형, ⑤ '명사+받다'와 '당하다'를 수동표현으로 보고 있다. 그러나 서정수(1996)는 변형된 결과가 대응하는 능동문과 의미적인 차이가 보인다라는 이유에서 ④ '게 되다' 형을 수동으로 인정하고 있지 않다. 이와 같이 한국어 문법에서는 '게 되다' 형을 비롯하여 무엇을 수동표현을 볼 것인가에 관해 여러 가지 견해로 나뉜다.

　　　　たことの意味が<u>わかってきた</u>。」　　【とかげ43】

　　b.「그런데 세월이 흘러서 어른이 되고 나서 내가 한 일의 의미를
　　　　<u>알게 되</u>었지.」　　[도마뱀43]

　(208) a.「…私はだんだん自分を<u>とり戻してきた</u>。」【神の92】

　　　b.「나는 점점 정상적인 모습을 <u>되찾게 됐</u>지.」[신의90]

　(207a)와 (208a)의 일본어는 각각 '分かった'와 '取り戻した'라고 단
지 사태를 객관적으로 묘사하는 표현도 쓸 수 있지만, 'てくる'를 붙여
심리적인 접근을 나타내고 있다. 즉, 화자의 〈인식영역〉으로 들어옴을
나타내는데 이 경우의 'てくる'는 'てきた'라는 형식으로 자주 표현된
다.[98] 한편 한국어에서는 '게 되다'로 표현되어 있다. 이는 '상태 변화'를
객관적으로 말하는 의미이다. 만약 (207b)의 한국어에 '어 오다'를 써서
'알아 왔다'라고 표현한다면 '알았다. 그러고 나서 왔다'라는 의미가 되
어 이 경우에는 적절하지 않다. 마찬가지로 (208b)도 '어 오다'를 써서
'되찾아 왔다'라고 표현하면 '되찾았다. 그러고 나서 왔다'라는 전혀 다
른 의미가 되어 버린다.

---

98) 야마모토(山本 2000)에서도 'てくる'가 'てきた'의 형식으로 인지영역으로의 이
　　동을 나타내는 용법이 있다고 지적되어 있다.
　　① 電車のライトが見えてきた。
　　② 伸子は花を見つめながら、ふと胸が熱くなってきた。(山本 2000:17)
　　야마모토(山本2000)는 인지영역으로의 이동을 나타내는 용법은 'てきた' 형태
　　일 경우에 나타난다고 말하고 있으나, 4.2절과 이 절에서 고찰한 것과 같이
　　'てきた'형 외에서도 나타난다.

5.1.3 일본어의 'ていく/くる'와
한국어의 '어 가다/오다'의 용법이 반대로 나타나는 경우

여기에서는 'てくる'가 '어 가다'로 번역된 경우를 보도록 한다. 일본어의 'てくる'가 한국어에서 '어 가다'로 번역되어 있는 경우는 양언어의 화자 사이에 〈사태파악〉의 차이가 가장 잘 나타나 있다. 다음의 예문을 통해 살펴보도록 하자.

> (209) a. 私は不思議なやせ方でやせてきた。　【ハチ64】
>   b. 나는 아주 묘한 식으로 말라 갔다.　[하치61]
> (210) a. …全身にゆっくり伝わってくるあの名残惜しさ……,
>   【東京194】
>   b. …온몸으로 번져 가는 짜릿한 안타까움…… [동경217]

(209)와 (210)는 화자가 자신의 감각 또는 감정을 나타내고 있는 예인데, 일본어에서는 'てくる'로, 한국어에서는 '어 가다'로 표현되어 있다. (209a)와 (210a)의 일본어에서는 화자 자신의 감각 내지는 감정이 화자의 현재(즉, 발화시)의 상태로 향하고 있음을 나타내고, 어느 쪽도 화자와의 관련이 전면적으로 나타나 있다. 여기에 비해 (209b)의 한국어에서는 '어 가다'를 사용하여 점점 말라 가고 있는 '진행'을 나타내고 있다. 마치 화자가 자신의 분신을 문제의 사태에 둔 채로 다른 곳에서 말하고 있다는 이른바 〈자기 분열〉이 일어나는 듯하다. 마찬가지로 (210)도 화자 자신의 감정임에도 불구하고 한국어에서는 마치 타인의 일인 양 '어 가다'를 사용하여 객관적으로 '진행'을 나타낼 뿐이다.

다음의 (211)은 화자가 몇 년 전부터 자신이 살고 있는 역 앞의 분위기가 고층 빌딩과 아파트가 들어서서 완전히 바뀐 것을 말하고 있는 예인데, 일본어의 'てくる'가 한국어에서는 '어 가다'로 번역되어 있다.

> (211) a. …駅前の雰囲気も徐々に近未来的なものに<u>変わってきた</u>。【東京42】
>
> b. …역 앞 분위기도 서서히 도시화되[어 가]고 있다. [동경51]

이 경우에 일본어에서는 현재(발화시)를 기준점으로 과거에서 발화시에 가까워지면 'てくる', 발화시에서 미래로 멀어지면 'ていく'가 사용되는데, 원문에서는 'てくる'로 표현되어 있다. 이에 비해 한국어는 '어 오다'의 사용이 허용되지 않는다. 주목할 만한 점은 동일한 명제를 말하고 있음에도 불구하고 일본어의 'てくる'가 한국어역에서는 '어 가다'로 표현되어 있는 점이다. (211a)의 일본어에서는 'てくる'를 사용하여 화자는 이전의 역 앞의 상황에서 지금의 역 앞의 상황으로의 변화 안에 자신의 몸을 두고 자신이 지각하는 사태를 자신의 체험으로서 〈자기 중심적〉인 자세로 묘사하고 있다는 이른바 〈주관적 파악〉을 엿볼 수 있다. 이에 반해 (211b)의 한국어 화자는 점점 변화하는 역 앞의 상황을 객관적으로 말하고 있음에 지나지 않다.

5.1.4 일본어의 'ていく/くる'가
한국어에서 '진행/지속' 표현으로 바뀐 경우

마지막으로 'てくる'가 '고 있다' 또는 '어 있다'로 번역되어 있는 경우를 보도록 한다. '고 있다'는 진행을 나타내고 '어 있다'는 완료한 상태가 계속됨을 나타내는 보조동사이다. 다음의 (211)은 일본어의 'てくる'가 '어 있다'로 번역되어 있는 예이다.

> (212) a. …カーテンの隙間から差し込んだ光が一直線に<u>伸びてくる</u>。 【東京143】
>
> b. …커튼 사이를 뚫고 비쳐든 햇살이 일직선으로 길게 <u>뻗어 있다</u>. [동경163]

(212a)의 일본어에서는 커튼 사이를 뚫고 비쳐든 햇살의 방향이 화자 쪽에 향해 있다는 것을 언어화하지 않아도 'てくる'에 의해 알 수 있다. 이에 비해 '어 있다'라고 번역되어 있는 한국어에서는 단지 상태의 계속을 객관적으로 묘사하고 있는 의미로 '햇살'이 화자 쪽으로 향해 있는가 다른 쪽으로 향해 있는가는 명확하지 않다.

다음은 일본어의 'ていく'가 한국어에서 '어 있다' 또는 '고 있다'로 번역되어 있는 예를 보도록 하자.[99)]

> (213) a. …佑太くんは会うたびにまる<u>くふとってゆく</u>。 【きら37】
>
> b. …유타는 만날 때마다 동글동글 <u>살이 올라 있다</u>.[100)] [반짝39]
>
> c. …유타는 만날 때마다 동글동글 <u>살이 쪄 간다</u>.

(213)의 'ていく'는 유타라는 문제의 인물이 살이 찌는 상태가 만날 때마다 진행하고 있음을 나타낸다. 이 경우, 한국어에서는 (213c)와 같

---

99) (213c)는 필자가 붙인 것이다.
100) 번역서에는 '살이 올라 있다'라고 번역되어 있지만 '살이 쪄 있다'라고도 표현 가능하다.

이 '어 가다'를 사용하여 표현할 수 있는데, 번역서에서는 '어 있다'라고
번역되어 있다.'어 가다'와 '어 있다'는 상태를 나타낸다는 점에서는 비
슷한데 그 의미가 다르다(3.2.2 참조). 즉, (213a)와 (213c)는 문제시되
는 상태가 점점 진전된다는 '상태 진행'에 초점이 맞춰진 것에 비해,
(213b)의 '어 있다'는 완료한 상태의 결과(여기에서는 '살찐 상태')에 초
점이 맞춰져 있다.[101] 다시 말하면 '상태'에 대해 말하고 있는 경우, 일
본어 화자는 '상태 변화' 또는 '상태 진행'까지 인식하여 언어화하는데,
한국어 화자의 인식은 '상태 결과'에 머물러 있다는 것을 시사한다.

　지금까지 일본어에서는 'てくる'를 선호하여 사용하는데 한국어에서
는 표현상 대응하는 '어 오다'가 있음에도 불구하고 이것을 쓰지 않고
'어 오르다', '어 나다', '어지다' 등 다양한 표현을 써서 나타내는 점에
초점을 맞추어, 이 같은 차이는 한일 양언어의 화자 사이에 있는 〈사태
파악〉의 차이가 그 밑바탕에 있다는 것을 고찰했다. 즉, 다른 언어 현상
을 통해 일본어 화자가 한국어 화자보다 〈주관적 파악〉에 기울어져 있
다는 것을 재확인했다고 말할 수 있는데, 다음 절에서는 다른 언어 현상
을 통해 이를 검증해 나가기로 한다.

5.2 'てもらう'와 그에 대응하는 한국어 표현

　영어의 수수동사(授受動詞)가 'give, receive'의 2항 대립인데 비하여

---

101) 이 점은 일본어의 'てくる'가 '寒くなってきた'로 표현될 수 있지만 한국어에
　　서는 '추워졌다'로밖에 표현할 수 없다는 대비와 동일한 양상을 보인다고 할
　　수 있다.

일본어의 수수동사의 대표적인 동사를 보면 'あげる, くれる, もらう' 의 3항대립으로 생각할 수 있다. 그런데 왜 일본어에서는 受動詞(이하, '받기 동사')102)가 'もらう' 하나밖에 없는 것에 대해 授動詞(이하, '주기 동사')는 'あげる, くれる' 두 개나 존재하는 것일까?

이 점에 대해서 모리야마(森山新2007)는 ① 피동작주보다 동작주 쪽에 시점이 놓이기 쉽다, ② 참여자에 화자가 포함되어 있는 경우에는 화자에게 시점이 놓여지기 쉽다라는 원칙에, ③ 파악의 주관성과, ④ 의미와 형식의 대응을 고려에 더하는 것으로 설명이 가능하다고 주장한다.

모리야마(森山新 2007)는 일본어와 영어의 수수동사를 비교하여 (a) '화자＝주는 사람'일 경우에는 ②의 '인칭에 관한 원칙(1인칭＞2·3인칭)'에서도 화자에 시점이 놓이고, ①의 '태(Voice)에 관한 원칙(동작주＞피동작주)'에서도 동작주(주는 사람)에 시점이 놓이므로 '화자＝주는 사람'이 주어가 되고, 이 동작은 'give/あげる'로 표현된다고 설명한다. 또 (b)의 '화자＝받는 사람'일 경우에는 ①과 ②의 원칙에 모순이 생기므로 어느 쪽인가의 원칙이 우선되는데 ①의 '태(Voice)에 관한 원칙'이 우선되면 동작주에 시점이 놓여지므로 주는 사람인 상대가 주어가 되어, 'give/くれる'로 표현되지만, ②의 '인칭 원칙'이 우선되면 화자에 시점이 놓여, 받는 사람인 화자가 주어가 되어 'receive/もらう'로 표현된다고 분석하고 있다.

또한 ③의 원칙이 일본어의 '주기 동사'에 왜 두 가지의 동사가 존재하는가 하는 물음에 답하는 중요한 열쇠가 된다고 지적하며, 모리야마

---

102) 마키노(牧野 1996)는 일본어의 'あげる, くれる'를 授動詞, 'もらう'를 受動詞라고 부르고 있다. 한국어의 '주다', '받다'도 이에 따르기로 한다. 또한, 이 논문에서는 授動詞를 '주기 동사', 受動詞를 '받기 동사'로 하기로 한다.

(森山新 2007)는 〈객관적 파악〉으로 받아들이는 영어와 〈주관적 파악〉
으로 받아들이는 일본어의 수수동사를 비교하여 다음과 같이 설명하고
있다. 그림 25와 그림 26은 모리야마(森山新 2007)가 〈사태파악〉을 집
어 넣어 영어와 일본어의 수수표현을 나타내고 있는 그림이다.

그림25 영어의 수수표현   **그림26 일본어의 수수표현**

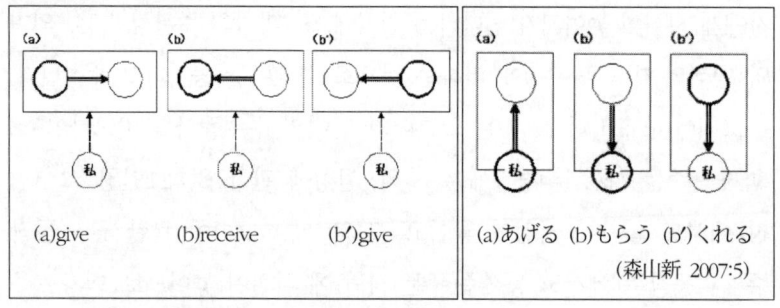

그림 25와 그림 26에서 〈객관적 파악〉의 영어에서는 '나'와 '타인'은
동일하게 객관화하므로 '나'와 '타인'과의 구별이 없고, 그 결과 그림 25
의 (a)와 (b')에서 '인지주체로서의 나'에게 보이는 것(의미)은 거의 같은
데, 〈주관적 파악〉의 일본어에서는 '인지주체로서의 나'에게 보이는 것
(의미)이 그림 26의 (a)에서는 물건이 나에게서 멀어지고 (b')에서는 물
건이 나에게 다가온다는 '나(화자)에게의 의미'가 크게 다르다고 한다.
따라서 〈객관적 파악〉에서는 ④의 원칙에 따라 같은 범주(category)로
묶이고, 'give'라는 동일한 동사를 공유하여 쓰이지만, 〈주관적 파악〉에
서는 같은 범주로 묶는 것은 문제가 있으므로 'あげる'와 'くれる'가 필
요하다는 것이다. 또 모리야마(森山新)는 왜 '받기 동사'는 'もらう' 하
나밖에 없는가에 대해 'receive'는 (a)에서 '상대방=받는 사람'이 주어가

되는 것은 원칙적으로 없기 때문에 'もらう'하나로 해결된다고 말한다.

다음의 표 15는 모리야마(森山新 2007)가 일본어·영어·한국어·중국어의 네 언어에 대해 시점 원칙과 수수동사 종류와의 관계를 나타낸 표이다.

표 15　**일본어·영어·한국어·중국어의 시점 원칙과 수수동사의 관계**
(森山新 2007:6)

	일본어	영어	한국어	중국어
원칙③	○(주관적)	×(객관적)	×(객관적)	×(객관적)
원칙②	○	○	○	×
원칙①	○	○	○	○
동사 종류	あげる, くれる, もらう	give, receive	주다, 받다	給

이상의 모리야마(森山新 2007)의 연구로 '주기 동사'가 영어 등에서는 'give' 하나밖에 없는데, 일본어에서는 왜 'あげる, くれる'의 두 개가 있는가라는 의문점에 대해서는 설명되었다고 생각한다. 그런데 한국어의 수수동사를 단순히 '주다, 받다'의 2항대립이라고 할 수 있을까?

요시모토(吉本 1996)는 일본어의 수수동사 'あげる, くれる, もらう'와 한국어의 수수동사 '주다, 달다, 받다'는 화자의 시점과 주어에 의해 다음과 같이 구별된다고 주장하고 있다.

표 16　일본어와 한국어의 수수동사　　(吉本 1996에 의거하여 작성)

주어 ＼ 시점	주는 쪽 / 중립		받는 쪽	
	일본어	한국어	일본어	한국어
주는 쪽	あげる	주다	くれる	달다/주다
받는 쪽	－	－	もらう	받다

　여기에서 주목할 만 점은 동사 '달다'이다. 동사 '달다'는 항상 그 행위의 방향이 화자에게로만 향하여만 하므로 일본어의 'くれる'와 그 성질이 비슷하다. 하지만 '달다'는 그 활용이 자유롭지 않아 명령형인 '달라, 다오'의 두 가지 형태밖에 존재하지 않는 '불구동사'[103)]이다. 이 때문에 '달다'의 쓰임은 지극히 제한되어 있고 그 자리에 '주다'가 쓰이게 된다.[104)] 따라서 한국어의 수수동사는 영어의 'give, receive'와 같이 단순한 2항대립이라고는 말하기 어렵다. 요시모토(吉本 1996)가 지적한 것과 같이 '달다'가 완전동사였다면 한국어의 수수수동사의 체계는 일본어와 같이 3항대립이었을 것이기 때문이다. 이와 같이 생각하면 표 15는 다음과 같이 수정되어야 할 것이다.

---

103) '불구동사'란 다른 완전동사들이 활용상의 제한을 받지 않는데 반하여 몇개의 국한된 활용형만을 가지고 있을 뿐 대부분의 활용형식이 나타나지 않는 비생산적인 동사를 말한다(홍윤표 1977).

104) 이러한 지적은 서울대학교 어학연구소(2002, 272-274)에서도 볼 수 있다. 서울대학교 어학연구소(2002)는 일본어의 수수동사는 'やる, あげる, さしあげる, くれる, くださる, もらう, いただく'형, 한국어의 수수동사는 '주다, 드리다, 주시다, 드리시다, 받다, 받으시다, 달라'형으로 하고 있다.

<u>표 17</u>   **일본어 · 영어 · 한국어 · 중국어의 시점 원칙과 수수동사의 관계**

	일본어	영어	한국어	중국어
원칙③	○(주관적)	×(객관적)	△(주관적)	×(객관적)
원칙②	○	○	○	×
원칙①	○	○	○	○
동사 종류	あげる, くれる, もらう	give, receive	주다, 달다, 받다	給

표 17에서 일본어와 한국어가 원칙③에 의해 주관적이라고 해도 동등한 정도라고는 말하기 어렵다. '달다'가 불구동사이기 때문에 한국어는 그 주관성 정도에 있어서 일본어보다 낮다고 볼 수 있다. ○와 △은 이를 표시한 것이다. 이 점은 5.4에서 고찰하는 언어유형론적으로 보는 주관성의 정도와 동일한 양상을 보이고 있다.

또한 한일 양언어의 수수동사가 보조동사로 쓰이면 일본어의 'もらう'는 'てもらう'의 형태로 사용되지만, 한국어의 '받다'는 보조동사로서의 사용이 허용되지 않는다.

< **'주기 동사'의 경우**>

　　(214)　a. 私は友達にプレゼントを<u>あげる</u>。

　　　　　b. 나는 친구에게 선물을 <u>주다</u>.

　　(214)′ a. 友達の車を修理し<u>てあげる</u>。

　　　　　b. 친구의 자동차를 수리해 <u>주다</u>.

　　(215)　a. 友達が私にプレゼントを<u>くれる</u>。

b. 친구가 내게 선물을 <u>주다</u>.

(215)′ a. 友達が私にプレゼントを送っ<u>てくれる</u>。

b. 친구가 내게 선물을 보내 <u>주다</u>.

(216) a. 私に水を<u>くれ</u>と言いました。

b. 내게 물을 <u>달라</u>고 말했습니다.

(216)′ a. 友達に手伝っ<u>てくれ</u>と言いました。

b. 친구에게 도와 <u>달라</u>고 말했습니다.

<'받기 동사'의 경우>

(217) a. 友達から誕生日のプレゼントを<u>もらう</u>

b. 친구에게서 생일 선물을 <u>받다</u>.

(218) a. 友達から答えを教え<u>てもらう</u>。

b. *친구에게서 답을 가르쳐 <u>받다</u>.

(219) a. 母に服を買っ<u>てもらう</u>。

b. *어머니한테 옷을 사 <u>받다</u>.

(214)~(216)′와 같이 '주다'와 '달라'는 본동사로서도 보조동사로서도 사용되는데, '받다'는 (218)~(219)와 같이 보조동사로서 사용할 수 없다. 이 절에서는 이와 같이 일본어와 한국어의 수수동사 중에서 유일하게 'てもらう'가 왜 대응하지 않는가에 대해 초점을 맞추어 그 이유를 고찰해 보고자 한다.

일본어의 'てもらう'가 대응하는 형식인 '어 받다'가 한국어에서는 보조동사로 쓰이지 못하고 다른 형식으로 표현된다고 지적한 선행 연구에 鄭惠先(2002a)과 林八龍(1980)이 있다. 鄭惠先(2002a)은 일본어의 'てもらう'는 한국어에서 '어 주다' 형식으로 번역되거나 생략되는 경우가

많다고 지적하고, 林八龍(1980)은 일본어와 한국어에 있어서 기본적 수
수동사의 상관을 보면 'やる/くれる'는 '주다', 'もらう'는 '받다'라는 대
비가 있는데 이에 덧붙여 '어 달라'도 보인다고 하고 있다. 이에 비해
徐珉廷(2007a)은 표 16과 같이 일본어의 'てもらう'에 대응하는 한국어
표현이 다양하게 존재하고 있다고 지적하고 있다. 徐珉廷(2007a)은 일
본어 소설과 그 번역서[105]를 이용하여 용례를 추출하고, 그 추출한 용
례를 '형식으로서 나타난 경우'와 '형식으로 나타나지 않는 경우'로 나누
었다. 각 하위 분류는 다음과 같다.

표 18   일본어의 'てもらう'에 대응하는 한국어 표현의 유형

형식으로서 나타난 경우	
① '어 주다'형	② 'N(명사)＋받다'형
③ '어 달라'형	④ 의뢰표현 첨가
형식으로 나타나지 않는 경우	
① 의역 ② 단순 생략 ③ 반의어 관계 짝 동사[106]	

　일본어에서는 'てもらう' 하나로 표현되는 것이 왜 한국어에서는 이
와 같이 여러 가지 형태로 나타나는 것일까? 이 논문에서는 그것을 살펴
보는 중요한 열쇠로서 일본어 화자의 〈주관적 파악〉, 그리고 거기에
관련된 〈선호하는 표현〉으로서의 관점에서 검토·고찰해 보고자 한다.

---

105) 일본어의 'てもらう'가 한국어에서는 어떻게 나타나는가를 분석하기 위해 일
　　본어로 쓰인 소설 4권(江国 1991, 村上 2000, 吉本 1998, 吉田 2003)과 그 한국
　　어 번역서 4권의 합계 8권을 이용하여 분석했다.
106) '반의어 관계 짝 동사'란 '売る-買う', '貸す-借りる'와 같이 방향성을 가지며
　　동일한 사태를 시점에 따라 두 개의 동사로 나타낼 수 있는 동사의 짝을 말한
　　다. 5.2.4.1에서 논한다.

이 논문과의 관련상, '형식으로서 나타나는 경우'의 ①에서 ③을, 각각 5.2.1~5.2.3에서 고찰한다. 또한 5.2.4에서는 '형식으로서 나타나지 않는 경우'에 대하여 고찰하는데 특히 ③에 대하여 살펴본다.[107)]

5.2.1 'てもらう'와 '어 주다'

먼저 일본어의 'てもらう'가 한국어에서는 '어 주다'로 표현되어 있는 경우를 보도록 하자.

> (220) a. ありがとうハチ、大切なことを<u>教えてもらった</u>ことを一
>   生忘れない。【ハチ28】
>   b. 고마워요, 하치, 그렇게 소중한 것을 <u>가르쳐 준</u> 일, 잊지 않을
>   게요. [하치26]
> (221) a. 「あいつらがこっちにいるから、<u>手伝ってもらう</u>ことに
>   なってんだ。」【東京210】
>   b. 「그 녀석들이 여기 있어서 <u>도와주기로</u> 했어.」[동경234]

(220a)의 일본어에서는 화자(私)가 주어이고 상대방(ハチ)이 간접목적어인 구조이다. 한편 (220b)의 한국어는 상대방(하치)이 주어이고 화자(나)가 간접목적어인 구조로 '어 주다'로 표현되어 있다. 상황 등을 고려하지 않고 표현만을 본다면 '가르쳐 준'은 '教えてあげた' 또는 '教えてくれた'가 될 것인데 여기에서는 '教えてくれた'의 의미가 된다. 왜냐하면 '가르친다'라는 행위를 받는 사람은 화자라는 것을 문맥에서

---

107) 표 18의 각 유형에 대한 상세한 설명은 徐珉廷(2007a)을 참조.

짐작할 수 잇으므로 'てくれる'를 쓰는 것이다. 그런데 '어 주다'는 이러한 의미를 내포하지 않는다. 즉, 한국어의 '어 주다'는 '화자=받는 사람'을 나타내지 않는, 이른바 중립적인 표현이다.

동일한 사태가 일본어에서는 'てもらう'로 표현되고, 한국어에서는 '어 주다'로 표현되었는데, 이를 통해서도 일본어 화자와 한국어 화자 간의 〈사태파악〉의 차이가 보인다. 즉, 일본어는 'てもらう'를 사용하여 문제의 사태가 화자 쪽으로의 이익과 은혜를 주는 것을 나타내는 〈주관적 파악〉, 중립적인 표현인 '어 주다'를 사용한 한국어는 화자와의 관련성은 없고 단지 행위에 대한 이익과 은혜를 나타내는 〈객관적 파악〉이 엿보인다.

5.2.2 'てもらう'와 수동성 표현

한국어에서 '하다' 동사의 수동성 표현에는 '되다', '당하다', '받다'라는 동사가 사용되는데, 이 세가지 동사의 선택요인에 대해 우인혜(1993: 73-110)는 다음과 같이 분석하고 있다. '되다'는 주어가 인간인 경우에도 물건인 경우에도 넓게 쓰이지만, '당하다'와 '받다'는 주로 인간(또는 인간과 관련한 사물)의 경우에 한정된다. 또 그 의미 특징으로 '되다'는 중립적 피동성, '당하다'는 피해를 받는 것을 강하게 나타내는 경우에 쓰이고, '받다'는 피동자가 바라거나 싫어하지 않는 행위를 나타낸다고 한다.[108]

---

108) 우인혜(1993)의 조사에 의하면 가장 많이 사용되는 것은 '되다'라고 한다. 그 결과는 다음과 같다. '하다' 동사가 '받다' 동사로 수동을 나타내는 경우는 1310개의 타동사 중, 415개(20.12%)인데 '받다' 만으로 나타나는 경우는37개(2.82%)에 지나지 않는다고 한다. 예를 들면 '진찰받다', '존경받다', '사랑받다', '동정받

  그런데 일본어의 'てもらう'가 한국어에서 '명사＋받다'로 표현되어
수동의 의미를 나타내는 용례가 보였다.

(222) a. …前に紹介してもらった大杉が顔を出した。【東京219】
      b. …전에 소개받았던 오스기가 얼굴을 내밀었다. [동경243]
(223) a. 「どっちの世界からもうまく受け入れてもらえなかった
         んだね。」【神の子191】
      b. 「어느 쪽 세계로부터도 제대로 인정받지 못했지. 」[신의172]

  (222)는 일본어의 '紹介してもらった'가 한국어에서는 '소개받았다'
라고 표현되어 있다. 여기에서도 한일 양언어 화자 간에 〈사태파악〉의
차이가 보인다. 〈객관적 파악〉의 경향이 있는 한국어는 '소개받았다'라
는 중립적 수동표현이 쓰여 그 사실만을 객관적으로 말하고 있는 의미
를 지닌다. 여기에서 말하는 중립적 수동표현이란 능동문의 목적어가
수동문의 주어가 되는 직접수동을 말한다.[109] 한편 〈주관적 파악〉의
경향이 강한 일본어는 (222)와 같은 경우에 한국어와 같이 '紹介された'
라는 중립적인 표현을 할 수 있는 경우에도 'てもらう'를 써서 주인공과
문제시되는 행위와의 관련성을 나타내고 있다고 생각할 수 있다. 마찬
가지로 (223)도 설명 가능하다. (223a)의 일본어는 자신과 문제시되는

다' 등이 있다.
109) 예를 들면 다음과 같다.
    능동문 : 兄が弟をしかる → 수동문 : 弟は兄にしかられる
    이와 같은 수동문은 영어 등의 수동문과 같은 타입이다(庵, 高梨, 中西, 山田
    2000).

사태와의 관계를 연결지어 나타내고 있지만, (223b)의 한국어는 중립적으로 사태만을 묘사하고 있다는 대비가 보인다.[110]

5.2.3 'てもらう'와 '어 달라'

이 항에서는 일본어의 'てもらう'가 한국어의 '어 달라'로 나타난 경우에 대해 보도록 하겠다. 앞서 언급한 바와 같이 한국어의 '달다'는 '남에게 무엇을 주기를 청하다'라는 의미의 불구동사로 '달라/다오'로만 쓰인다. 이 '달라'는 '어 달라'의 형태로 보조동사적으로도 쓰이는데 화자인 주어가 간접목적어에게 어떤 행위를 받았을 때의 'てもらう'는 '어 달라'로 번역된 경우가 많았다. 이는 주어가 간접목적어에게 무언가를 부탁하거나 요구한 것을 제3자가 말할 때 'てもらう'를 써서 표현하고 일종의 간접인용문이 되기 때문이라고 생각한다.

  (224) a. 「だから一番広い部屋を<u>用意してもらった</u>んだ。」【神の34】
       b. 「그래서 가장 넓은 방을 <u>준비해 달라고</u> 했어. 」[신의40]
  (225) a. 「近くにいたおじさんに頼んで、鉛筆でそう<u>書いてもらった</u>。」 【神の190】
       b. 「가까이에 있는 아저씨더러 그렇게 <u>써 달라고</u> 부탁한거야.」 [신의 172]

---

110) 덧붙여 말하면 (219)의 영어 번역(Jay Rubin,tr. 2002, afterthequake, Vintage) 은 "So Masakichi didn't really belong to either world-the bear world or the people world"인데, 화자 자신을 Masakichi로 마치 제3자를 부르듯이 객관적으로 말하고 있다. 이를 통해, 한국어 화자는 일본어 화자에 비해 〈객관적파악〉을 하는 경향이 있지만, 영어 화자와 비교하면 〈주관적 파악〉을 하는 경향이 있다는 것을 엿볼 수 있다. 5.4에서 자세히 고찰하기로 한다.

(224a)의 일본어는 여관 주인에게 방 예약을 부탁한 것을 상대방에게 말하는 문장인데 'てもらう'로 표현한 일본어는 사태를 〈자기 중심적〉으로 보고 있다는 것을 알 수 있다. 이에 비해 한국어에서는 의뢰문의 간접인용문인 '어 달라'를 씀으로서 화자는 방 예약을 부탁한 그때의 자신을, 지금 말하고 있는 자신이 객체적으로 보고 말하고 있는 〈객관적 파악〉이 보여진다. 또 한국어의 '어 달라'에도 일본어의 'てもらう'처럼 '은혜'의 의미가 들어있다. 다만 '어 달라'가 명령형으로만 쓰인다는 제약 때문에 그 의미가 희석된 것으로 볼 수 있다. (224)도 마찬가지로 설명 가능하다. 일본어 화자는 자신으로의 은혜를 나타내며 자신과의 관계를 전면적으로 들어내고 있지만, 한국어 화자는 사태를 또 다른 자기(自己)가 객관적으로 상대에게 전달한 듯이 느껴진다.

5.2.4 'てもらう'와 형식으로 나타나지 않는 경우

형식으로 나타나지 않는 경우는 의역이나 생략으로 나타났는데, 여기에서는 생략된 경우 중에서 'くれる', 'もらう'처럼 같은 사태를 다른 시점에 의해 다르게 표현할 수 있는 짝 동사로 한일 양언어 간에 나타난 경우에 주목하여 고찰한다.

5.2.4.1 반의어 관계 짝 동사

도쿠나가(德永 2004)는 '売る, 買う, 教える, 習う, 貸す, 借りる'(팔다, 사다, 가르치다, 배우다, 빌려주다, 빌리다)와 같이 주어·간접목적어·직접목적어의 3항을 취하는 동사를 '3항동사(di-transitive verb)'라고 부르고 있다.[111] 예를 들면 "トムが私にTシャツを売った"(톰이 나

에게 티셔츠를 팔았다)라는 경우에 주어인 'トム'(톰)에게서 간접목적어
인 '私'(나)에게 직접목적어인 'Tシャツ'(티셔츠)가 '이동'하는 경우로 '売
る'(팔다)라는 동사가 나타내는 '이동하는 물건(이 경우에는 Tシャツ)'
의 방향성은 주어에서 간접목적어가 된다고 한다. 또 '売る'(팔다)와 반
대 방향, 즉 비주어에서 주어로 향한 방향성을 가지는 동사는 '買う'(사
다)가 된다는 것이다. 이 '주어에서 비주어', '비주어에서 주어'로의 방향
성을 도쿠나가(德永 2004)는 다음의 그림 27과 같이 나타내고 있다.

그림 27 3항동사의 방향성 (德永 2004:72)

(X)는 「직접목적어」

① 「売る」(팔다) : 주어 ————(X)————> 간적목적어 : 비주어	
② 「買う」(사다) : 주어 <————(X)———— 비주어	
[±私・ウチの者]	[−私・ウチの者]
(±나・내 쪽 사람)	(−나・내 쪽 사람)

　　이 논문에서는 이와 같은 3항동사 중, '売る・買う', '教える・習う',
'貸す・借りる' 등과 같이 반의어 관계이며, 〈시좌〉가 어디에 있는가에
따라 같은 사태를 다르게 표현할 수 있는 동사를 〈반의어 관계 짝 동사〉
라고 부르기로 한다. 이 짝 동사는 'A가 B에게 우표를 구입했다'라는

---

111) Tokunaga(1986:104-115)에 의하면〈주어중심동사〉는〈주어중심기점동사〉
　　(Subject-Oriented Outward-Directional Verbs)와 〈주어중심착점동사〉(Subject-
　　Oriented Inward-Directional Verbs)가 있다고 한다. 각 동사의 예는 다음과 같다.
　　〈주어중심기점동사〉: 紹介する(소개하다), 教える(가르치다), 書く(쓰다), 送
　　　　　る(보내다), あげる(주다), 売る(팔다) 등
　　〈주어중심착점동사〉: 呼ぶ(부르다), 習う(배우다), 受け取る(받다), 借りる(빌
　　　　　리다), 受ける(받다), もらう(받다), 買う(사다) 등

사건에 대해 'A는 B에게 우표를 팔았다'라고도, 'B는 A에게서 우표를 샀다'라고도 표현할 수 있는데 〈주관적 파악〉의 경향이 강한 일본어에서는 이런 식의 표현이 어색한 경우가 있다.

도쿠나가(德永 2004)는 화자가 간접목적어인 경우에는 비주어인 위치에 화자 '私'(나)및 화자가 심리적으로 자신 쪽의 사람이라고 생각한 사람(ウチの者)이 오면 일본어에서는 부자연스러운 문장이 된다고 지적하고 있다. 다음의 (226)는 화자가 トム(톰)의 행위를 받는 사람일 경우의 예이다.

> (226) a. ??トムは私にTシャツを売りました。
>   (??톰은 나에게 티셔츠를 팔았습니다.)
>   b. トムは私にTシャツを売ってくれました。
>   (톰은 나에게 티셔츠를 팔아 주었습니다.)
>   c. (私は)トムからTシャツを買いました。
>   ((나는) 톰에게서 티셔츠를 샀습니다.)
>
> (德永 2004:66,77)

도쿠나가(德永 2004)는 화자가 티셔츠를 가지고 싶어서 산 것이라면 (226b)는 적격이라고 말한다. 그러나 화자가 티셔츠를 가지고 싶지 않은 경우에 '톰이 자신에게 티셔츠를 팔았다'라는 행위를 (226a)와 같이 표현한다면 직접 언어로 표현되어 있지는 않더라도 부정적(negative)인 의미를 나타내고, 일본어에서는 중립으로 표현하는 것은 거의 불가능하다고 설명하고 있다. 이 경우, 중립에 가까운 표현은 (226c)와 같이 '売る'(팔다)와 반대의 의미를 가진 동사인 '買う'(사다)를 사용한다고 한다.

한편 한국어에서는 일본어와 같은 제약이 보이지 않는다. 다음의 (227)은 상기의 예(226)을 한국어로 나타낸 것이다.

> (227) a. 톰은 나에게 티셔츠를 팔았습니다.
>   b. 톰은 나에게 티셔츠를 팔아 주었습니다.
>   c. 나는 톰에게 티셔츠를 샀습니다.

(227)에서 나타낸 것과 같이 한국어에서는 (227a)와 (227b)는 은혜를 나타내는가 나타내지 않는가라는 의미상의 차이는 있지만, 둘 다 적격문이다. 즉, 일본어에서는 화자가 행위를 받는 사람인데 화자가 비주어의 위치에 있을 경우에는 'てくれる'와 같은 '화자중심동사'[112]가 불가결하고, 중립 표현이 거의 불가능에 가깝다고 말할 수 있다. 이에 비해 한국어에서는 그와 같은 제약이 없고 화자가 행위를 받는 사람일 경우라고 해도 이른바 중립 표현이 가능하다.

그런데 일본어에서는 화자가 행위를 받는 사람일 경우, 어감의 차이는 있지만 보조동사 'てもらう'를 붙여서 표현할 수 있다. 예를 들면 (222)와 같은 경우에 화자가 주어가 되면 'てもらう'가 붙여져 다음과 같이 된다.

> (228) (私は)トムにTシャツを売ってもらいました。

(226b)와 (228)은 '톰이 화자에게 티셔츠를 팔았다'라는 행위는 변함이 없다. 다만 화자가 그 사태를 어떻게 인식하고 있는가에 따라 'てく

---

112) '화자중심동사'에 대해서는 3.1.2.1을 참조.

れる' 또는 'てもらう'의 선택이 달라진 것이라고 생각한다.

흥미롭게도 주어가 화자의 행위를 받는 사람일 경우에 일본어에서는 '貸す+てもらう'가 사용되어 화자와의 관여를 나타내고 있는 것에 비해, 한국어에서는 〈반의어 관계 짝 동사〉인 '빌리다'로 표현된 예가 보였다. 주어가 화자인 경우에 '貸す'는 주어를 출발점으로 하여 도착점에 직접목적어가 물리적 또는 추상적으로 이동하는 것을 나타내는 동사이기 때문에 "私はハチに冬物の服を貸した"라고 표현하면 다른 의미가 되어 이 경우에는 부적합한 문장이 된다. 여기에서 '貸す'를 사용할 수 있는 것은 보조동사 'てもらう'가 가지는 방향성으로 'ハチが冬物の服を貸した'라는 행위가 화자에게 향해 있기 때문이라고 생각한다. 한편 한국어에서는 일본어 '貸す/借りる'라는 두 개의 동사가 존재하지 않고 '빌리다'라는 동사에 보조동사 '어 주다'를 붙여 '貸す'의 의미를 나타낸다.[113) (229b)와 같이 주어가 화자이고 받는 사람일 경우, 일본어의 원문처럼 주어를 '私/나'로 동일하게 했을 경우에는 '빌리다'밖에 사용할 수 없다.

(229) a. 私はハチに冬物の服を貸してもらった。　【ハチ97】

　　　 b. 나는 하치에게서 겨울 옷을 빌렸다.　　　[하치93]

또한 (229b)의 한국어에서는 일본어의 (229a)와 같이 'ハチが冬物の服を貸した'라는 함축된 의미를 읽을 수 없다. 또 일본어에서는 한국어

---

113) 일본어 '貸す/借りる'에 대응하는 '빌다/빌리다'라는 두 개의 동사가 존재했지만, 현재는 표준어 규정 제6항에 의해 '빌다'와 '빌리다'의 뜻은 구별하지 않고 '빌리다'만 쓰도록 규정되어 있다.

와 같이 '私はハチから冬物の服を借りた'라는 중립적 표현은 퉁명스런
느낌이 들어 일본어 화자는 이와 같은 말투는 별로 선호하지 않는다.
이러한 점을 통해서도 일본어 화자와 한국어 화자의 〈사태파악〉의 차이
를 엿볼 수 있다. 일본어 화자는 〈주관적 파악〉을 하는 경향이 강하기
때문에 보조동사 'てもらう'를 붙여서 사태 자체보다는 자신과의 관계
를 전면적으로 나타낸다. 그러나 일본어보다 〈객관적 파악〉을 하는 경
향이 있는 한국어에서는 단지 물건의 이동을 나타내고 객관적으로 나타
낸다. 중립표현의 허용이 일본어보다 한국어에서 높다고 말할 수 있다.

5.3 주어 생략과 자기(自己)의 〈제로화〉

일본어에서 자주 일어나는 주어 생략은 지금까지 많은 연구에서 논해
온 주제인데, 왜 이러한 주어 생략이 영어 등에 비해 빈번하게 일어나는
것일까? 일본어에서 종종 일어나는 주어 생략에 관한 이케가미(池上
2006b)의 주장은 언어 본질을 찌르는 데 충분히 설득력 있는 논지이다.

「人間の直接体験は体内的なこと(ワァ,嬉シイ)」でも体外的なこと
(「アッ、星が見エル」)でも自らを基点とし、自らにおいて起こる
〈私的〉(private)な性格のものであり、(…略…)自己自身は言語化さ
れるに及ばない。(인간의 직접체험은 체내적인 것(와, 기쁘다)이든,
체외적인 것(아, 별이 보인다)이든 자기 자신을 출발점으로 스스로에
게 일어나는 사적인 성격이고, (…생략…) 자기 자신은 언어화되지
않는다.)」
                                                    (池上 2006b:23-24)

예를 들면 일본어에서 화자를 언어화하여 "私は嬉しい(나는 기쁘다)"라고 말한다면 다른 사람과의 대비가 강하게 느껴진다. 특별한 상황이 아닌 이상 보통 일본어에서는 화자 자신은 언어화되지 않는 편이 자연스럽다. 즉, 일본어의 주어 생략의 원점은 일본어 화자의 〈주관적 파악〉으로의 강한 경사라는 것이다.

그런데 주어 생략이 일어나는 것은 비단 일본어뿐만이 아니다. 영어 등의 언어와 비교하여 주어 생략은 한국어에서도 용이하게 일어나는데, 그 빈도수에는 한일 양언어 간에서 차이가 있는 듯하다. 鄭惠先(2002a)은 일본 소설 5권과 그 한국어 번역판 5권, 한국 소설 4권과 그 일본어 번역판 4권의 합계 18권을 사용하여 소설 안의 회화문에서 인칭사가 사용된 문장을 분석하여, 일본어와 한국어에서 인칭사[114]의 사용빈도가 한국어 쪽이 더 높다고 지적하고 있다. 다음의 표 19는 鄭惠先(2002a)에 의한 분석결과인데 일본어판의 인칭사 출현 수가 한국어판의 인칭사 출현 수에 비해 현저하게 많다는 것을 알 수 있다.

표 19   한쪽 판만 출현한 인칭사 수   (鄭惠先 2002a:32)(원작판/번역판)

	단수형 자칭사	단수형 대칭사	복수형 자칭사	복수형 대칭사	합계
일본어판	105 (57/48)	69 (32/37)	6 (0/6)	7 (2/5)	187 (91/96)
한국어판	265 (192/73)	132 (113/19)	80 (59/21)	10 (10/0)	487 (374/113)

---

114) 鄭惠先(2002a)은 인칭사를 1인칭과 2인칭으로 한정하여 분석했다.

또 鄭惠先(2002b)에서는 일본어 화자 350명과 한국어 화자 350명, 총 700명을 대상으로 설문조사를 하여 자신이 누구임을 밝히는 문장에서의 자칭사의 사용빈도에 대해 양언어 화자 사이에 두드러진 차이가 보인다고 보고하고 있다.

(230) 場面：あなたは友人の鈴木さんの携帯に電話をかけました。呼び出し音の後,鈴木さんが出ました。自分の名前を言うとき、あなたはどのような言い方をしますか。

(장면 : 당신은 친구인 스즈키 씨의 휴대폰에 전화를 걸었습니다. 신호음 후, 스즈키 씨가 전화를 받았습니다. 자신의 이름을 말할 때 당신은 어떻게 말합니까?)

　a. 名前だけど。 　　（이름인데요）
　b. わたし、名前だけど。（저, 이름인데요）

鄭惠先(2002b)의 조사결과에 의하면 표 18과 같이 일본어 화자는 전화를 걸어 자신의 이름을 말하는 장면에서 350명(100%) 중, 319명(91.9%)이 인칭사를 쓰지 않는 (230a)를 선택했다고 한다. 이에 비해 한국어 화자는 (230a)를 선택한 사람은 350명(100%) 중 96명(27.7%)에 지나지 않고 250명(72.3%)이 (230b)와 같이 인칭사를 선택한다는 결과가 나왔다고 한다.

표20　자신이 누구임을 밝히는 문장에서 자칭사의 사용빈도

(鄭惠先 2002b:338)

	(226a)	(226b)	합계
일본어 모어 화자	319(91.9%)	31(8.9%)	350(100.0%)
한국어 모어 화자	96(27.7%)	250(72.3%)	346(100.0%)

　'わたし/나'와 같은 단수형 인칭사의 주어 생략은 'わたしたち/우리'
와 같은 복수형 인칭사의 경우에도 일어난다. 鄭惠先(2002b)은 한국어
의 청유문에서 복수형 자칭사 '우리'가 많이 사용되는 것을 지적하고
다음과 같은 조사 결과를 보고하고 있다. 친구에게 식사하러 가자고 할
때 일본어 화자는 "ご飯食べに行きましょう"(밥 먹으러 갑시다)라고
복수형 인칭사를 생략하여 말한다는 사람이 350명(100%) 중, 348명
(99.4%)으로 거의 전원에 가까웠다고 한다. 이에 비해 한국어 화자는
"우리, 밥 먹으러 갑시다(가요)."를 선택한 사람이 347명(100%) 중 241
명(69.5%)이었다고 보고하고 있다.

　이같이 인칭사의 사용빈도가 한국어보다 일본어 쪽이 적다는 鄭惠先
(2002a~b)의 조사 결과는 일본어의 〈선호하는 표현〉으로서의 〈주관적
파악〉에 의한 것이라고 생각한다. 다시 말하면, 일본어 화자는 자기 자
신이 문제의 사태 안에 임장한다는 자세로 〈사태파악〉을 하기 때문에
자기 자신은 시야에 들어 오지 않고, 따라서 언어화되지 않는다.

　주어 위치에서의 생략은 특히 눈에 띄므로 가장 자주 화제가 되는데
〈주관적 파악〉에 의한 화자의 〈제로화〉는 주어 위치에만 한정되어 있
는 것은 아니다. 〈자기 투입〉이라는 심리적 과정을 거침으로써 본래는

타자인 2인칭, 3인칭의 인물도 〈제로화〉되어 표현된다는 영역까지 확
대되어 가는 것이다. (231)~(234)는 鄭惠先(2002a:32-33)에서 인용한 예
문이다. 일본어에서는 주어 위치에 한하지 않고, 또 1인칭에 한정되지
않고, 〈제로화〉가 일어나고 있다. 한국어역에서는 일본어에서 〈제로
화〉된 표현이 전부 명시적으로 언어화되어 있다.

> (231) a. わかってくれるだろ。　　[シュリ]
> 　　　 b. **나** 이해할 수 있지?　　【쉬리】
> (232) a. 守ってやることはできない。すまない。　[シュリ]
> 　　　 b. **널** 지켜 주지 못해 미안해.　　　　　【쉬리】
> (233) a. もっとえり子が相談してくれていたら、　【キッチン】
> 　　　 b. 에리코가 **나한테** 자세하게 의논이라도 해 주었으면, [키친]
> (234) a. こんな感情を、わかってもらうように説明する自信も、根
> 　　　　 気もなかった。【キッチン】
> 　　　 b. 그런 감정을 **네가** 이해할 수 있도록 설명할 자신도 끈기도
> 　　　　 없었어. [키친]

　(231)~(234)의 예문은 다음과 같이 설명할 수 있다. 일본어의 (231a)
와 (233a)의 화자(私)는 실제로 그 사태에 있는 듯이 사태를 자신이 체
험한 상황으로 받아들이고 있기 때문에 '私'는 언어화되지 않는다.
(232a)와 (234a)는 자기의 〈제로화〉가 2인칭까지 확대 적용되었다고 말
할 수 있을 것이다. 또 문제의 사태와 그 당사자의 관계를 (231a)와
(233a)는 'てくれる', (232a)는 'てやる', (234a)는 'てもらう' 등의 수수
보조동사로 나타내고 있다. 한편 한국어는 사태를 객관적/중립적으로

받아들이는 자세로 수수동사를 보조동사적으로 사용하지 않았고, 또한 1인칭, 2인칭에 상당하는 인물도 명시되어 있다.

다음 절에서는 일본어가 한국어보다 〈주관성〉이 높은 언어로서의 특징을 통합하여 제시하도록 한다.

5.4 언어유형의 매개변인으로서의 〈주관성〉과 그 정도

언어유형론의 관점에서 언어의 〈주관성〉의 정도(subjectivity scale)에 대해 논하고 있는 연구로 Uehara(2000, 2006), 우에하라(上原2001)와 파르데시 · 이 · 호리에(パルデシ · 李 · 堀江 2006)가 있다. Uehara(2000, 2006)와 우에하라(上原 2001)는 일본어 · 영어 · 한국어 등을 비교하여, 일본어가 가장 주관성이 높고 영어가 가장 객관성이 높은 언어이고 한국어는 그 중간쯤보다 일본어에 가깝다고 고찰하고 있다(2.3.2.1 참조). 파르데시 · 이 · 호리에(パルデシ · 李 · 堀江 2006)는 언어 간의 〈주관성〉 차이에 관한 종래 연구들이 일본어와 영어, 두 언어의 비교만으로 그친 것을 지적하고, 한국어 · 중국어 · 마라티어[115] 등 다른 아시아 언어를 넣어 고찰해 보아도 일본어가 〈주관성〉 정도가 더 높다고 분석하고 있다.

일본어와 한국어는 그 언어적 특징에 관해서 몇 가지의 공통성을 나타내는, 유형론적으로 비슷한 언어라는 것이 지적되어 왔다. 예를 들면 이 연구와 관계 깊은 '行く/가다'와 '来る/오다'의 대립을 보아도 '来る/

---

115) '마라티어'는 인도 공화국 마하라슈트라 주(州)의 공용어이다.

오다'의 〈직시성〉이 2인칭 지향이 아니라 1인칭 지향이라는 점에서 일본어와 한국어는 공통점이 있다. 중국어는 영어와 동일하게 1인칭/2인칭 지향이다. 그런데 일본어와 한국어는 문법구조와 언어 운용상의 발상 등이 매우 유사한데 두 언어를 비교해도 일본어가 〈주관성〉이 더 높다고 할 수 있을까?

이 논문에서는 언어의 〈주관성〉에 관한 여러 가지 특징 중, 특히 〈주관적 파악〉이라는 점에 대해 'ていく/くる'와 '어 가다/오다'의 보조동사적인 용법을 중심으로 검토해 왔다. 예를 들면 동일한 사태를 언어화할 때 일본어 화자는 종종 'てくる'로 표현하는데, 한국어 화자는 표현상 대응하는 '어 오다'가 있음에도 불구하고 V1으로만 나타내거나 다른 표현을 사용하여 객관적으로 나타내는 경우가 많다는 것은 이미 지적한 대로이다(제4장과 5.1 참조). 이 점은 우에하라(上原 2001)가 제시한 '그 언어표현이 얼마나 전형적/빈번/의무적으로 사용되는가'라는 〈주관성〉을 측정하는 기준에 준하여 생각해 보아도, 일본어가 〈주관성〉이 더 높은 언어라고 할 수 있다.

이 절에서는 'いく/くる'의 보조동사로서의 용법에 관해서도 일본어가 한국어보다 〈주관성〉이 높은 언어로서의 특징을 나타낸다는, 지금까지의 고찰을 통합하여 제시해 보고 싶다. 먼저 다음 절에서는 제4장과 제5장의 고찰을 검증하기 위하여 일본어 소설과 그 한국어 번역판을 이용하여 'ていく/くる'와 '어 가다/오다'의 사용 빈도를 조사한다. 그리고 5.4.2에서 일본어·한국어·영어 화자 사이의 〈주관성〉의 정도에 대하여 구체적인 예를 들면서 고찰해 본다.

5.4.1 일본어의 'ていく/くる'와 한국어의 '어 가다/오다'의 사용빈도에서 보는 〈주관성〉의 정도

한일 양언어 간의 〈주관성〉의 정도를 검증하는 방법으로서 이 절에서는 일본어 소설 5권(江國 1991, 村上 2000, 吉本 1993, 1998, 吉田 2003)에 나타난 'ていく/くる'의 모든 예를 추출하여 그 한국어 번역서에 어떻게 나타나 있는가를 분석했다. 그 결과, 다음의 표 21과 같이 일본어의 'ていく/くる'는 946예가 있었고, 그중 'てくる'가 674 예(71.3%), 'ていく'가 272 예(29.7%)였다.

표21   일본어의 'ていく/くる'와 한국어의 '어 가다/오다'의 대응

	'てくる'와 '어 오다'	'ていく'와 '어 가다'
대응하는 예	401예 (59.5%)	171예 (62.9%)
대응하지 않는 예	273예 (40.5%)	101예 (37.1%)
합 계	674예 (100%)	272예 (100%)
		전체 : 946예

이 결과를 비교해 보면 일본어 소설에서는 'てくる'가 'ていく'에 비해 많이 사용되고 있음을 알 수 있다. 한국어와 비교해 보면 일본어의 'てくる'는 전체 674 예 중 한국어의 '어 오다'로 번역되어 있는 것은 401예이고, 전체의 약 59.5%를 차지하고 있다. 한편 일본어의 'ていく'는 표 21와 같이 전부 272 예이고 그 중, 한국어의 '어 가다'로 번역된 것은 171예로 전체의 약 62.9%였다. 표 21에 제시한 바와 같이 일본어

의 'ていく/くる'와 한국어의 '어 가다/오다'는 반드시 대응한다고는 할
수 없다.

　더 정확한 분석을 위해서는 'ていく/くる'와 '어 가다/오다'가 연체절
(連体節)과 연용수식절(連用修飾節) 등 종속절에서 나타나는가, 문말에
서 나타나는가를 고려해야 할 것이다. 추출한 'てくる'의 전체 674 예
중 종속절에서 사용되고 있는 것은 337 예, 문말에서 사용되고 있는 것
은 337 예였다. 한편 'ていく'는 전부 272예 중 종속절에서 사용되고
있는 것은 130예, 문말에서 사용되고 있는 것은 142예였다. 그 결과를
정리한 것이 다음의 표 22이다.

표22　종속절과 주절에서 'ていく/くる'와 '어 가다/오다'의 분포와 그 대응

'てくる'와 '어 오다'				'ていく'와 '어 가다'			
종속절		주절		종속절		주절	
대응○	대응×	대응○	대응×	대응○	대응×	대응○	대응×
222예 (65.1%)	115예 (34.9%)	179예 (53.1%)	158예 (46.9%)	80예 (61.5%)	50예 (38.5%)	91예 (64.1%)	51예 (35.9%)
합계 : 337예 (100%)		합계 : 337예 (100%)		합계 : 130예 (100%)		합계 : 142예 (100%)	

　표 22와 같이 'ていく'와 '어 가다'의 경우는 종속절과 주절의 분포의
비율은 크게 다르지 않았다. 한편 'てくる'와 '어 오다'의 경우는 종속절
에서 대응하는 경우가 222예(65.1%), 문말에서 대응하는 경우가 179예
(53.1%)로, 대응하는 비율은 종속절의 경우가 조금 더 많았지만, 특히
유의한 것으로 볼 정도의 차이는 아니다. 따라서 이 논문에서는 'ていく

/くる'와 '어 가다/오다'가 종속절에 나타나는가, 주절에 나타나는가는 구별하지 않기로 한다.

한편 의미면으로 나누어 비교했을 경우에는 일본어와 한국어에서 두드러진 차이가 보였다. 'てくる'와 'ていく'의 용법은 크게 공간적 이동을 나타내는 경우(이하, 공간 용법)와 확장되어 시간적 추이 또는 상태를 나타내는 경우(이하, 확장 용법)로 구별하여 분석했다. 그 결과, 공간 용법과 확장 용법에 있어서 'ていく/くる'와 '어 가다/오다'의 대응은 표 23과 같이 확실한 차이가 보였다.

표23   공간 용법·확장 용법과 'ていく/くる'와 '어 가다/오다'의 대응률

	'てくる'와 '어 오다'		'ていく'와 '어 가다'	
	공간 용법	확장 용법	공간 용법	확장 용법
대응하는 예	332예(87.6%)	69예(23.4%)	108예(77.1%)	63예(47.7%)
대응하지 않는 예	47예(12.4%)	226예(76.6%)	32예(22.9%)	69예(52.3%)
합계	379예(100%)	295예(100%)	140예(100%)	132예(100%)
	전체 : 674예		전체 : 272예	

표 23의 'てくる'의 경우를 보면 공간 용법의 경우에는 전부 379 예, 확장 용법의 경우에는 295 예였다. 그중, 한국어의 '어 오다'와 대응하는 경우를 보면 공간 용법은 332예로 전체의 87.6%를 차지하고 있다. 이에 비해 확장 용법의 'てくる'는 '어 오다'와 대응하는 것이 전체 295예 중 69예로 23.4%에 지나지 않았다. 'てくる'와 '어 오다'가 대응하는 전체 예의 대응률이 59.5%인 것과는 대조적이다(표 21 참조). 이 결과로 'て

くる'와 '어 오다', 'ていく'와 '어 가다'가 대응하지 않는 예가 많은 것은
〈확장 용법〉의 경우라는 것을 알 수 있다. 즉, 물리적인 이동을 나타내
는 'てくる'와 '어 오다'의 대응률보다 확장된 용법의 'てくる'와 '어 오
다'의 대응률이 낮다고 말할 수 있다. 한편 'ていく'와 '어 가다'는 공간
용법의 경우에는 140예 중 한국어의 '어 가다'와 대응하는 예는 108예로
77.1%를 차지하고 있다. 또 확장 용법의 경우에는 전체 132예 중, 63예
인 47.7%가 '어 가다'와 대응하고, 'てくる'와 '어 오다'의 대응률과는 차
이가 보인다. 구체적으로 말하면 'てくる'와 '어 오다'의 대응률이 겨우
23.4%에 지나지 않는 것이 비해, 'ていく'와 '어 가다'의 대응률은 47.7%
이고, 'てくる/어 오다'가 'ていく/어 가다'보다 대응률이 낮다.

이상의 결과와 앞서 언급한 '그 언어표현이 얼마나 전형적/빈번/의무
적으로 사용되는가'라는 〈주관성〉을 측정하는 기준에서 생각해 보면 일
본어가 한국어보다 〈주관성〉 정도가 높다고 말할 수 있다. 다음 절에서
는 구체적인 예를 들며, 일본어와 한국어, 그리고 영어 화자 사이에 있
어서 〈주관성〉의 정도를 검증해 보기로 한다.

5.4.2 〈주관성〉의 정도 : 일본어·한국어·영어

제4장과 제5장의 고찰 및 5.4.1의 보조동사 'ていく/くる'의 사용빈
도 조사결과로써 언어유형론적으로 유사한 한국어와의 비교를 통해서
도 일본어 쪽이 〈주관성〉의 정도가 높다는 것을 고찰했다. 여기에서는
영어역을 덧붙여 일본어·한국어·영어의 대조를 통하여 〈주관성〉의
정도를 보도록 하겠다. 다음의 각 예문에서 a는 원문인 일본어, b는 한
국어역, c는 영어역이다.

다음의 (235)와 (236)은 〈공간 용법〉을 나타내는 경우인데 일본어에서는 화자(이 경우에는 '私')가 언어화되지 않고, 화자 쪽으로 가까워진 것이 'てくる'로 표현되어 있다. 한국어에서도 마찬가지로 화자가 언어화되지 않고, '어 오다'로 번역되어 있다. 이에 비해 영어에서는 (231)의 'I saw', (232)의 'I could feel'에서 알 수 있듯이 화자는 명시화되어 있고 'come'도 사용되어 있지 않다.

(235) a. 眼鏡の奥で小さな目をぱちぱちさせながら、柿井さんはひょこひょこ歩いてきた。【きら142】

b. 안경 속으로 조그만 눈을 깜빡거리면서 카키이 씨가 종종 걸어왔다. [반짝143]

c. Before long, I saw Dr.Kakii stepping lightly down the corridor to wards us, his eyes blinking like crazy behind his thick glasses. [Twinkle119]

(236) a. ドアが開き、新鮮な夜風が入ってきた。【とかげ9】

b. 문이 열리고 신선한 밤바람이 들어왔다. [도마뱀7]

c. As the doors slid open, I could feel a blast of cool night air rush into the car, ··· [Lizard2]

(235)와 (236)과 같이 공간 용법의 경우, 일본어와 한국어에서는 'てくる', '어 오다'를 사용하여 화자의 위치를 언급하고 그것을 기준으로 나타내는 경향이 강하다. 또한 화자는 마치 문제의 사태에 임장해 있는 듯이 말하고 있으므로, 화자 자신은 언어화되지 않는다(4.2.1을 참조). 그렇지만 화자 자신을 언어화한 영어에서는 자기를 또 다른 자기가 보

고 있다는 〈자기분열〉이 보인다.

　하지만 다음의 예와 같이 〈확장 용법〉의 경우, 한국어는 오히려 영어
와 비슷하게 중립적인 서술을 보인다. (237a)는 〈심적 직시〉의 용법을
나타내는 'てくる'인데, (237b)의 한국어와 (237c)의 영어 어느 쪽도 V1
으로만 표현되어 있다. 또 (238a)는 〈기동상〉을 나타내는 'てくる'의 예
인데, (238b)와 같이 한국어는 '기 시작하다', (238c)와 같이 영어는
'begin'으로 표현되어 있다. 이와 같이 한국어와 영어에서는 시작을 나
타내는 다른 표현으로 번역되어 있다.

　　(237) a. 「電話も<u>かけてこないで</u>ください。」【神の17】
　　　　　b. 「전화도 <u>걸지 마세요.</u>」　　　［신의 27]
　　　　　c. "But please don't <u>call</u> me." [after4]
　　(238) a. そして雨が<u>降ってきた</u>。【とかげ113】　(재게＝(178))
　　　　　b. 그리고 비가 <u>내리기 시작했</u>다. ［도마뱀109]
　　　　　c. Then all of a sudden it <u>began</u> to rain. [Lizard 115]

　(237a)의 일본어에서는 화자와의 관계에서 사태를 바라보고 있다는
것을 'てくる'로 나타내고 있지만, (237b)의 한국어와 (237c)의 영어는
V1만으로 나타내어 단지 사실을 객관적으로 말하고 있다는 인상을 받
는다. 또 (238a)의 일본어는 〈기동상〉의 'てくる' 뿐만 아니라 화자가
사태 안에 자신의 몸을 두고 임장적으로 말한다는 〈주관적 파악〉이 보
인다. (238b)의 한국어 화자와 (238c)의 영어 화자는 〈기동상〉에 주시하
고 객관적으로 묘사하고 있다는 의미가 들어 있다. 바꿔 말하면, (234b)
와 (238c)의 한국어역과 영어역은 'てくる'의 〈기동상〉은 충실히 번역

되어 있지만, 일본어 화자의 〈주관적 파악〉은 반영되어 있지 않다고
볼 수 있다.

　다음으로 〈상태 변화〉의 용법을 나타내는 'ていく/くる'와 거기에 대
응하는 한국어 표현과 영어 표현의 경우를 보도록 하자. 이케가미(池上
2006a)는 일본어의 "日ごとに暖かくなってくる"가 영어에서는 "It's
getting warmer day by day"라고 나타나는 것에 대해 '따뜻해지는 상황
이 당사자에게 있어 점차 관여성을 증가하고 있는 의미를 읽을 수 있
다'(p.174)라고 언급하고 있다. 이 경우, 한국어에서는 "날마다 따뜻해
진다"라고 나타내고 일본어와 같이 "??날마다 따뜻해져 온다"라고는 나
타낼 수 없다. 즉, 한국어에서는 화자와의 관련성이 일본어와 같이 표현
되지 않는다. 다음의 (239)에서도 동일한 것을 말할 수 있다.

　　　(239) a. 「今にぱっと燃えてくる」　　【神の54】　(재게=(195))
　　　　　　b. 「곧 확 하고 불타오를 걸세.」　[신의59]
　　　　　　c. "I just know. It's going to flare up."　　[after 26]

　이미 고찰한 바와 같이 (239a)에서 일본어의 '燃えてくる'는 '화자 자
신 쪽으로 다가 온다'라는 의미로 화자와의 관계에서 사태를 보고 있다.
하지만, (239b)의 '불타오르다'는 단지 불길이 피어오르는 것을 객관적
으로 묘사하고 있다는 의미를 엿볼 수 있다(5.1을 참조). 영어에서는
두 개의 문장으로 나뉘어 번역되어 있는데, 화자를 명시화한 점('I')이나
누구의 관계인가('my')가 확실히 언어화되어 있다. 이 점에서 어느 쪽도
상황을 객관적으로 말하고 있다는 의미로 화자와의 관련성은 그다지
느껴지지 않는다고 생각한다. 한편 'ていく'의 경우는 이미 언급한 바와

같이 본동사 '行く'가 직시적/비직시적인 두 가지 용법이 있다는 점이
보조동사 'ていく'에서도 보인다. 이 두 가지 용법은 〈주관적 파악〉과
도 관계한다. 다음의 예를 보도록 하자.

> (240) a. 集まりに顔を出さないことで、自然に切れていった。
>
> 【とかげ135】 (再掲=(206))
>
> b. 모임에 얼굴을 내밀지 않는 것으로 자연히 관계가 끊어졌다.
>
> [도마뱀129]
>
> c. That's why, once I stopped going to the parties, my relationships
> with them ended.   [Lizard 139]
>
> (241) a. 「時間が流れていくし、人も流れていく。」
>
> 【きら151】 (再掲=(190))
>
> b. 「시간은 흘러가고, 사람도 흘러간다.」   [반짝153]
>
> c. "Time flows, people come and go."   [Twinkle128]

(240a)의 일본어는 직시적인 용법을 나타내는 'ていく'가 당사자와의
관계가 점점 멀어지는 것을 나타내는데, 한국어와 영어는 (240b)와
(240c)와 같이 화자와 모임과의 관계가 끝났다는 것을 객관적으로 나타
내고 있다. 또 일본어에서는 끝난 것이 무엇인지 말하지 않아도 되지만,
한국어와 영어에서는 각각 '관계가', 'my relationships'으로 명시화되어
있다. 이 점은 〈도상성〉(iconicity)의 원리(Langacker 1985)[116]에 입각하
여 생각해 보면 한국어와 영어 쪽이 일본어보다 객관적인 표현이라고
생각할 수 있다. 즉, 직시적인 용법의 'ていく'는 (240)과 같이 사태와

---

116) 일반적으로 표현형식과 표현내용 사이에 유의성이 있다는 원리

당사자와의 관계가 점점 멀어지는 것을 의미가 있지만, 비직시적인 'て
いく'는 (241)과 같이 화자의 〈시좌〉가 중립적인 위치에 있기 때문에
단지 상태의 지속 내지는 진행을 나타내고 있다고 생각한다. (241b)의
한국어에서는 일본어와 마찬가지로 상태의 지속 또는 진행을 나타내는
의미를 가지지만, (241c)의 영어에서는 '사람이 오고가고 있다'는 것을
객관적으로 묘사하고 있다.

지금까지 일본어 소설에 나오는 'ていく/くる'와 그 한국어역과 영어
역을 이용하여 일본어·한국어·영어 화자 간의 〈사태파악〉의 차이를
고찰했다. 제4장과 제5장의 고찰로 한국어보다 일본어 쪽이 〈주관적
파악〉을 하는 경향이 강하다는 것을 알 수 있었는데, 이 절의 영어와의
비교를 통해서는 영어보다 한국어 쪽이 〈주관적 파악〉을 한다고 말할
수 있다. 바꿔 말하면, 'ていく/くる'에 있어서 일본어·한국어·영어
화자 간의 〈주관성〉의 정도를 말한다면 '일본어 > 한국어 > 영어' 순으
로 나타낼 수 있을 것이다(> 는 왼쪽이 더 정도가 높은 것을 나타낸다).

이 점과 관련하여 수수동사에 대해서도 간단히 검토해 보도록 하자.
일본어가 가장 〈주관성〉의 정도가 높고 영어가 객관적이라고 척도를
정했을 때, 한국어는 그 중간보다 일본어 쪽에 가깝다라는 동일한 결과
가 수수동사에서도 보인다. (242)는 "メアリーが私にこの本をくれた"
라는 발화가 일본어와 영어에서 다르다는 것을 인식태도의 차이 때문이
라고 지적한 이데(井出 2006)의 예문에(2.3.2.4를 참조), 한국어를 붙인
것이다.

(242) 일본어 : メアリーが(私に)(この)(本を)くれた。(재게=그림5)

한국어 : 메아리가 (나에게) (이) (책을) <u>주었다.</u>
영어 : Mary <u>gave</u> me this book.

일본어와 한국어에서는 문제의 장면에서 화자가 바로 그 자리에 있는 듯 임장적으로 발화하고 있기 때문에 화자와 청자가 이미 알고 있는 것에 대해서는 굳이 말하지 않아도 된다. 그에 비해 영어에서는 사태의 밖에서 보고 말하므로 '누가, 누구에게, 무엇을' 등을 명확히 나타내지 않으면 안 된다.

한일 양언어에서 수수표현에 관한 상이는 이것뿐만이 아니다. 이미 지적한 바와 같이 수수동사 중에서 'もらう'와 '받다'는 실질적인 물건을 받을 경우에는 한일 양언어에서 사용되지만, 행위 등을 받을 때는 한국어에서는 쓰이지 않는다. 다시 말하면, 일본어에서는 'てもらう'형으로 쓰이지만 한국어의 '받다'는 보조동사로는 사용되지 않는다. 따라서 일본어의 'てもらう'가 한국어에서는 여러 가지 다른 표현으로 나타난다 (5.2 참조). 즉, 〈주관적 파악〉의 강한 경향이 있는 일본어 화자는 사태와 자신과의 관계가 중요하므로, 'てもらう'를 사용하여 화자와의 관계를 전면적으로 나타내며 언어화하고 있다고 생각할 수 있다.

또 일본어는 사태를 임장적으로 실제로 자신이 체험한 상황에서 파악하고 있기 때문에 화자 자신은 언어화되지 않고, '주어 생략'이 종종 일어난다. 이에 비해 영어에서는 보는 주체인 화자는 〈자기 분열〉을 일으키고 사태의 밖에서 자기 자신을 바라보고, 보이는 대상으로서 객관적으로 파악하므로 '주어 생략'은 일어나지 않는다. 한국어에서는 일본어와 같이 '주어 생략'이 종종 일어나지만 그 빈도에는 차이가 있다. 즉, 일본어에 비해 한국어가 1인칭 또는 2인칭을 명시(언어화)하는 경우가 많다(5.3 참조).

　이 점은 중국어와의 비교를 통해서도 이미 언급한 'ていく/くる'와 수수동사의 경우와 동일한 것을 말할 수 있다. 제2장에서『雪国』의 처음 부분을 공통 텍스트로 이용하여 '동사 사용'과 '주어 명시'의 빈도를 조사한 盛(2006)과 필자의 조사 결과, 주어 명시가 명시되지 않는 문장이 일본어 원문에서는 44.2%, 한국어역3[117]은 34. 8 %, 중국어역 14.9% 이었는데, 이에 비해 영어역은 겨우 2%이었다(2.3.2.2 참조).

　이 점에서도 알 수 있듯이 일본어에 있어서 '주어 생략'은 다른 언어보다 가장 빈번하게 일어난다. 즉, '주어생략'의 원점이 〈주관적 파악〉으로의 강한 경사(池上 2006)라는 관점에서 일본어·한국어·중국어·영어를 말한다면, 일본어가 가장 〈주관적 파악〉의 정도가 강하고, 영어가 가장 〈객관적 파악〉의 경향이며, 한국어는 그 중간에서 일본어 쪽에 가깝고 중국어는 그 중간에서 영어 쪽에 가깝다라고 말할 수 있다.

　지금까지 논의한 'ていく/くる'와 '어 가다/오다'의 보조동사로서의 용법, 수수표현,주어 생략에 있어서의 〈주관성〉의 정도를 정리해 보면 한국어는 영어에 비해 〈주관성〉이 높은 언어라고 말할 수 있지만, 그 척도에서 볼 때 일본어 쪽이 더 〈주관성〉이 높다고 생각할 수 있다.

---

117) 2.3.2.2의 표 4에서 제시한 바와 같이 한국어역은 세 종류를 조사했지만, 여기에서는 비교적 최근에 번역된 한국어역 3을 예로 들었다. 중국어역도 동일하다.

그림28   언어지표에 있어서의 〈주관성〉의 정도

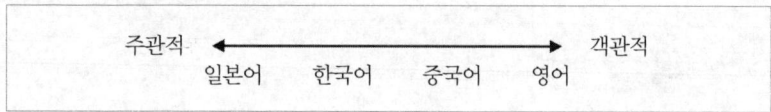

이 점은 Uehara(2000, 2006)와 우에하라(上原 2001)에서 일본어가 가장 주관성이 높고 영어가 가장 객관성이 높은 언어이고 한국어는 그 중간 부분보다 일본어에 가깝다라는 주장이 맞다는 것을 입증했다고 말할 수 있다. 특히 Uehara(2000, 2006)와 우에하라(上原2001)에서는 한국어가 일본어에 가깝다고 막연한 언급에 그치었지만, 이 논문에서 일본어와 한국어라는 언어유형론적으로 비슷한 언어끼리의 비교를 통해서도 일본어 쪽이 〈주관성〉의 정도가 높다는 것을 더 구체적으로 확실히 밝혔다고 말할 수 있다.

〈사태파악〉의 한일대조연구
—'ていく/くる'와 '어 가다/오다'의 보조동사 용법을 중심으로 —

제6장
결 론

이 논문에서는 언어 화자로서의 인간이 발화할 때 그 전제가 되는 인지적인 활동, 즉 언어화 대상이 되는 〈사태〉를 자신과 관련해서 의미부여하고 거기에 따라 언어화하는 과정 및 그때 언어에 따라 〈선호하는 표현〉(fashions of speaking)을 한다는 관점에서 일본어와 한국어의 대조연구를 행했다. 한국어에는 일본어의 보조동사 'ていく/くる'에 대응하는 '어 가다/오다'라는 보조동사가 있음에도 불구하고 왜 한국어 화자는 V1으로만 나타내거나 다른 표현을 이용하는가에 대해 인지언어학의 〈사태파악〉(construal)이라는 개념을 토대로 고찰했다. 그리고 그 결과가 다른 언어적 지표에도 동일하게 나타나는가를 보기 위하여 'てもらう'와 '주어 생략'을 들어 검토했다. 그 결과, 일본어 화자는 사태에 자신의 몸을 두고 그 사태의 당사자로서 〈자기 중심적〉(ego-centered)인 자세로 사태를 본다는 이른바 〈주관적 파악〉을 하는 경향이 있지만, 이에 비해 한국어 화자는 일본어 화자보다 〈객관적 파악〉 쪽으로 기울어져 있다는 것을 확인했다. 또한 언어유형론적인 관점에서 선행 연구를 참조하면서 개별언어 전체의 특징으로서 〈주관성〉의 정도라는 것을 생각했을 경우, 한국어는 영어보다 〈주관성〉이 강하며, 일본어는 한국

어보다 더 〈주관성〉이 강하다는 것을 밝혔다.

물론 이 연구에 의해 일본어 화자와 한국어 화자의 〈사태파악〉에 관한 모든 측면의 특징이 밝혀진 것은 아니다. 하지만 종래의 한일 대조연구가 통사론이나 형태론 등 형식적인 면에만 시종일관하는 경향이 많은 것이 비해, 이 논문에서는 그와 같은 형식적인 차이의 배경에 있는 각 언어 화자의 인지적인 자세의 상이까지 고찰했다는 점에 의의가 있다. 또한 이를 통한 결과를 토대로 앞으로의 일본어 교육 또는 한국어 교육을 위한 연구에서는 단지 언어현상의 기술로 끝나는 것이 아니라 진정한 의미에서의 설명을 지향해야 할 것이다. 또한 이러한 연구 결과를 토대로 학습자가 납득할 수 있게 설명할 수 있는 교사상이 바람직할 것이다. 이 논문에서 밝힌 것이 일본어 교육 또는 한국어 교육에 조금이라도 도움이 된다면 하는 마음이다.

마지막으로 남겨진 과제와 이 연구가 앞으로 어떠한 방향으로 진행될지 그 전망에 대해 세 가지 관점에서 말하고자 한다. 첫 번째는 'ていく/くる'와 '어 가다/오다'의 발달사의 차이가 현대어에 있어서 그들 동사 용법에 어떤 영향이 있는가, 두 번째는 'ていく/くる'와 '어 가다/오다'에 관해서 한일 양언어의 화자 사이에서 확인되는 〈사태파악〉의 자세 차이와 인지적으로 관련되어 있다고 생각되는 그 외의 대립에 대해 좀 더 검토해 볼 것, 그리고 세 번째는 일본어 교육이나 한국어 교육의 실천면에 있어서 유효성과 구체적인 방안을 제시해야 할 것이다.

일본어의 'ていく/くる'와 한국어의 '어 가다/오다'를 통시적인 관점에서 보면 다음과 같이 한국어보다 일본어에서 일찍이 사용된 예가 보인다. 'ていく/くる'는 오래된 『万葉集』에서 그 용례가 보이는데(近藤 2000), 흥미로운 점은 일본어 'くる'에 비교하여 'いく'의 예[118]가 적다는 것이다. 이 점은 제 5장에서 조사한 바와 같이 현대어에 있어서도 'てくる'가 'ていく'보다 사용빈도가 높다라는 점과 관련이 있을지도 모른다.

한편 한국어의 보조동사 '어 가다'와 '어 오다'를 통시적으로 보면 성립시기나 사용빈도 면에서 차이가 보인다. '어 가다'는 중세자료[119](10세기 초~16세기 말)에서 이미 확인되었지만, '어 오다'는 20세기 초에 나온 신소설[120]에서 비로소 사용예[121]가 보인다(손세모돌 1996:315). 현대어의 보조동사 용법에서 '어 오다'의 사용이 '어 가다'에 비해 제한되는 경우가 많은 것은 '어 오다'가 나중에 등장했다는 점과 관계가 있는 것은 아닐까? 특히 개화기 소설인 신소설에서 처음 '어 오다'가 출현했

---

118) 예는 다음과 같다. 상세한 설명은 곤도(近藤 2000:509-510)를 참조.
　① 朝開き、遭ぎいでてくれば(許藝弓天久礼婆)武庫の浦の潮干の潟に
　　(万葉・一五・三五九五)
　② ますらをの靭取り負ひて出でてゆけば(伊田弓伊気婆)(万葉・二〇・四三
　　三二・大伴家持)
119) 한국어의 국어사에 대해서 이기문(1998)은 다음과 같이 분류하고 있다. ①고대국어 : 삼국시대~통일 신라 멸망(10세기)까지, ② 전기 중세국어 : 고려건국 10세기 초반~14세기 말 고려 왕조의 멸망까지, ③ 후기 중세국어 : 조선왕조 성립15세기~16세기 말엽까지, ④ 근대국어 : 17세기 초반(임진왜란)~19세기 말(갑오경장)까지, ⑤ 현대국어 : 20세기 초반~현재까지.
120) 고전소설과 현대소설 사이에 있는 소설 장르. 한국 최초의 현대소설인 이광수(1917)의『무정(無情)』이전의 소설. 1906년 《大韓每日申報》의 광고에서 처음으로 신소설이라는 명칭을 썼고, 1907년 이인직의『신소설 혈의 누』가 간행됨으로써 그 명칭이 퍼졌다. 개화파 지식인이 이전의 고전소설과 다른 소설 형식을 창출했는데, 신소설이란 그들의 작품을 가리킨다.
121) 예는 다음과 같다. 자세한 설명은 손세모돌(1996:316-321)을 참조.
　① 바람과 드트렌 여희옛ᄂ 나리 오라니 江漢앤 믈곤 ᄀ슬히 일허ᄀᄂ다 〈두시초 8:45b〉
　②이팔 청춘 졀무나 졀문 년이 늙은 셔방을 무슨 자미로 대리고 살음닛가 이떠까지 참아 오기는 쓸 ᄌ식 ᄒ나 업ᄂ 어머니 아버지 일이 짝히셔 〈산쳔초목 64〉

다는 것은 신소설의 성격상 한국어의 '어 오다' 용법이 일본어의 'てく
る'에서 영향을 받았다는 가능성을 생각하게 한다. 즉, 이인직(李人稙)
을 비롯하여 신소설의 작가들은 일본어를 숙지하고 있었으므로 어떤
형태로든 일본어 영향을 받았을 것이라는 것은 충분히 상상 가능하
다.122) 즉, 'てくる'의 번역 형태로서 '어 오다'의 용법이 시작된 것이
아닌가라는 것이다. 아무튼 이미 언급한 대로 일본어 'ていく/くる'가
일찍이『万葉集』에서 그 예가 보이고, 'いく'보다 'くる'의 예가 많다는
점과는 대조적이다. '어 오다' 의 출현에 'てくる'의 영향이 있었는가를
포함하여 'ていく/くる'와 '어 가다/오다'의 통시적인 비교·대조연구
는 앞으로의 과제로 삼고 싶다.

　한일 양언어 화자 간의 〈사태파악〉에 관한 남겨진 과제로서는 크게
세 가지가 있다. 첫 번째는 이 논문에서 고찰한 'ていく/くる'와 '어 가
다/오다','てもらう'와 그에 대응하는 한국어 표현, 그리고 주어 생략 이
외에도 일본어 화자와 한국어 화자의 〈사태파악〉에 있어서의 차이가
보이는 다른 문법현상(예를 들면, 제2장에서 논한 지시사나 수동문 등)
도 고찰을 해야 한다는 것이다. 두 번째는 한일 양언어의 화자 간의
〈사태파악〉에 대해 좀 더 넓은 범위에 걸쳐 조사해 봐야 한다. 세 번째
는 다른 언어와의 비교·대조를 통해서 언어유형론적인 관점에서 언어
의 〈주관성〉의 정도에 관한 문제를 더 추구해 가는 것이다.

　마지막으로 일본어 교육 또는 한국어 교육의 관점에서의 과제로서
다음과 같은 점을 생각할 수 있다. 먼저 교수법이나 교재에 이 연구의
성과를 반영시켜 일본어를 배우는 한국어 화자 학습자, 또는 한국어를

---

122) 한국의 신소설이 일본의 정치소설의 영향을 받았다는 점에 대해서는 야에가
　시(八重樫 1986)를 참조.

배우는 일본어 화자 학습자에게 제공할 필요가 있다. 언뜻 보기에는 관계 없이 보이는 듯한 문법형식 항목이라고 하더라도 그 언어를 사용하는 화자의 인지적인 활동까지 들어가 생각해 보면 실은 동일한 기인에 의한 것이라는 인식을 얻을 수 있다. 따라서 앞으로는 표면적인 형식의 유사점과 차이점에 그치는 것이 아니라 그 형식들을 다루는 인간의 인지적인 자세에 주목하는 형태로 교육을 해 나가야 한다는 중요성을 확인해 두고 싶다.

〈사태파악〉의 한일대조연구

-'ていく/くる'와 '어 가다/오다'의 보조동사 용법을 중심으로 -

參考文獻

姜桂千(1996) 「本動詞＋補助動詞(くる/오다/, いく/가다)의 共起制約對照」『日語教育』第12輯, pp.123-145, 韓国日本語教育學會.

강흥구(1999) 『국어보조동사의 통사·의미론적 연구』충남대학교 박사학위논문.

국립국어원(2005)『외국인을 위한 한국어 문법2 - 용법편』국립국어원.

권순구(2005) 『국어보조용언의 연구』충남대학교대학원 국어국문학과 박사학위논문.

김성화(1990) 『국어의 상연구』(개정판2003), 한신문화사.

金順姫(2002) 『英·韓 方向對立動詞의 認知的 意味分析』대구가톨릭대학교대학원 박사학위논문.

南基心, 李相億, 洪在星외 공저(1999) 『외국인을 위한 한국어 교육의 방법과 실제』한국방송대학출판부.

도기정(1996) 「『-ていく』·『てくる』와『-kada』·『-ota』의 대조연구」『논문집』pp.617-636, 남서울대학교.

박선옥(2002) 『한국보조동사연구』중앙대학교대학원 국어학전공 박사학위논문.

朴仙玉(2004) 「외국어로서의 한국어 보조동사 '가다'와 '오다'의 교육」『韓城語文學』제23집, pp.161-186, 한성대학교출판부.

박순옥(2000) 『이동동사의 의미에 관한 인지적 제약』대구가톨릭대학교 교육대학원 영어교육전공 석사학위논문.

배수자(2007) 『현대 국어 보조용언 연구』창원대학교대학원 국어국문학과 박사학위논문.

서정수(1996) 『국어문법 수정증보판』한양대학교 출판원.

서울대학교 어학연구소(2002) 『韓·日語 對照分析』명지출판사.

손세모돌(1996) 『국어 보조용언 연구』 한국문화사.

吉本 一(1996a) 「'오다/가다'와 시점」『우리말연구』제6집, 우리말연구회.

_____(1996b) 『이동움직씨와 시점 - 한일어의 대조 - 』부산대학교 대학원 국어
         국문학과 석사학위논문

우인혜(1993) 『국어의 피동법과 피동표현의 연구』한양대학교 대학원 박사학위논문.

이기동(1977) 「동사「오다」「가다」의 의미 분석」『말』제2집, pp.139-160, 연세대학
         교 한국어학당.

이기동(2000) 「동사 '가다'의 의미」『한글』No.247, pp.133-157, 한글학회.

이기문(1998) 『新訂版 國語史槪說』 태학사

이정택(2004) 『현대 국어 피동 연구』 도서출판 박이정

李美淑(2002) 「『~てくる』와『~어 오다/』対照研究 - 無意思的運動を表す動詞に
         おいて」『日語日文学研究』Vol.43, pp.125-145, 韓国日語日文学会.

임지룡, 요시모토 하지메, 이은미, 오카도모유키 옮김(2004) 『인지언어학 키워드
         사전』한국문화사

조경윤(2004) 『영어권 학습자의 이동동사 '가다','오다'의 사용 양상 연구』이화여
         자대학교교육대학원외국어로서의 한국어 교육전공 석사학위논문.

조석호(1997) 「한·일 양국어 보조용언의 비교 연구 ―"오다/가다"및"くる/いく"를
         중심으로-」『국어국문학』vol.16, 동아대학교 국어국문학과.

최현배(1937/1976) 「우리말본」『歴代韓国文法体系』제1部第18册, 탑출판사.

한국어연구학회(1997) 『건재 정인승 전집1 말본편 1』pp. 77-83, 도서출판 박이정.

홍재성(1997) 「이동동사와 기능동사」『말22』pp.121-140, 연세대학교 언어연구교
         육원 한국어학당.

홍윤표(1977) 「불구동사에 대하여」『이숭녕 선생 고희기념 국어국문학논집』탑출
         판사.

庵功雄・高梨信乃・中西久美子・山田敏弘(2000) 『初級を教える人のための日
         本語文法ハンドブック』スリーエーネットワーク.

池上嘉彦(1981) 『「する」と「なる」の言語学』大修館書店.

＿＿＿＿(1999) 「日本語らしさの中の＜主観性＞ —日本語の文の主観性をめ
ぐって・その1」『言語』Vol.28、No.1、pp.84-94、大修館書店.

＿＿＿＿(2003) 「言語における＜主観性＞と＜主観性＞の言語的指標(1)」『認知
言語学論考3』pp.1-49、ひつじ書房.

＿＿＿＿(2004) 「言語における＜主観性＞と＜主観性＞の言語的指標(2)」『認知
言語学論考4』pp.1-60、ひつじ書房.

＿＿＿＿(2006a) 『英語の感覚・日本語の感覚—〈ことばの意味〉のしくみ』日本
放送出版協会、NHKブックス.

＿＿＿＿(2006b)「＜主観的把握＞とは何か—日本語話者における＜好まれる言
い回し＞」『言語』Vol.35.no.5、pp.20-27、大修館書店.

＿＿＿＿(2006c) 「認知言語学と日本語教育」『日本語学研究16』、pp.45-53、学苑
出版社.

石原嘉人(1991) 「表現内容を重視した文型の提出順序—「~てもらう」表現をめぐっ
て」『日本語教育74号』、pp.86-97、日本語教育学会.

井出祥子(2006) 『わきまえの語用論』大修館書店.

井上 優(2003) 『日本語教師のための対照研究入門(日本語教育ブックレット3)』
国立国語研究所.

今仁生美(1990) 「VテクルとVテイクについて」『日本語学』第9巻、第5号、pp.54-6
6、明治書院.

林 八龍(1980) 「日本語・韓国語の受給表現の対照研究」『日本語教育40号』pp.113-
120、日本語教育学会.

＿＿＿＿(1995) 「日本語と韓国語における表現構造の対照考察—日本語の名詞表
現と韓国語の動詞表現を中心として」『宮地裕・敦子先生古希記念論集
日本語の研究』、pp.264-281、明治書院.

上原 聡(2001) 「主語の主観性に関する認知類型論的一考察」『日本認知言語学会
論文集』第1巻、pp.1-11、日本認知言語学会.

遠藤安月子, 守屋三千代(2006) 「日本語文法教育の課題—聞き手認知と終助詞を
中心に」『日本語学研究16』pp.91-105、学苑出版社.

大江三郎(1975) 『日英語の比較研究—主観性をめぐって』南雲堂.

大堀壽夫, 西村義樹(2000) 「認知言語学の視点」『日本語学』Vol.19.no.5、pp.184-
　　　　191、明治書院.

奥川育子(2006) 「日本語母語話者と学習者の談話展開―視点(注視点と視座)に注
　　　　目して」研究代表者 : 青木三郎『談話と文法の接点』、pp.101-110、平
　　　　成15年~18年度科学研究費補助金基盤研究(B)研究研究論集.

奥津敬一郎, 徐昌華(1982) 「『~てもらう』とそれに対応する中国語表現―"请"を
　　　　中心に」『日本語教育46号』、pp.92－104、日本語教育学会.

奥津敬一郎(1983) 「授受表現の対照研究―日・朝・中・英の比較『日本語学』Vol.2.
　　　　no.4、pp.22-30、明治書院.

小澤伊久美(2006) 「日英対照に見られる日本語話者の時間意識」『日本語学研究16』
　　　　pp.80-90、学苑出版社.

河上誓作(1996) 『認知言語学の基礎』研究社.

姜 美善(2003) 「日韓両国語の移動性補助動詞の対照考察―「-てくる」「-ていく」
　　　　を中心に」韓国外国語大学校大学院日語日文学科修士論文.

菊池敦子(2004) 「COMEとクルの意味拡張における到達点の違い」『対照言語学の
　　　　新展開』佐藤滋・堀江薫・中村渉編、pp.28-46、ひつじ書房.

金 恩愛(2003) 「日本語の名詞志向構造(nominal-oriented structure)と韓国語の動
　　　　詞志向構造(verbal-oriented 　structure)」『朝鮮学報』第188輯、pp.1-79、
　　　　朝鮮学会.

_____(2006) 「日本語の『－さ』派生名詞は韓国語でいかに表われるか―翻訳テ
　　　　クストを用いた表現様相の研究」『日本語教育』第129号、pp.31-40、日
　　　　本語教育学会.

金 慶珠(2001) 「談話構成における母語話者と学習者の視点―日韓両言語におけ
　　　　る主語と動詞の用い方を中心に」『日本語教育』第109号、pp.60-69、日
　　　　本語教育学会.

_____(2008) 『場面描写と視点―日韓両言語の談話構成とその習得』東海大学
　　　　出版部.

金 智賢(2006) 「韓国語の『-더de 　』文における対照研究―日本語の「たよ」文と
　　　　の比較を中心に」研究代表者：生越直樹『日本語と朝鮮語の対照研究』、

pp.179-199、東京大学21世紀COEプログラム「心とことば―進化認知科学的展望」研究報告書.

国広哲弥(1967)　『構造的意味論―日英両語対照研究』三省堂.

久野　暲(1978)　『談話の文法』大修館書店.

熊倉千之(2006)　「〈主観〉を本質とする日本文学―語り手の声が表出する世界」『言語』Vol.35.no.5、pp.28-34、大修館書店.

古賀裕章(2008)　「『てくる』のヴォイスに関連する機能」『ことばのダイナミズム』森雄一、西村義樹、山田進、米田三明(編)、くろしお出版.

近藤安月子・姫野伴子・足立さゆり(2009)　「中国語母語話者日本語学習者の事態把握―日中対照予備調査の結果から―」『日本認知言語学会論文集』第9巻、pp.1-11、日本認知言語学会.

近藤康弘(2000)　『日本語記述文法の理論』ひつじ書房.

坂原　茂(1995)　「複合動詞『Vて来る』」 *Language Information Text* Vol.2、pp.109-143、東京大学大学院総合文化研究科言語情報科学専攻.

住田哲郎(2005)　「『~てくる』の多義構造とその機能性について」『国文学研究ノート』第39号、pp.54-40、神戸大学「研究ノート」の会.

住田哲郎(2006)　「日本語『~てくる』の逆行態用法」『日本語学研究』第17輯、pp.73-86、韓国日本語学会.

盛　文忠(2006)　「翻訳に見る日中両言語の事態認識の差異」『日本語学研究16』pp.114-123、学苑出版社.

徐一平他(2006)　「『雪国』にみる日本語の認知言語学的特徴―中国語訳・英語訳と対照して」『日本認知言語学会論文集』第6巻、pp.573-596、日本認知言語学会.

徐　珉廷(2006)　「『てもらう』文とそれに対応する韓国語表現」『言語文化教育学会第6回大会予稿集』pp. 20-24、言語文化教育学会.

_____(2007a)　「『Vてもらう』は韓国語でいかに現れるか―その出現形式と要因」『言語教育・コミュニケーション研究』第2集、pp.67-80、昭和女子大学大学院.

_____(2007b)　「日本語の『ていく/くる』と韓国語の『e kata/ota』の補助動詞と

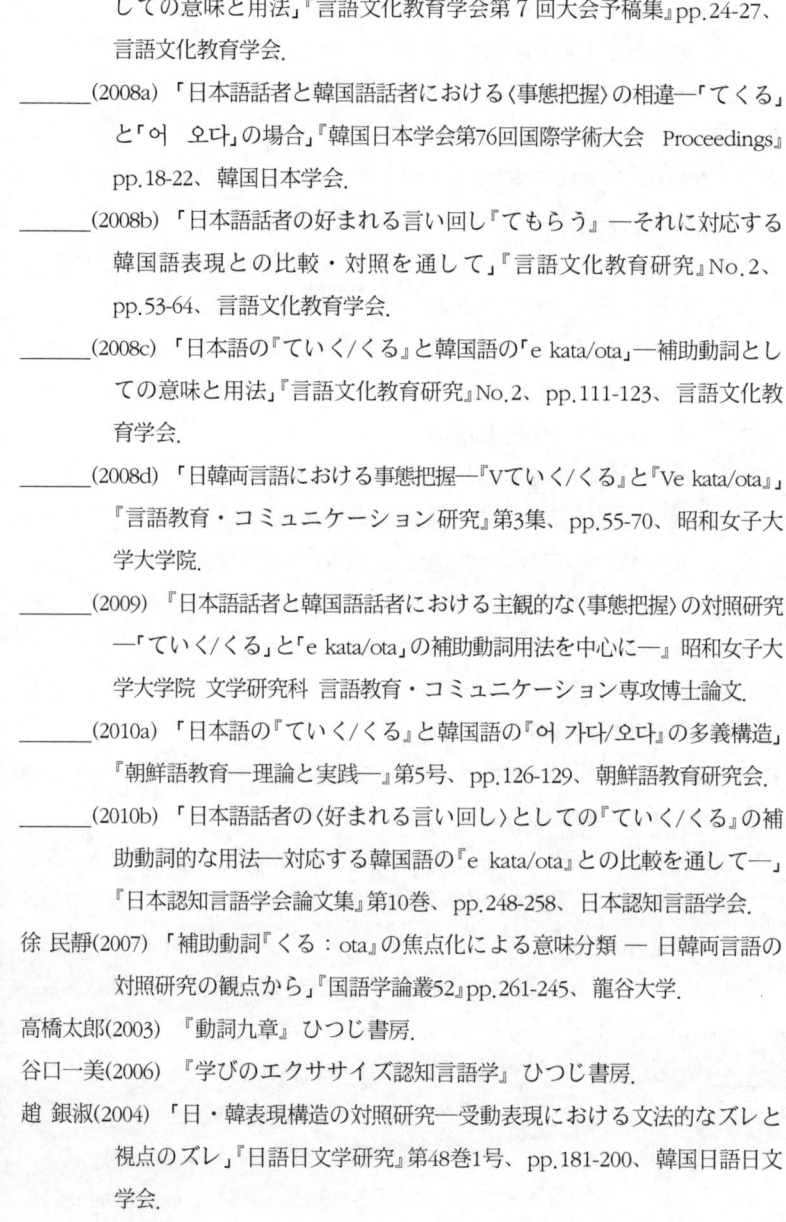

としての意味と用法」『言語文化教育学会第7回大会予稿集』pp.24-27、
言語文化教育学会.

_____(2008a) 「日本語話者と韓国語話者における〈事態把握〉の相違―「てくる」
と「어 오다」の場合」『韓国日本学会第76回国際学術大会　Proceedings』
pp.18-22、韓国日本学会.

_____(2008b) 「日本語話者の好まれる言い回し『てもらう』―それに対応する
韓国語表現との比較・対照を通して」『言語文化教育研究』No.2、
pp.53-64、言語文化教育学会.

_____(2008c) 「日本語の『ていく/くる』と韓国語の「e kata/ota」―補助動詞とし
ての意味と用法」『言語文化教育研究』No.2、pp.111-123、言語文化教
育学会.

_____(2008d) 「日韓両言語における事態把握―『Vていく/くる』と『Ve kata/ota』」
『言語教育・コミュニケーション研究』第3集、pp.55-70、昭和女子大
学大学院.

_____(2009) 『日本語話者と韓国語話者における主観的な〈事態把握〉の対照研究
―「ていく/くる」と「e kata/ota」の補助動詞用法を中心に―』昭和女子大
学大学院 文学研究科 言語教育・コミュニケーション専攻博士論文.

_____(2010a) 「日本語の『ていく/くる』と韓国語の『어 가다/오다』の多義構造」
『朝鮮語教育―理論と実践―』第5号、pp.126-129、朝鮮語教育研究会.

_____(2010b) 「日本語話者の〈好まれる言い回し〉としての『ていく/くる』の補
助動詞的な用法―対応する韓国語の『e kata/ota』との比較を通して―」
『日本認知言語学会論文集』第10巻、pp.248-258、日本認知言語学会.

徐 民靜(2007) 「補助動詞『くる：ota』の焦点化による意味分類 ― 日韓両言語の
対照研究の観点から」『国語学論叢52』pp.261-245、龍谷大学.

高橋太郎(2003) 『動詞九章』ひつじ書房.

谷口一美(2006) 『学びのエクササイズ認知言語学』ひつじ書房.

趙 銀淑(2004) 「日・韓表現構造の対照研究―受動表現における文法的なズレと
視点のズレ」『日語日文学研究』第48巻1号、pp.181-200、韓国日語日文
学会.

鄭 惠先(2002a) 「日本語と韓国語の人称詞の使用頻度―対訳資料から見た頻度差とその要因」『日本語教育』第114号、pp.30-39、日本語教育学会.

_____(2002b) 「日本語と韓国語における人称詞の使用実態―アンケート調査の分析結果から見る頻度差と用法の相違」『計量国語学』第23巻第7号、pp.333-346、計量国語学会.

塚本秀樹(2006) 「日本語から見た韓国語―対照言語学からのアプローチと文法化」『日本語学』第25巻第3号、pp.16-25、明治書院.

辻 幸夫(2002) 『認知言語学キーワード事典』研究社.

_____(2003) 『認知言語学への招待』大修館書店.

寺村秀夫(1984) 『日本語のシンタクスと意味(第２巻)』くろしお出版.

德永美暁(2004) 「日本語の語用―話者が直接関与する事柄の表現について」『学苑』、pp.66-77、昭和女子大学.

中村芳久(2004) 「主観性の言語学：主観性と文法構造・構文(第1章)」『認知文法論Ⅱ』大修館書店.

奈古明子(2002) 『日本語と英語の主観性と時制に関する対照研究：語りのテクストにおける思考表現への認知的アプローチ』東京大学大学院言語情報科学専攻修士学位論文.

新村明美(2006a) 「日本語と英語の空間認識の違い」『言語』Vol.35,no.5、pp.35-43、大修館書店.

新村明美(2006b) 「指示詞の中日英対照：空間・対象・相手認識の差」『日本語学研究16』pp.54-62、学苑出版社.

野田尚史(2004) 「見えない主語を捉える」『言語』Vol.33,no.2、pp.24-31、大修館書店.

韓 京娥(2008) 「『行く』『来る』と『kata』『ota』の選択要因」『日本言語学会第136回大会予稿集』、pp.306-311、日本言語学会.

パルデシ・プラシャット、李清梅、堀江薫(2006) 「主観性のタイポロジー― 日・英・韓・中・マラーティーにおける受動表現の対照を通して」『言語』Vol.35,No.6、pp.76-83、大修館書店.

深見兼孝(1990) 「日本語の『ていく・てくる』と韓国語の『a/ə gada・a/ə oda』」『広

島大学教育学部紀要』第2部 第38号、pp.47-52、広島大学.

裵 德姫(1985) 「韓・日移動動詞に関する研究 ―「가다・오다」「行く・来る」中心に」『日本学報』15巻、pp.13-40、韓国日本学会.

白峰子/訳：大井秀明(2004)『韓国語文法辞典』三修社.

許 明子(2004) 『日本語と韓国語の受身文の対照研究』ひつじ書房.

堀江 薫(1998) 「コミュニケーションにおける言語的・文化的要因―日韓対照言語学の観点から」『日本語学』第17巻第11号、pp.118-127、明治書院.

堀江 薫(2005) 「認知論における類型化」『言語』Vol.34,No.8、pp.32-38、大修館書店.

牧野成一(1996) 『ウチとソトの言語文化学―文法と文化で切る』アルク.

益岡隆志(2001) 「日本語における授受動詞と恩恵性」『言語』Vol.30,no.5、pp.26-32、大修館書店.

松木正恵(1992) 「「見ること」と文法研究」『日本語学』第11巻,第9号、pp.57-71、明治書院.

村田 明(2001) 「本動詞『いく』、『くる』と軽動詞「いく」、「くる」の意味分析」『信州大学留学生センター紀要』第2号、pp.1-8、信州大学留学生センター.

森田良行(1968) 「『行く・来る』の用法」『国語学』75号、pp.75-87、国語学会.

_____(1977) 『基礎日本語1』角川書店.

_____(1995) 『日本語の視点―ことばを創る日本人の発想』創拓社.

_____(2002) 『日本語文法の発想』ひつじ書房.

_____(2006) 『話者の視点がつくる日本語』ひつじ書房.

森山 新 (2007) 「応用認知言語学的な日本語教育の試み」『日本認知言語学会論文集』第7巻、pp.1－11、日本認知言語学会.

森山卓郎(1988) 『日本語動詞述語文の研究』明治書院.

八重樫愛子(1986) 「韓日開化期小説研究―『政治小説』と『新小説』の対比を通して」『日本研究』Vol.4、pp.14-38、中央大学校日本研究所.

山添秀剛(2003) 「移動動詞come/goの意味ネットワークならびに状態変化用法に関する認知言語学的考察」 大阪市立大学大学院文学研究科言語文化学専攻博士論文.

山本裕子(2000) 「『くる』の多義構造―『くる』と『~てくる』の意味のつながり」『日本語教育』105号、pp.11-20、日本語教育学会.

_____(2001) 「聞き手とベースを共有することを表す「~てくる」「~ていく」について」『日本語教育』110号、pp.52-61、日本語教育学会.

_____(2006) 『方向性を持つ補助動詞の意味と機能』名古屋大学博士学位論文.

吉川武時(1976) 「現代日本語動詞のアスペクトの研究」金田一春彦(編)『日本語動詞のアスペクト』、pp.156-323、麦書房.

吉川千鶴子(1995) 『日英比較動詞の文法(表現の違いから見た日本語と英語の構造)』くろしお出版.

吉村公宏(2004a) 『はじめての認知言語学』研究社.

_____(2004b) 「認知言語学と言語過程説―解釈(construal)を巡って」『日本語の分析と言語類型 ： 柴谷方良教授還暦記念論文集』影山太郎、岸本秀樹(編)、pp.263-276、くろしお出版.

_____(2008) 「身体性―「好まれる」事態把握の観点から」『英語青年』総号1912号、pp.144-148、研究社.

吉本 一(2002) 「『行く・来る』と視点」『東アジア日本語教育・日本文化研究』第4輯、pp.19-33、東アジア日本語日本語教育・日本文化研究学会.

渡辺誠治(2008) 「『テイク・テクル』のアスペクト性」『2008年上海外国語大学日本学研究国際フォーラム』(予稿集)、pp.14-15.

Clark, E. V.(1974) "Normal States and Evaluative View points." *Language* Vol.50.No.2.316-332.

Fillmore, Charles J.(1997) *Lectureson Deixis*. Stanford, Calif.: CSLI publications.

Givón, T.(1994) "The pragmatic of de-transitive voice Functional and typological aspects of inversion." T. Givón ed. *Voiceand Inversion*. Amsterdam / Philadelphia ： J.Benjamins, 3-44.

Hinds, John.(1987) "Reader Versus Writer Responsibility: A New Typology." *Writingacross Languages,* ed. by Ulla Connorand Robert B. Kaplan.

Reading, MA : Addison-Wesley. 141-152.

Langacker, Ronald.(1985) "Observation and Speculations on subjectivity." *Iconicity in Syntax*, ed. by John Haiman. Amesterdam : John Benjamins, 109-150.

_____(1990) "Subjectification." *Cognitive linguistics* 1:5-38.

_____(1991) *Concept, Image and Symbol.: the cognitive basis of grammar.* Berlin; Mouton de Gruyter.

Martin, Samuel E. et al.(1976) *A Korean-English Dictionary.* NewHaven : Yale University Press.

Nakazawa, Tsuneko.(1990) "A Pragmatic Account of the Distribution of Come and Go in English, Japanese and Korean." *Japanese / Korean Linguistics* 1 : 9 7-110.

Shibatani, M.(2003) "Directional verbs in Japanese." *Motion, Direction and Locationin Languages* : honor of Zygmunt Frajzyngier, 259-286.

_____(2007) "Grammaticalization of converb conxtructions- The case of Japanese-*te*conjunctive constructions" *Connectivity in grammar and discourse.* Amsterdam : J. Benjamins, 21-49.

Taylor, J.(2002) *Cognitive Grammar.* Oxford U.P. (임지룡・김동환역(2005)『인지문법』한국문화사).

Tokunaga, Misato.(1986) *Affective Deixis in Japanese* : *A Case Study of Directional Verbs.* Doctoral Dissertation, University of Michigan.

Thomson, C.(1994) "Passive and inverse constructions." T. Givón ed. *Voice and Inversion.* Amsterdam/Philadelphia: J.Benjamins, 47-63.

Uehara, Satoshi.(2000) "The Speaker's Roles in a Cross-linguistic Perspective: Toward a Typology of Linguistic Subjectivity."『平成11年度国際文化研究科プロジェクト報告書 ： ヴォイスとアスペクトの相関性に関する対照言語学的研究』、pp.26 43、東北大学大学院国際文化研究科.

Uehara, Satoshi.(2006) "Toward a typology of linguistic subjectivity: A cognitive and cross-linguistic approach to grammaticalized deixis" in Angeliki Athanasiadou, Costas, and Bert Cornillie(eds), *Subjectification : Various*

Paths to Subjectivity：Berlin：Moutonde Gruyter, 1-39.

Whorf, Benjamin Lee.(1956) *Language, Thought, andReality*. Cambridge, MA：MITPress (有馬道子訳(1978)『[完訳言語・思考・実在』南雲堂、池上嘉彦訳(1993)『言語・思考・現実』、講談社).

Yule, George.(1996) *Pragmatics*, Oxford University Press.

参考辞典

小池生夫編(2003, 2006) 『応用言語学事典』研究社.
小学館/韓国・金星出版社共同編集(1993) 『朝鮮語辞典』小学館.
新村出編(1998,2003) 『広辞苑 第5版』岩波書店.
村松 明(2006) 『大辞林 第3版』三省堂.
남영신編(2007) 『한＋국어대사전』(개정3판) 성안당.
국립국어연구원(1999) 『표준국어대사전』Web辞典：
    http://www.korean.go.kr/000_new/50_dic_search.htm, 국립국어연구원.
국립국어연구원(2008) 『표준국어대사전』Web사전개정판：
    http://stdweb2.korean.go.kr/main.jsp, 국립국어연구원.
李熙昇編著(1986) 『국어대사전』民衆書林.
한글학회 지음(1994) 『우리말큰사전』語文閣.
홍재성他(1997) 『현대 한국어 동사 구문 사전-기초편-』두산동아.

言語資料

石田衣良(2005) 『4TEEN』新潮文庫 (한국어역: 양억관역(2004)『포틴』작가정신).
江国香織(1991) 『きらきらひかる』新潮文庫 (한국어역: 김난주역(2001)『반짝반짝 빛나는』소담출판사 ; 영어역Emi Shimokawa, tr. (2003), *Twinkle*

Twinkle, VERTICAL).

川端康成(1971) 『雪国』新潮文庫 (한국어역: 金宇烈역『雪國』(1968) 博英社 ; 하근찬역(1994) 『설국(한권의책19)』학원사 ; 유숙자역(2002) 『설국(세계문학전집61)』민음사 ; 영어역E.G Seidensticker, tr. (1957) *Snow Country,* Vintage.

黒柳徹子(1984) 『窓ぎわのトットちゃん』講談社 (한국어역: 김난주역(2000)『창가의 토토』프로메테우스출판사).

村上春樹(2000) 『神の子どもたちはみな踊る』新潮文庫 (한국어역: 김유곤역(2000) 『신의 아이들은 모두 춤춘다』문학사상가 ; 영어역: Jay Rubin, tr. (2002), *after the quake,* Vintage).

吉田修一(2003) 『東京湾景』新潮社 (한국어역: 이영미역(2004) 『동경만경』은행나무).

吉本ばなな(1993) 『とかげ』新潮文庫 (한국어역: 김옥희역(1999) 『도마뱀』민음사 ; 영어역: Ann Sherif, tr. (1995), *LIZARD,* faber and faber).

吉本ばなな(1998a) 『ハチ公の最後の恋人』中央文庫 (한국어역: 김난주역(1999) 『하치의 마지막 연인』민음사).

吉本ばなな(1998b) 『キッチン』福武書店 (한국어역: 김난주역(1988) 『키친』민음사).

이문열(1998) 『우리들의 일그러진 영웅』도서출판 다림 (일본어역: 藤本敏和역(1992) 『我々の歪んだ英雄』情報センター出版局).

정석화(1999) 『쉬리』한국출판협동조합 (일본어역: 金重明역(1999) 『シュリ』文春文庫).

좋은 생각 사람들(2008) 『좋은 생각』2008年1月号, 좋은 생각 사람들.

SBS放送局(2005) ドラマ『프라하의 연인』, テレビ東京 2006年放送.

要　旨

〈事態把握〉の日韓対照研究

―「ていく/くる」と「e kata/ota」の補助動詞用法を中心に―

　認知言語学では、話者が発話に先立って行う認知的な営み―言語化に先立って、話者が言語化の対象とする事態について何を表現し、何を表現しないか、そして表現するものについてはどれをどのように表現するか、つまり自らとの関連で言語化しようとする事態を自らとの関連でどう意味づけるかという営み―のことを〈事態把握〉と呼んでいる。そして、この点について（ⅰ）どの言語の話者も、同じ事態であってもいくつかの異なったやり方で捉え、違ったやり方で表現する能力を有していて、時と場合によってそれらを使い分けるという営みをしている、という普遍的な側面があると想定している。本論文では、さらにもう一歩踏み込んだ理論的な枠組みとして、これに次のような相対性に関わる想定を追加する。（ⅱ）ある事態はいくつかの違ったやり方で把握されうるとしても、中立的な状況で、ある言語の話者が好んでする〈事態把握〉の仕方と、別の言語の話者が好んでする〈事態把握〉の仕方は必ず一致するとは限らない。つまり、ある事態を認知的にどのように把握し、言語化するか ― その際の〈好まれる言い回し〉に関しては言語によって話者の好みに差が認められる。

　本論文ではこのような視点から、日本語話者と韓国語話者の〈事態把握〉に際しての〈好まれる言い回し〉(fashions of speaking：cf. Whorf, 1956)の異同について考察を試みた。日本語と韓国語が類型論的に近い言語であるという指摘は直観的にも明らかなばかりでなく、いくつかの言語的特徴についても指摘されている通りであり、その背後には日本語話者と韓国語話者の間で言語化の際の〈事態把握〉のスタンスについて著しい類似性があるということが想定できる。特にこの２つの言語は、例えば英語のような欧米系の言語と、そして地理的には近い中国語とも較べてみても、〈主観性〉(つまり、言語化される事態そのものの客観的な特徴と並んで、話す主体としての人の事態との関わりをどの程度相対的に多く、取り込んで言語化するかということ)に関していくつかの共通の言語的指標を示す(つまり、〈主観性〉の高い言語であるということ)が知られてきた。

　しかし、どちらも相対的に〈主観性〉の高い言語であるとしても、日本語と韓国語とは同じ程度に〈主観性〉の高い言語と言えるのであろうか。本論文はこの問題を補助動詞としての日本語の「ていく/くる」と韓国語の「e kata/ota」の用法を細かく対比することによって検討し、同じ事態を言語化する際、日本語話者はしばしば「てくる」で表すのに対して、韓国語話者は表現上対応する「e ota」があるにも関わらず本動詞(V1)のみですますことが多いのは、その根底に日韓両言語の話者間の〈事態把握〉の相違があることを明らかにした。例えば、〈これから生まれる子ども〉について言う場合に、日本語では「生まれてくる子ども」というように話者自身とのかかわりを全面的に表現するのが普通であるが、韓国語では話者とのかかわりは関係なく、客観的に事実を述べるといった「tayena-nun ai(生まれる子ども)」で表わすのが普通である。このように同じ事態を言語化するにも関わらず、日本語話者はしばし

ば「てくる」で表すのに対して、韓国語には日本語の補助動詞「ていく/
くる」に対応する「e kata/ota」という補助動詞があるにも関わらず、本
動詞のみですますことが多いことから、日韓両言語の話者間の〈事態把
握〉の相違―つまり、日本語話者の方が〈主観的把握〉の傾向が強いこと
―がその根底にある点を明らかにした。

　そして、その結果を踏まえてさらに他の言語的指標―「てもらう」と
「主語の省略」―の場合でも同様の結果となるか検証し、日本語の「ても
らう」を韓国語では「ル形」で済ますか、あるいはさまざまな表現を用
いる点、「主語の省略」の場合は類型論的に似た言語である韓国語との
比較を通しても、日本語の方がより頻繁に起こるという事実から日本
語話者は事態に自分の身を置き、その事態の当事者として〈自己-中心
的〉なスタンスで事態をみて〈主観的把握〉をする傾向があるのに対し、
韓国語話者は日本語話者よりも〈客観的把握〉の方に傾くとの結論を得
た。さらに、言語類型論の観点からUehara(2000)と上原(2001)を参照し
つつ、個別言語全体の特徴として〈主観性〉の度合というものを考えて
みた場合、韓国語は英語より〈主観性〉の度合が高く、日本語はそれよ
りさらに〈主観性〉の尺度が高いことを示した。

　以上のように、本論文は従来の日韓対照研究が統語論や形態論の形式
的な面のみに終始しがちであったのに対し、そのような形式的な差異
の背後にあるそれぞれの言語の話者の認知的なスタンスの違いにまで
考察を行なった。それによって、言語教育の際に、従来のように教師
側は学習者の質問に対し、「そうなっているからそうなのだ」と、説明
にならない説明で終わるのではなく、「なぜ」そうなっているのかにつ
いて話者の〈こころ〉にまで立ち入って教えるべきであるということも
明らかにした。

Summary

A Contrastive Study of the Japanese and the Korean Speaker's Construal — with Special Reference to the Uses of the Verbal Phrases, *te iku/kuru* and *e kata/ota*

It is often claimed that Japanese is an eminently subjectively oriented language. The term 'subjective' here is used in rather promiscuous senses, depending on the author who makes the claim, but one common interpretation is that encoding in Japanese markedly tends to involve certain features related to the person who produces the sentence (i.e. the speaking subject, or the speaker) as well as those features strictly related to the situation to be described (i.e. the referent). As a result, it is found not easy in Japanese to produce a wholly neutral and objective description of a situation, totally free from any mark of one who produces it. For example, in answering a question, "What are you?", an English speaker can readily answer, "I am a student", (provided that he or she is a student) and this suffices. For a Japanese speaker, however, dozens of alternatives are available, depending on what pronominal form he or she chooses and what level of linguistic politeness he or she makes use of. The sentence thus produced necessarily contains some information of the one who produces it as well as the objective information that he or she is a student. It often happens also that the subjective information is conven-tionally packed in the particular lexical or grammatical forms the speaker may want to use. The *ukemi* construction in Japanese, forexample, is normally associated with the implication that the person in question is adversely affected by the event described in the sentence. Forexample, the sentence," (watakushi wa) ame nifurareta", combines the objective information(i.e."itrained") with the subjective information(i.e."I wa saffected adversely") in one package. Or again the converb use of the verb *kureru* contains the subjective information that the speaker(or some person or persons related to the speaker) is advantageously affected as well as the objective information of what happens.

Now in Japanese the converb use of the verb *kuru* also has the a similar function. Thus the sentence, "Samuku natte kuru"(in contrast to the neutral sentence "Samuku naru") contains the subjective information that becoming cold gradually increases its relevance to the speaker. It is such subjective to neassociated with the verb *kuru* (and its counterpart *iku*) that the present study addresses. In clear contrast to the verbs of giving and receiving, the subjectifying functions of the verbs of motion, *kuru* and *iku* have so far been little investigated in their converb uses.

The present study, however, is not simply meant as a semantic and pragmatic study of the converb uses of *kuru*and*iku*. It also takes note of the fact that Korean, the author's native language, is known as a subjectively oriented language and that it also has the converb uses of the corresponding verbs to mark the speaker's subjectivity. A contrastive study between Japanese and Korean is thus conducted and the result is interesting. It turns out that there are actually a number of cases in which the converb uses of *kuru* are possible in Japanese but the corresponding use of *ota* in Korean is not allowed(e.g."Ame ga futte kuru" is possible in Japanese but the corresponding sentence with *ota* is not allowed in Korean). This result is the same as the one we get when the converb uses of the verbs of giving and receiving are compared between Japanese and Korean. Coupled with other linguistic indices of subjectivity(e.g.the ellipsis of the grammatical subject), the present study confirms that Japanese is more subjectively oriented than Korean—another contribution of the present study, this time, in relation to linguistic typology.

색인

서민정(徐珉廷)

· 1975년 서울 출생.
· 울산대학교 일어일문학과 졸업
· 일본 쇼와여자대학 대학원 문학연구과 일본어교육전공 석사과정 졸업(문학석사)
· 일본 쇼와여자대학 대학원 문학연구과 언어교육·커뮤니케이션전공 박사과정 졸업(문학박사)
· 현재 쇼와여자대학 국제학과/종합교육센터 강사
　　　일본외국어전문학교 아시아·유럽언어학과 강사
　　　휴먼아카데미 일본어교사양성과정 강사

주요 논문과 저서
「日韓両言語における事態把握—『Vていく/くる』と『Ve kata/ota』—」(昭和女子大学大学院 『言語教
　育·コミュニケーション研究』 第3集, 2008.3/『日本語学論説資料』 第45号収録, 2010.10)
「日本語話者の好まれる言い回し『てもらう』—それに対応する韓国語表現との比較·対照を通して
　—」(言語文化教育学会『言語文化教育研究』 第2号, 2008.3)
「日本語話者の〈好まれる言い回し〉としての『ていく/くる』の補助動詞的な用法—対応する韓国語の
　「e kata/ota」との比較を通して—」(日本認知言語学会 『日本認知言語学会論文集』 第10巻,
　2010.5)
『すくすく日本語会話』(공저)(울산대학교 출판부, 2009)
『ソ·ドヨンと歩くソウル』(공저/감수)(TOKIMEKIパブリッシング : 일본 동경, 2007)

신일본어학총서 81

〈사태파악〉의 한일대조연구
－'ていく/くる'와 '어 가다/오다'의 보조동사 용법을 중심으로－

초판인쇄 2010년 11월 1일
초판발행 2010년 11월 10일

저　　자 서민정
발 행 인 윤석현
발 행 처 제이앤씨
등록번호 제7-220호
책임편집 박채린

우편주소 132-702 서울시 도봉구 창동 624-1 현대홈시티 102-1206
대표전화 (02) 992-3253(대)
전　　송 (02) 991-1285
홈페이지 www.jncbms.co.kr
전자우편 jncbook@hanmail.net

ⓒ 서민정 2010 All rights reserved. Printed in KOREA

ISBN 978-89-5668-816-9 93730   정가 19,000원